高等院校应急技术与管理专业教材

智慧应急管理及技术应用

主　编　高学鸿　黄国忠

参　编　张　磊　高深远

机 械 工 业 出 版 社

本书采用理论与实际相结合的编写方法，分析了智慧应急管理与工程的概念和内涵，系统地介绍了智慧应急管理的范畴、研究现状、基本原理及技术和方法，并结合不同领域的具体情况进行了应用分析，最后对其未来发展进行了展望。

本书共分为5章：第1章主要介绍了智慧应急管理与工程的研究背景和意义，并简要介绍了其基础理论和发展历程；第2章主要介绍了智慧应急的定义和范围、基本理念及基本体系；第3章介绍了目前智慧应急常用的技术和方法，包括物联网技术、人工智能方法、智能分析平台技术等；第4章介绍了智慧应急在不同领域的应用；第5章主要介绍了智慧应急的发展趋势与展望。

本书内容丰富，具有一定的深度和广度，可作为安全工程及相关专业的本科生或研究生教材，也可供相关行业的研究人员学习参考。

图书在版编目（CIP）数据

智慧应急管理及技术应用 / 高学鸿，黄国忠主编.
北京 ：机械工业出版社，2025.5. -- (高等院校应急技术与管理专业教材). -- ISBN 978-7-111-78552-1

Ⅰ. D035.34
中国国家版本馆CIP数据核字第2025XM5651号

机械工业出版社（北京市百万庄大街22号　邮政编码100037）
策划编辑：冷　彬　　　　　　责任编辑：冷　彬　章承林
责任校对：郑　婕　李　杉　　封面设计：张　静
责任印制：任维东
河北环京美印刷有限公司印刷
2025年8月第1版第1次印刷
184mm×260mm · 14.5印张 · 334千字
标准书号：ISBN 978-7-111-78552-1
定价：58.00元

电话服务　　　　　　　　　　网络服务
客服电话：010-88361066　　机 工 官 网：www.cmpbook.com
　　　　　010-88379833　　机 工 官 博：weibo.com/cmp1952
　　　　　010-68326294　　金 书 网：www.golden-book.com
封底无防伪标均为盗版　　机工教育服务网：www.cmpedu.com

前　言

随着社会的快速发展和科技的不断进步，突发事件的应对与管理日益成为各界关注的焦点。在此背景下，我们编写了《智慧应急管理及技术应用》这本书，旨在为安全工程及相关专业的教学与研究提供一本有价值的参考书，同时也为相关行业的从业人员提供实用的知识与方法。

本书以当前智慧应急管理与工程领域的最新研究成果和实践经验为依据，采用理论与实际相结合的方法编写。通过对智慧应急管理的概念、内涵、范畴、研究现状、基本原理与方法的系统介绍，以及对不同领域应用情况的分析和对未来发展的展望，力求为读者呈现一个全面、深入的智慧应急管理与工程的知识体系。

应急技术与管理是一门新兴的交叉学科，涉及安全工程、信息技术、管理学等多个领域。智慧应急的出现和发展，为突发事件的应对与管理提供了新的思路和方法，对于保障社会的稳定和人民的生命财产安全具有重要意义。本书的编写注重理论与实际的结合，通过大量的实际案例和应用分析，读者能够更好地理解和掌握智慧应急管理与工程的知识与技能。本书可作为安全工程及相关专业的本科生、研究生教材，也可供相关行业的研究人员、从业人员学习参考。

本书由高学鸿、黄国忠担任主编，参编人员为张磊、高深远，王阔、王宇森、杨娟、曹昊轩、陈治瑾、周心如等研究生协助进行了资料收集与整理工作，在此特表示感谢。

本书已列入北京科技大学校级教材规划，本书的编写和出版得到了北京科技大学研究生教材专项基金经费（2024JCB002）的资助。在本书的编写过程中，参考了一些相关文献，在此向参考文献的作者表示衷心感谢。

本书大力收集了业内最新研究成果，尽力反映最前沿理念，但由于编者学识与编写经验有限，书中仍然可能存在很多不足之处，敬请读者批评指正。

编　者

目 录

1

第1章
绪　论

1.1　智慧应急管理与工程的研究背景和意义

1.1.1　智慧应急管理与工程的研究背景

当今世界格局和各国的关系都在发生着深刻的调整，全球治理体系也在发生着深刻的变化。全球多极化出现了新的局面，各国间的竞争与博弈日益激烈，地缘政治因素日益凸显。不确定、不稳定的世界形势，给人类发展带来了更多的危险与挑战，贫富差距越来越大，贸易保护主义与贸易摩擦加剧，恐怖主义、网络信息安全、公共卫生事件等非传统安全问题也在不断蔓延。世界范围内的安全风险呈现新形势和新特点，人类社会的高质量发展迫切需要各国共同应对这些风险和挑战。

与此同时，国内改革发展稳定任务也日益艰巨。我国社会和经济已迈入高质量发展的新阶段，社会的主要矛盾发生转变，人民群众对美好生活的需求内涵更为丰富，不仅物质文化生活的要求远不能满足需要，对民主、法治、公平、正义、安全、环境等也有了进一步的要求，人们追求工作更稳定、教育更先进、社会保障更可靠、文化生活更丰富、环境更舒适。在我国经济和社会发展进入新常态的同时，改革也进入了深水区，利益与冲突交织杂糅，环境污染、医疗保障、教育公平、住房保障等问题引发了更深的矛盾，发展失衡问题日益凸显，社会运行面临的风险与挑战也更加严峻。面对新的挑战，党和国家要防范抵御风险，实现高质量发展，必须从战略层面统筹国内、国际两个大局，充分估计前进路上的困难，做好应对准备。

目前世界各国面临多种灾害和社会治理的挑战。在自然灾害方面，我国是全球自然灾害较严重的国家之一，像地震、洪涝、干旱、海洋灾害、森林火灾等时有发生，灾害的分布范围广、涉及种类多、发生概率大，造成的损失也大。据统计，我国70%以上的城市、超过一半以上的人口处于气象、地质、地震、海洋等灾害高风险区域；全国58%的地区在7度或更高级别的地震危险地区，超过2/3的地区曾遭受过洪水威胁；目前全国共有28.8万个地质灾害隐患点。自然灾害不仅造成了直接的生命和财产损失，还对当地的经济和社会稳定产生了长期影响。因此，要更加正确地处理防灾减灾救灾和当前经济社会高质量发展的关系，全面提升我国防灾减灾救灾综合能力。典型自然灾害如图 1-1 所示。

图 1-1　典型自然灾害

在安全生产方面，总体安全事故依然较多。据统计，我国每天有 1 亿多车辆行驶在公路上，约 4500 万人乘坐高铁出行，约 4500 万人在建筑工地施工，约 800 万人在井下作业；我国油气管道的总长度约 12 万 km，每年运输约 2.5 亿 t 危险化学品。近年来，先后发生了"8·12 天津市滨海新区爆炸事故""3·21 江苏响水爆炸事故""1·10 烟台金矿爆炸事故"，这些事故均造成了重大的生命和财产损失。目前，全国共有 180 多亿平方米的老旧住宅没有进行防震加固处理，涉及的居民约有 3 亿人；190 多亿平方米的农村房屋没有达到抗震标准，涉及的农民约有 5 亿人，其中相当一部分位于地震高烈度区和地震易发区。典型生产安全事故如图 1-2 所示。

图 1-2　典型生产安全事故

在公共卫生领域，突发性传染病、境外输入传染病等风险不断加剧。2020 年初，新冠肺炎疫情暴发，伴随着大量的人口流动，疫情迅速扩散到全国。全国各个省级行政区先后启动了重大突发公共卫生应急响应，疫情扰乱了社会的正常秩序，破坏了经济发展的黄金时期，危害了人民的生命和健康。这次疫情是新中国成立以来传播最迅速、感染最广泛、防控最困难的一次公共卫生突发事件。从潜在的风险来看，全球未发现的病毒还大量存在；从自然环境看，环境的变化为传染病流行提供了可能的条件；从社会结构看，人口的流动加大了传染病扩散的可能。典型公共卫生事件如图 1-3 所示。

应急管理是提升国家治理能力和治理体系现代化的一项重要内容。2022 年 2 月 14 日，国务院正式公布了《"十四五"国家应急体系规划》。该规划明确指出，"十四五"

图 1-3　公共卫生事件

期间我国将在全国范围内开展"基层应急能力提升工程"，并在此基础上进行规范化建设，强化和规范基层应急队伍，设立微型消防站，推动社区、村级应急服务站基础设施建设。《中华人民共和国突发事件应对法》明确提出，国家的应急管理体制实行分级责任制，按照属地进行管理。突发公共事件发生时，事发地政府应及时采取有效措施，妥善应对突发情况。重大公共事件的发生，也给基层政府应急管理体系建设带来了新的机遇和挑战。基层是应急管理的第一线，如何充分发挥其在突发事件处理中的作用，具有重要的现实意义。加强基层应急管理能力建设、健全应急管理体系已成为我国基层治理工作的重要任务。

1.1.2　传统应急管理模式的局限性

传统应急管理模式在应对日益复杂和多变的灾害形势时有着很多的局限性。信息获取滞后是传统应急管理的主要问题之一，灾害发生后，信息传递通常依赖人工报告和传统通信手段，因此难以及时获取灾情动态，导致决策延误和应急措施不及时。例如，2008 年汶川地震初期，由于信息不畅，救援队伍未能迅速到达灾区，影响了救援效率；2011 年日本东部发生大地震，随后又发生了严重的海啸，许多地区的通信基础设施被摧毁，导致信息传递和救援工作严重滞后。

传统应急管理模式也存在着资源调配不当的问题，由于缺乏实时数据支持，灾害发生时的资源调配常常基于历史经验，无法根据实际情况进行灵活调整，导致资源浪费或分配不均。灾区可能出现物资过剩或短缺的情况，影响救援工作的有效性，而资源调度的盲目性和滞后性会进一步加剧灾害的影响。2015 年尼泊尔地震后，尽管国际援助物资大量涌入，但由于缺乏有效的资源管理，许多物资未能及时送达受灾民众手中。此外，物资调配中的腐败和管理不善问题也时有发生，加剧了灾害的负面影响。2005 年卡特里娜飓风过后，美国政府在灾后重建的物资管理问题上受到广泛批评。

应急响应协调困难是传统应急管理面临的另一个重大挑战。多部门、多层级的应急响应体系复杂，各部门之间缺乏统一的指挥和协调机制，导致应急行动分散和低效。部门之间的信息共享不充分，协同配合不力，导致救援行动的重复和延误。2005 年飓风卡特里娜袭击新奥尔良时，由于联邦、州和地方政府之间的协调不力，导致救援行动迟缓且混乱。在国际应急响应中，不同国家和组织之间的协调更为复杂。2010 年海地地震过后，各国和国际组织的救援队纷纷涌入，但由于缺乏统一的协调机制，救援工作一度陷入混乱，影响了救援效率。

1.1.3 现代信息技术的应用

现代信息技术的迅猛发展为改进传统应急管理模型，提升应急管理的智慧化水平提供了坚实的技术支撑。

大数据技术能够收集和分析大量灾害相关数据，包括气象数据、地震数据、社交媒体数据等，为灾害预警和应急决策提供科学依据。通过大数据分析，可以识别潜在风险，预测灾害发展趋势，提高应急管理的前瞻性和准确性。例如，美国国家气象局利用大数据和人工智能技术，大大提升了气象灾害预警的准确性和及时性。此外，地震预警系统通过大数据分析，可以在地震波到达前几秒钟至几十秒钟发出预警，为人们赢得宝贵的逃生时间。例如，墨西哥和日本的地震预警系统在多次地震中成功发出预警，有效减少了人员伤亡。

物联网技术的应用使得对各类应急设备和设施进行实时监控成为可能。通过传感器、无人机和卫星等设备，可以实现对灾害现场的实时监测，获取准确的现场信息。这些实时数据为应急决策提供了可靠的依据，帮助快速制定和调整应急预案。物联网技术还可以实现对人员和物资的实时跟踪和调度，确保应急资源的高效利用。例如，在森林火灾中，通过无人机监测火情动态，可以迅速制定灭火策略，调度资源进行精准灭火。此外，智能交通系统利用物联网技术，可以在灾害发生时优化交通管理，确保救援车辆快速通行。例如，在 2019 年美国加利福尼亚州发生森林大火，当时，无人机和卫星的实时监控帮助消防部门及时调整了灭火策略，成功控制了火势。

人工智能技术在灾害预测、风险评估、决策支持等方面发挥着越来越重要的作用。通过机器学习和深度学习算法，可以建立复杂的灾害预测模型，提高预警的准确性和及时性。智能决策支持系统可以分析海量数据，提供科学的决策建议，优化应急预案，提高应急决策的科学性和有效性。例如，利用人工智能技术进行地震风险评估，可以精确预测地震的影响范围和破坏程度，为制定救援计划提供重要参考。人工智能技术还可以用于灾后重建规划，通过分析受灾地区的地理和社会经济数据，制定科学合理的重建方案。例如，2017 年墨西哥城地震后，利用人工智能技术进行的损失评估和重建规划，大大提升了重建工作的效率和科学性。

1.1.4 智慧应急管理与工程的意义

智慧应急管理可通过先进技术手段大大提升灾害预警和应急响应能力。使用传感器、卫星和无人机等设备可以实时监控灾害现场，快速获取灾情信息，为应急决策提供科学依据。这些实时数据使得应急响应更加及时和准确，避免了传统应急管理中信息滞后的问题。大数据分析和人工智能算法的应用，使灾害早期预警成为可能。智慧应急系统可以通过对气象数据的实时分析，提前预警台风、暴雨等灾害，提醒公众和相关部门提前采取防范措施，减少灾害损失，并有效提升公众的防灾减灾意识和能力。同时，智慧应急管理还可以提高快速响应能力，智能调度系统和应急指挥系统的协同作用可以实现多部门、多层级的高效协调，确保救援力量和物资在最短时间内到达灾区。在事故发生后，通过智能调度系统，可以快速集结救援队，并根据灾情动态调整救援计划，提高救援效率和效果，最大限度地减少灾害造成的损失。

在优化应急资源管理方面，智慧应急通过大数据分析和智能调度系统，可以实现应急资源的最优配置，分析灾害影响范围和受灾程度，帮助决策者科学调配资源，避免资源浪费和重复配置。在部署救援任务时，可以根据灾情严重程度和受灾人口分布情况，合理调配救援人员、设备和物资，确保资源的高效利用。同时，通过物联网技术，可以实时监测救援物资的储备情况、运输状态和使用情况，确保物资安全、及时送达，提高物资的存储和运输效率，减少物资损耗，保障救援工作的顺利进行。智慧应急管理还可以通过智能化人员管理系统，实现对救援人员的实时定位和调度，确保人力资源的合理利用。在救援中，可以通过人员定位系统，实时掌握救援人员的位置和状态，及时调整救援计划，保障救援人员的安全和工作效率，显著提高救援工作的整体效能。

通过大数据和人工智能技术，智慧应急管理系统可以提供科学的决策支持。例如，在台风来临前，决策支持系统可以通过分析气象数据和历史灾害数据，预测台风路径及其影响范围，帮助决策者制定科学的应急预案，提前部署防灾减灾措施。另外，风险评估技术可以帮助决策者提前识别潜在风险，采取预防措施。通过大数据和人工智能技术，可以实现对各类风险的全面评估。例如，在城市规划中，可以通过风险评估技术，识别易发生洪涝、地震等灾害的区域，优化城市防灾减灾布局，提高城市的韧性。科学的风险评估为应急决策提供重要依据，帮助减少灾害损失。另外，智慧应急管理系统可以通过虚拟现实和模拟仿真技术，开展应急演练。例如，通过模拟各种灾害场景，可以发现应急预案的不足，及时进行调整和优化，提升应急人员的应对能力。定期的模拟演练可以提高应急人员的实战能力，确保在实际灾害发生时能够迅速有效地应对。科学的应急演练为应急管理体系的不断完善提供了重要保障。

1.2 智慧应急管理与工程的基本概念、基础理论及其发展

1.2.1 基本概念

本节对应急管理能力相关概念进行了研究与确定，明确"突发事件""应急管理能力"等词汇的准确概念及内涵。

1. 突发事件

《中华人民共和国突发事件应对法》将突发事件定义为：突然发生，造成或者可能造成严重社会危害，需要采取应急处置措施予以应对的自然灾害、事故灾难、公共卫生事件和社会安全事件，按照社会危害程度、影响范围等因素，自然灾害、事故灾难、公共卫生事件分为特别重大、重大、较大和一般四级。基于这一定义分析，突发事件分为四类（表1-1），涵盖生产、生活、社会和自然等诸多方面。

表 1-1　我国突发事件的主要类型及案例

突发事件	案例
自然灾害	地震、滑坡、泥石流等地质灾害；台风、冰雹、龙卷等气象灾害；蝗灾、鼠疫、猪瘟等生物灾害
事故灾难	生产安全事故、交通事故、煤气爆炸事故、火灾事故、核事故、桥梁垮塌事故等
公共卫生事件	新冠病毒、SARS、禽流感等传染性疾病事件，食品安全事件，职业病事件等
社会安全事件	恐怖袭击事件、民族宗教事件等

突发事件主要具有以下几方面特征：

（1）威胁性

突发事件是一种造成或可能造成严重后果的危机，会对社会的正常运转构成威胁，这种威胁既可能是局部的破坏，也可能是根本性的毁坏。若危险性达到巨大的程度，很可能会给人们的生命和财产带来巨大损失，人们的依法活动被影响，国家权力的正常运作被阻断，社会组织面临崩溃的威胁，此时必须采取特殊的对抗措施才能恢复秩序。

（2）紧迫性

突发事件的突发性决定了决策者（通常是政府部门）的反应时间非常有限，即事件发展迅速，立刻有局势恶化、社会混乱、组织崩溃的危险，要求马上采取救援和恢复等应对策略。应急管理越是迅速、合理，所能避免或减少的损失则越大，对时间的把握程度决定了突发事件处置的有效性程度。

（3）不确定性

突发事件具有不可预料性或非预期性，不仅突发事件的开端无法用常规性规则进行判断，而且其发展、影响也没有经验性规则进行指导，这种超出人类社会的预判和估量，使得突发事件不容易准确把握。

（4）双重性

突发事件既包含了威胁，也孕育着转机。面对突发事件，既要充分预计其中的威胁，也要善于把握蕴藏的机遇，并积极采取针对性措施应对各类突发事件，尽量避免或减少损失。

（5）后果的严重性

突发事件发生时，人们的第一反应往往存在滞后，甚至会做出不正确的反应，从而导致生命、健康、财产、设施和环境生态的巨大损失，同时其后果还具有广泛性、连锁性和持久性。根据突发事件的特征，从预防角度促使各级政府完善应急管理体系、制定各项应急预案、组建专业团队，从而在事件发生初期，及时进行响应，以防范事件的升级；从处置角度提高各级政府的重视程度，事件一旦发生，需要快速响应，通过分析研判等方式尽全力保护人民群众生命财产安全、维护社会和谐稳定；从恢复角度促使各级政府做好相应的物资、医疗等储备，全面降低事件带来的各类损失。

2. 应急管理

应急管理源于英文 Emergency Management，是指政府、企业以及其他公共组织为了保护公众生命财产安全，维护公共安全、环境安全和社会秩序，在突发事件事前、事发、事中、事后所进行的预防、响应、处置、恢复等活动的总称。应急管理涉及四个主要阶段：预防（Precaution）、响应（Response）、处置（Handling）、恢复（Recovery）。在预防阶段，通过风险评估制定应急预案和开展培训演练等手段，减少突发事件发生的可能性和影响。在响应阶段，迅速启动应急预案，调动资源进行紧急救援和保护。在处置阶段，对事件进行控制和处理，防止次生灾害的发生。在恢复阶段，采取措施恢复正常的社会秩序和生活生产。

应急管理就是应对突发事件，也就是说突发事件是应急管理的对象，而突发事件分为自然灾害（防灾减灾救灾）、事故灾难（生产安全）、公共卫生、社会公共安全四类。提供公共安全是公共服务的重要部分，同时，提供公共安全是政府应急管理部门及其相关部门的重要职责。

应急管理是政府各相关部门有效利用自身资源和社会可用资源，运用科学技术，通过管理的手段，减少突发事件对社会公众人身安全和财产带来危害的过程。该过程是通过分析突发事件的成因及其发生会带来的风险，从而对其进行一系列有效行动来预警、预防、应对、控制和善后处理的过程。应急管理旨在保障国家安全，维护社会稳定及最大限度地保护社会公众的安全。

在应急管理发展初期，人们往往把焦点放在突发事件发生后的应对处置救援及恢复重建上。但随着社会风险的激增及应急管理本身的发展，传统的应急管理理念及其应对突发事件的方法已经难以满足现实应急需求，人们慢慢发现现代应急管理对突发事件必须变被动应对为主动管理，才能适应当代社会对应急的需求。由此，全过程应急管理理念越发深入人心，全过程应急管理是指在面对风险和危机时，政府在突发事件发生的每个阶段采取有效应对措施的全部过程。因此，全过程应急管理要求要从预防突发事件做起，并不是仅仅将重心放在突发事件发生后的应急反应和处理上。目前，学术界对应急管理阶段的划分存在不同观点，但通过汇总不难发现，它们也有共同点，那就是都在强调整个应急管理过程的介入，认为在突发事件的整个过程中都应该有应急管理行为。

一般来说，按突发事件发生的来源来划分，可以将突发事件划分为人为因素造成的突发事件和自然因素引发的突发事件（即自然灾害）。从理论上讲，前者可以通过采取一定的方法和措施加以防范，而通过防范措施完全避免自然灾害的可能性较小，只能通过全过程采取应急管理的手段来降低其造成的损失和危害等负面影响。这说明，不同阶段的应急管理必须相互协调，相互衔接。因此，全过程应急管理要求应急管理人员要综合管理，对各个阶段要进行科学管理，尽量减少突发事件造成的消极影响。

3. 应急管理能力

应急管理能力的概念没有统一、明确的说法。总的来说，应急管理能力是指政府和社会各界采取措施，协作遏制危机的产生，将后果控制到最小伤害值或可承受的范围内，在突发事件中对事前预防、事中应对处理、事后善后等环节进行综合管理的能力。应急管理旨在通过应急管理主体对突发事件采取有针对性的应急措施，将突发事件对国家和人民群众造成的损害降到最低程度，以维护社会的正常秩序。

（1）预防与应急准备能力

预防与应急准备能力是指地方政府通过多种手段消弭可能发生的突发事件，或当突发事件突然发生后第一时间进行应对的能力。预防与应急准备能力具体体现在以下几点：一是安全防范措施执行能力，各级政府要对本地区内易发的自然灾害、事故灾难等事件进行调查、登记、风险评估，采取相应的安全防范措施予以预防；二是应急预案制定能力，各级政府要根据本地区实际情况制定全面的、具有可操作性的应急预案，对可能出现的突发事件进行准备；三是应急救援团队建设能力，各级政府要整合应急资源，组建专业的综合性应急救援队伍；四是应急演练能力，各级政府应当做好应急知识的宣传普及工作，定期开展必要的应急演练；五是应急物资储备保障能力，各级政府应当提高应急物资储备和紧急调拨能力。

（2）监测与预警能力

监测与预警能力是指地方政府通过信息化等手段，对可能发生的突发事件进行监测并按照突发事件发生的紧急程度进行及时预警的能力。监测与预警能力具体体现在以下几点：一是突发事件监测能力，各级政府应当根据突发事件的种类和特点，建立突发事件监测系统，划分监测区域，确定监测点位，配备专业人员，通过专业设备和设施对可能发生的突发事件进行监测；二是完善预警机制，各级政府应当及时汇总各类突发事件的信息，必要时组织专业部门和人员进行分析研判，发现突发事件即将发生或者发生的可能性增大时，应及时发布相应级别的预警。

（3）应急响应能力

应急处置与救援能力是指地方政府履行公共管理职能，对突发事件采取应急处置的能力。应急处置与救援能力具体体现在以下几点：一是组织能力，各级政府依据突发事件种类、发展趋势和预期后果，委派有关部门或设立专门指挥机构，协调指挥应急处置队伍和社会救援力量，进行应急处置，必要时应当成立指挥部或领导小组；二是处置能力，各职能部门应当根据政府指令，第一时间到达现场，根据应急预案及上级指挥第一时间采取相应措施进行专业化的应急处置；三是舆论处理能力，应当依据相关信息公开制度，发布有效的、真实的、及时的突发事件发展状态和相关处置信息，防止舆论发酵，造成不良后果。

（4）事后恢复与重建能力

事后恢复与重建能力是指地方政府在突发事件的威胁和危害得到控制或者消除后，采取或者继续实施必要措施防止衍生事件发生，按照计划实施重建的能力。事后恢复与重建能力具体体现在以下几点：一是恢复能力，各级领导应当及时协调组织公安、工商、民政等相关部门，对社会治安、市场秩序、公共设施等关系到人民群众正常生产生活秩序的内容，进行及时恢复；二是善后能力，各级政府应当根据本地区遭受损失的情况，合理制订救助、补偿、安置等善后计划并组织实施。

4. 智慧应急管理

智慧应急管理（Intelligent Emergency Management）是指运用现代技术使得应急管理更具智能化，实现基于新一代信息技术（N-IT）、应急运营技术（E-OT）与管理技术（MT）彼此融合（简称"E-IOM-3T"）的"人-信息-物理（应急）-管理"复杂智能化系统，即Human-Cyber-Physical（emergency）-Management System，简称 H-CPeMS。该系统依据感知应急全过程中的海量数据、交互存储海量信息、洞察认知机会与风险、做出决策和行动，由人工智能驱动或者云脑模拟人类智慧，实现应急管理智慧化。智慧应急管理通过物联网、云计算、大数据、人工智能等技术手段，实现应急管理全流程的智能化和自动化，提高应急响应的速度和效率，提升应急决策的科学性和准确性，最大限度地减少突发事件带来的损失。

（1）数字化

数字化是指将应急管理中许多复杂多变的信息转变为可以度量的数字、数据，再用这些数字、数据建立适当的数字化模型，把它们转变为一系列二进制代码，引入计算机内部，进行统一处理。数字化是信息化的基础，通过数字化可以实现信息的标准化和统一化，提高信息处理的速度和准确性。例如，在应急管理中，通过传感器采集环境数据，将其转化为数字信号，传输到数据中心进行分析和处理。

（2）智能化

智能化是指应急管理在大数据、互联网、物联网、人工智能等技术的支持下，所具有的能满足人的各种需求的属性，具有一定的"自我"判断能力。智能家居可以通过语义理解和智能感应判断业主发出的指令，进而执行指令，对家电进行智能控制和管理。在应急管理中，智能化技术可以用于监测和预警，通过智能分析系统对数据进行实时分析，预测可能发生的突发事件，并提前采取措施进行应对。

（3）智慧化

智慧化是指将智能技术赋能应急管理系统，由人工智能驱动或者云脑驱动模拟人类智慧，实现应急管理自动研判、自主决策、自我演进。智慧化不仅仅是智能化的提升，更强调系统的自主性和进化能力。例如，智慧化应急管理系统可以通过学习和积累经验，不断优化应急预案和决策模型，提升应急管理的整体水平，实现从被动应对到主动预防的转变。

综上所述，智慧应急管理是指利用现代信息技术手段，如大数据、物联网、人工智能、云计算等，对应急管理全过程进行智能化、信息化和高效化的管理模式。智慧应急管理不仅是技术的应用，更是应急管理模式的创新，其核心在于实现应急管理从传统的被动应对向主动预防转变，从单一的应急响应向全面的风险管理转变，以及从分散管理向系统协同转变。通过智慧应急管理，可以实现灾害预警的提前发布、应急响应的快速启动、灾后恢复的科学规划，最终达到减少灾害损失、保障人民生命财产安全的目标。

智慧应急管理涵盖灾害监测预警、应急指挥调度、灾害评估与恢复等多个环节。在灾害监测预警方面，通过传感器网络、遥感技术和大数据分析，实现对自然灾害和人为灾害的实时监测和早期预警。例如，利用气象卫星和地面气象站的数据，可以对台风、暴雨等气象灾害进行精准预警。在应急指挥调度方面，可以利用智能调度系统和应急指挥平台，实现多部门、多层级的协调联动，确保应急资源的高效调配。例如，在地震灾害发生后，通过智能调度系统快速集结救援团队，并根据灾情动态调整救援计划。在灾害评估与恢复方面，通过大数据和人工智能技术，对灾害影响进行科学评估，制定科学的恢复计划，保障灾后重建工作的顺利进行。例如，利用无人机和遥感技术，快速评估地震灾区的受灾情况，为灾后重建提供数据支持。

智慧应急工程（Intelligent Emergency Engineering）是智慧应急管理的重要组成部分，是指运用现代工程技术和信息技术，对应急管理的各个环节进行智能化和信息化改造和提升。智慧应急工程的核心在于通过建立智能化的应急基础设施和技术系统，提高应急管理的整体效能和智能化水平。通过智慧应急工程，可以实现应急设施的智能监控、应急资源的高效调度和应急行动的科学指挥，从而提升应急管理的整体能力。

智慧应急工程涵盖多个方面，包括智能应急指挥中心建设、智能应急物资管理系统、智能应急交通管理系统等。在智能应急指挥中心建设方面，可以通过集成大数据、物联网和人工智能技术，构建统一的应急指挥平台，实现灾害信息的实时获取和应急决策的智能支持。例如，在智能应急指挥中心，可以通过视频监控系统实时监控灾害现场情况，通过大数据分析系统分析灾害发展趋势，提供科学的应急决策支持。在智能应急物资管理系统方面，通过物联网和智能仓储技术，实现应急物资的智能化管理和调度，提高物资的利用效率和安全性。例如，通过 RFID 技术，可以实现应急物资的自动识别和跟踪，确保物资在灾害发生后能够快速送达需要的地方。在智能应急交通管理系统方面，通过智能交通监控和调度系统，实现应急车辆的高效调度和交通疏导，确保应急救援工作的顺利进行。例如，通过智能交通信号控制系统，可以为应急车辆提供绿色通道，确保应急救援车辆的快速通行。

1.2.2 基础理论

本节主要对应急管理的相关基础理论进行阐述，介绍应急管理相关的三种理论：4R 危机管理理论、系统科学理论、协同治理理论。

1. 4R 危机管理理论

4R 危机管理理论最早是由美国危机管理专家罗伯特·希斯在《危机管理》一书中提出的，即由缩减管理、预备管理、反应管理、恢复管理 4 个部分构成。

（1）缩减管理

缩减管理（Reduction），即为了避免浪费时间，前期通过降低风险，提前配置管理现有的各类资源，减小和降低危机发生时所产生的危害和影响力，这与我国新型应急理念"预防为主、防抗结合"是相符的。缩减管理是 4R 危机管理的核心内容，持续影响着整个危机管理的过程。

（2）预备管理

预备管理（Readiness）主要是指日常防范危机发生的过程，通过选拔相关方面专家，组建成危机管理团队，制订危机管理计划，按照日常计划对危机进行管理工作。而且需要建立一套完整、有效的、能够清楚地掌握危机爆发征兆的危机预警系统，并且要求每位工作人员通过日常的训练、演练、宣传教育掌握应对危机的处理方法，使其能够从容应对各类危机的发生。

（3）反应管理

反应管理（Response）是指当突发性事件发生时，管理者通过已掌握的全面、真实的信息做出的策略性的决定来应对解决危机，使危机的影响、损失降到最低。管理者在应对危机时主要采取危机确认、危机隔离、危机处理和事后总结四个步骤。

（4）恢复管理

恢复管理（Recovery）是指危机得到控制或结束后，总结分析危机产生的损失和影响，有计划地进行恢复、重建、提升，通过危机的总结分析，对现有的工作流程和方法进行补充和完善，得到更快、更高效的应对危机的方法。

4R 危机管理理论对应急管理的能力建设有一定的指导意义，它与绝大多数的危机发展规律相匹配，几乎适用于各领域行业的危机管理，而且 4R 危机管理的每个阶段与应急管理的各阶段相对应，如图 1-4 所示。二者管理的目标也是一致的，即最大程度的保障生命财产安全，将影响损失减少到最小。

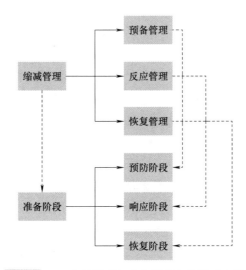

图 1-4　4R 危机管理与应急管理各阶段对应图

2. 系统科学理论

系统科学理论认为系统是处于一定相互联系中、与环境发生关系的各个组成部分的整体。系统论、信息论和控制论三部分组成了系统科学理论。信息论是利用概率理论和数学统计学来获取信息、加工信息、传递信息、筛选信息和处理信息来达到交际和流通目的的科学。控制论是根据周围环境和信息量而调整系统的理论。系统论把所有事物作为一个系统或整体进行研究，强调整体和个体、个体与个体及系统内部和外部环境之间彼此依赖、影响和相互牵制，通过研究内部元素之间、整体与元素之间，发现相互作用的连接点和规律，进而发挥整体的最大作用。系统理论认为，彼此相互独立的个体的总和小于它所组成的系统，即将独立的个体整合起来，让各独立个体之间相互配合、影响和依赖，从而具备单独个体所没有的新的功能，因此新的系统或者整体的整合后的功能大于各独立个体的相加。

系统科学理论作为社会发展演变、治理遵循的重要理论原则，对应急管理领域建设有着极强的指导意义与价值。大至国家、小到基层的应急管理工作都可以看成是一个系统，是一个涉及众多部门和行业，涵盖多领域，并且需要满足各种需求和服务的系统。在应急管理庞大的系统中，各成员单位都是独立的个体。各成员单位都能够进行独立思考和行动，能够与其他组织部门进行信息沟通和资源交换，而且各成员单位之间在工作上相互依赖，能够在相互配合协作的过程中，不断调整自身的行为，来适应整个系统环境，让整个应急管理系统高效运转。所以，运用系统科学理论来指导应急工作可谓是恰到好处，具体说就是，将应急管理看成一个大系统，成员单位为个体，将各单位统一起来推动应急管理能力建设，要站在大系统的角度，制定工作目标，规划工作任务，明确部门职责，形成工作机制，整合各方资源，统筹各项工作，形成完备的应急管理体系，提高应急管理能力。

3. 协同治理理论

德国物理学家哈肯在1971年提出了"协同"的概念。协同治理理论通常是指一个系统内，两个或者多个元素之间相互作用，协调配合，使系统能够高效有序化的运转，达到"1+1＞2或者2+2＝5"的效果。在现实生活中，协同治理是指国家在社会治理过程中需要多个主体（包括政府、部门机关、企事业单位和其他组织）对公共事务进行共同管理和服务，而不是靠单一主体（如政府或者政府的部门）来对社会进行治理。其实，在社会治理的过程中，人民群众和各社会团体等非政府组织在解决一些简单的突发性公共事件时比政府部门更加有利，他们可以充分利用自身的优势和特长主动协调、解决社会治理事务中遇到的各种问题，亲自参与社会治理更加有利推动解决突发性事件，甚至可以将一些风险隐患扼杀在萌芽之中。要促进国家、地区、经济、社会的快速稳定发展，离不开治理主体的多样化，不能仅依靠政府或者是机关部门关起门搞治理，可以通过建立政府与其他非政府组织、个人彼此之间多边的合作和互动关系，将现有各项资源进行有效整合。

协同治理在现代政府治理体系中占据着核心位置，是应急管理能力建设研究的重要内容和理论基础。从我国近几年来的社会发展来看，虽然协同治理理论产自高度发达的西方的社会环境之中，但对我国社会治理中存在的问题同样具有指导意义。例如，从传统文化和制度环境上看，虽然我国已经逐步建立起以应急预案和应急体制、机制、法制的"一案三制"为中心的处置公共危机的体系，而且在治理公共危机能力方面逐渐得到提高，但不可否认的是，在应急管理能力的建设过程中，组织、领导、协调能力方面仍存在多主体之间协同度较低等问题。从技术环境上看，技术的现代化在把新时代的特殊风险带来的同时，也利用信息技术重新构造了新的发展环境和机遇，同时给公共危机的协同治理带来信息传递和信息共享的新型治理方式和途径。由于我国的公共危机治理的环境具备复杂性、多元性和不确定性等特征，引入协同治理理论对我国公共危机治理进行研究，对现阶段应急管理体系建设及应急管理能力提高具有一定的意义。

1.2.3 智慧应急管理与工程的发展历程

（1）初步探索阶段

智慧应急管理与工程的发展可以追溯到20世纪末期，当时各国开始逐步认识到信息技术在应急管理中的潜力。在这一阶段，虽然技术手段相对简单，但各国纷纷启动了信息化应急管理的探索。信息系统建设是这一阶段的重要标志，通过计算机和通信技术，实现了应急信息的初步采集和传递。例如，美国在"9·11"恐怖袭击事件后，迅速启动了应急管理系统的建设，重点加强了应急通信和信息共享能力。2003年，我国在SARS疫情后加快了应急指挥系统建设，提升了公共卫生应急管理能力。此外，日本在1995年阪神大地震后，推动了地震监测和预警系统的建设，显著提高了地震灾害的预警能力。这一时期的探索为后续智慧应急管理与工程的发展奠定了基础。

（2）快速发展阶段

进入 21 世纪，随着互联网、物联网和大数据技术的迅猛发展，智慧应急管理与工程进入了快速发展阶段。各国政府和相关机构加大了在智慧应急管理方面的投入，建立了较为完善的应急管理信息系统和技术体系。例如，美国联邦紧急事务管理署（FEMA）利用大数据和人工智能技术，提升了灾害预警和应急响应能力。而我国在 2008 年汶川地震后，推动了国家应急平台建设，大力发展智能应急指挥中心、智能应急物资管理系统和智能应急交通管理系统，提高了应急管理的智能化和信息化水平。此外，智慧应急管理体系逐步完善，应急演练和培训成为常态，例如，日本通过智慧城市建设，提升了城市的防灾减灾能力，并定期开展灾害应急演练，提高公众和应急人员的应对能力。这一阶段，智慧应急管理与工程逐步从概念走向实际应用，并在多个方面取得了显著进展。

（3）全面应用阶段

进入 2010 年，智慧应急管理与工程进入了全面应用阶段，大数据、人工智能和云计算技术的广泛应用，极大地提升了应急管理的智能化水平。例如，美国利用大数据和人工智能技术进行灾害风险评估和应急决策，提高了应急管理的科学性和有效性。同时，智慧城市建设与智慧应急管理的融合成为新的发展方向，通过智慧城市建设，提升城市的防灾减灾能力，提高城市的韧性和应急管理水平。例如，日本通过智慧城市建设，不仅提升了防灾减灾能力，还增强了应急管理的综合水平。此外，各国在智慧应急管理方面加强了国际合作与技术交流，共享了先进的技术和经验。例如，在新冠疫情全球大流行期间，各国通过国际合作和信息共享，提高了疫情防控和应急响应的效率和效果。智慧应急管理与工程的发展历程反映了现代科技对应急管理的深刻影响，并展示了智慧应急管理和工程在提高灾害预警、应急响应和资源管理能力方面的重要作用。随着科技的不断进步，智慧应急管理与工程将在未来发挥更加重要的作用，为应对各类灾害和突发事件提供有力保障。

目前我国应急管理规范化、法制化建设正在逐渐加快，政府应急管理能力也日益增强。但是由于综合性应急管理体系建设的时间尚短，同时国内外经济社会环境正在发生复杂而深刻的变化，导致风险因素逐渐增多，致使更加容易出现突发事件应对不力的现象。针对当前政府应急管理能力现状，提出针对不同层级、不同主体和不同环节的相关建议，可以有效帮助推进应急管理体系和能力现代化。从理论和实践这两个层面来看，发达国家对应急管理的研究相对完整，已经初步形成了有效的应急管理体系。

1.3 本书主要内容

在绪论部分，本书首先介绍了智慧应急管理与工程的背景和意义，详细阐述了智慧应急管理的局限性及其在现代社会中的应用，探讨了智能技术在提升应急管理效率和效果方面的巨大潜力。绪论部分从全球范围内自然灾害、公共卫生事件、事故灾难和社会安全事件的频发入手，分析传统应急管理模式的不足之处，以及面对复杂、多变的灾害形势与挑战。通过实例和数据，展示了智慧应急管理的必要性和紧迫性。同时，还将讨论智慧应急管理与工程的发展历史和当前现状，突出智慧应急管理在现代社会中不可或缺的地位。最后，将对本教材的结构和内容进行简要介绍，为读者提供清晰的阅读指引。

第二章详细介绍了智慧应急的基本概念，包括其定义、范围、关键要素、原则和理念及体系和机制。智慧应急管理是指利用现代信息技术和工程技术，通过智能化、信息化和系统化的手段，对应急管理的全过程进行高效、科学管理的模式。智慧应急管理的核心是利用大数据、物联网、人工智能等技术，实现灾害预警、应急响应和灾后恢复的智能化和高效化。智慧应急的应用范围包括自然灾害、工业生产安全、公共卫生、社会安全等多个领域，涵盖传统应急管理的所有环节，还扩展到预防和准备阶段，通过全面、实时的信息采集和处理，提高应急管理的整体效能。智慧应急的关键要素包括智能监测系统、应急指挥平台、应急资源管理系统等，而智慧应急管理的基本原则包括及时性、协调性、科学性，核心理念则强调预防为主、应急为辅、信息共享和协同合作。通过多部门、多层级的协同工作，智慧应急管理形成了系统化的体系结构和运行机制。

第三章重点介绍智慧应急管理中使用的各种技术和方法，包括物联网技术、人工智能方法、智能分析平台技术及其他相关技术。物联网技术涵盖传感器技术、通信技术、识别技术等，支持灾害监测和应急响应的信息采集与传递。具体来说，传感器技术可以实时监测环境变化和灾害发生情况，通信技术可以确保应急信息的快速传递和反馈，识别技术则用于应急资源的准确定位和调度。人工智能方法包括机器学习、深度学习、强化学习等算法，在灾害预测和应急决策中发挥关键作用。通过训练大量数据，这些算法能够精确预测灾害发展趋势，提供科学的应急决策支持。智能分析平台技术则涉及大数据处理、数据挖掘、云计算和典型预测等，通过数据的高效处理和分析，实现智慧应急的科学决策。这些技术可以整合海量应急数据，快速进行分析和处理，提供实时的应急响应方案。此外，知识图谱、区块链、数字孪生等技术也在智慧应急管理中得到应用，进一步提升了应急管理的智能化水平和协同效能。这一章不仅介绍了各项技术的基本原理和应用场景，还提供了实际案例和技术实现的详细说明。

第四章通过具体案例介绍智慧应急管理在各个领域中的应用，包括自然灾害、工业生产安全、公共卫生、社会安全及其他领域。在自然灾害应急管理中，智慧应急技术主要用于灾害预警、应急响应和灾后恢复，提高了灾害应对的效率和效果。通过智能监测和实时数据分析，能够提前发现潜在的灾害风险，并采取预防措施，减少灾害造成的损失。工业生产安全中的智慧应急应用则侧重于监测和预防工业事故，确保生产安全。例如，通过物联网传感器监测工业设备的运行状态，及时发现和处理设备故障，防止事故发生。在公共卫生领域通过智慧应急技术提升了传染病防控和应急医疗服务的效率，如应对公共卫生事件时，可以通过大数据分析和人工智能预测疫情发展趋势，及时采取有效的防控措施。在社会安全应急管理方面，智慧应急技术可用于恐怖袭击、暴力事件的预防和应对，增强公共安全保障能力。例如，通过视频监控和智能分析技术，能够快速识别和定位潜在安全威胁，及时采取应对措施。智慧应急在其他领域的应用包括交通管理、环境保护等方面的创新实践，通过智慧应急技术的广泛应用，提高了各领域应急管理的整体水平。这一章通过丰富的应用案例，展示了智慧应急管理的实际效果和广泛应用。

第五章分析智慧应急未来面临的挑战和机遇，提出相应的策略和建议，并对智慧应急的未来发展进行展望。随着技术的不断进步，智慧应急管理将可以更准确地预测灾害、更加高效地进行应急响应和更快速地恢复灾后秩序。应对挑战和机遇的策略包括加强技术研发、完善应急管理体系、提升应急人员培训水平及增强公众意识等。具体来说，可以通过加强与科研机构和企业的合作，推动智慧应急技术的创新和应用。同时，应进一步完善应急管理的法律法规和标准体系，确保智慧应急技术在实际应用中的规范性和有效性。此外，提升应急管理人员的专业能力和公众的应急意识也是关键，可以通过培训和宣传，提高全社会的应急管理水平。未来，智慧应急管理将继续整合大数据、人工智能、物联网等先进技术，从而向更加智能化、系统化和协同化的方向发展。本章还提出了一系列具体建议，如推进智慧应急技术的标准化、加强国际合作与信息共享等。通过这些策略和建议，智慧应急管理与工程将在未来发挥更加重要的作用，为应对各类灾害和突发事件提供有力保障，最终实现减少灾害损失、保障人民生命财产安全的目标。

复　习　题

1. 简述突发事件的概念。
2. 简述突发事件的特点。
3. 简述传统应急管理的局限。
4. 简述 4R 危机管理理论。

第 2 章
智慧应急管理概述

2.1 智慧应急的相关概念和应用范围

2.1.1 智慧应急的相关概念

智慧应急是指应用现代信息技术、通信技术和工程技术，构建一个智能化、系统化和信息化的应急管理体系，以应对自然灾害、突发事件和其他紧急情况，这个体系涵盖了从灾害预测、预警，到应急响应、灾后恢复的全过程管理。通过集成大数据、人工智能、物联网、云计算等先进技术手段，实现对灾害和突发事件的全程动态监控、精准预测、高效响应和科学决策，从而最大限度地减少灾害损失和社会影响。

1. 智慧应急的起源与发展

智慧应急的起源可以追溯到 20 世纪末，随着信息技术的迅猛发展，特别是互联网的普及和数据处理能力的提升，传统的应急管理模式逐渐暴露出其局限性。传统应急管理往往依赖于经验和事后应对，缺乏实时数据支持和科学决策依据，难以在突发事件发生时迅速、高效地做出反应。在这种背景下，人们开始探索如何利用新兴技术来提升应急管理的能力和水平。

进入 21 世纪，随着大数据、人工智能、物联网等技术的成熟和应用，智慧应急的概念逐渐形成并得到广泛关注。特别是在经历了一系列重大灾害和突发事件后，各国政府和研究机构意识到，仅靠传统手段无法应对越来越复杂的灾害风险及其应急需求，急需引入先进技术，实现应急管理的智能化和信息化。总的来说，智慧应急的发展经历了几个重要阶段：最初是信息化阶段，即通过计算机和网络技术，实现应急信息的数字化和网络化；随后是系统化阶段，构建综合应急管理平台，实现各类应急信息的集成和共享；再到智能化阶段，利用大数据分析和人工智能技术，实现应急管理的智能决策和自动化响应；最终进入全面智慧化阶段，通过物联网技术实现全方位、实时的灾害监测和动态管理。

2. 智慧应急的核心技术

智慧应急的核心技术主要包括大数据、人工智能、物联网和云计算。这些技术相互配合，共同构建了智慧应急管理的技术基础。

大数据通过收集和分析大量的灾害数据、历史数据、环境数据和社会数据，使得智慧应急系统可以识别潜在的风险和趋势，提供精准的灾害预测和预警。此外，大数据技术还可以用于应急响应过程中的数据整合和实时分析，帮助决策者快速获取全面、准确的信息，制定科学的应急方案。

人工智能技术在智慧应急中主要应用于数据分析和决策支持。通过机器学习、深度学习等算法，人工智能技术可以对复杂的数据进行建模和分析，识别潜在的灾害模式和风险因素，提供智能化的预警和决策支持。例如，在地震预测中，人工智能算法可以分析地震波形数据，预测地震发生的可能性和影响范围；在洪水预警中，人工智能算法可以结合气象数据和水文数据，预测洪水的发生和发展趋势。

物联网技术通过部署各种传感器和监测设备，可以实时采集环境数据、灾害数据和应急资源数据，并通过无线网络传输到应急指挥平台。物联网技术的应用，不仅提高了灾害监测的准确性和实时性，还为应急响应提供了全面、实时的数据支持。

云计算技术在智慧应急中用于实现大规模数据的存储和处理。通过云计算平台，智慧应急系统可以实现海量数据的存储和快速计算，提供高效的数据分析和处理能力。此外，云计算技术还可以实现应急资源的共享和调度，提升应急管理的整体效能。

3. 智慧应急的应用场景

智慧应急的应用场景非常广泛，涵盖了自然灾害、工业生产安全事故、公共卫生事件、社会安全事件等多个领域。

在自然灾害应急管理中，智慧应急技术用于灾害预警、应急响应和灾后恢复。在地震应急管理中，通过部署地震监测传感器和地震预警系统，智慧应急系统可以实时监测地震活动，提前发布预警信息，组织人员撤离和应急响应。在洪水应急管理中，可通过水位监测传感器和气象监测系统，智慧应急系统可以实时监测水位变化和降雨情况，提前预测洪水发生和发展趋势，从而采取防洪措施和应急响应。在森林火灾应急管理中，可以通过火情监测传感器和卫星遥感技术实时监测火情变化，提前发现火灾风险，以便组织人员扑救和疏散。

在工业生产安全事故应急管理中，智慧应急技术可以用于监测和预防工厂、矿山、石油化工等高风险行业事故的发生，确保生产安全。例如，在化工厂应急管理中，通过部署有害气体监测传感器和火灾监测传感器，智慧应急系统可以实时监测化工厂的生产环境，提前发现有害气体泄漏和火灾风险，组织人员撤离和应急响应。在矿山应急管理中，通过部署矿井监测传感器和地质监测系统实时监测矿井的安全状况，提前发现矿井塌方和瓦斯爆炸风险，便于开展组织人员疏散和应急响应。

在公共卫生应急管理中，智慧应急技术可以用于提升传染病防控和应急医疗服务的效率。在重大疫情暴发时，通过大数据分析和人工智能预测，智慧应急系统可以快速识别疫情的传播路径和高风险地区，提前采取防控措施和应急响应。通过物联网技术和移动医疗设备，智慧应急系统可以实现远程医疗服务和应急医疗救援，提升医疗资源的利用效率和应急响应能力。

在社会安全应急管理中，智慧应急技术用于恐怖袭击、暴力事件、重大交通事故等的预防和应对。通过视频监控和智能分析技术，智慧应急系统可以实时监测社会安全状况，提前发现潜在的安全威胁，组织人员疏散和应急响应。在重大交通事故应急管理中，通过交通监控传感器和交通管理系统，智慧应急系统可以实时监测交通状况，提前预测交通事故风险，组织交通疏导和应急救援。

4. 智慧应急的体系与机制

智慧应急不仅是一种技术手段，更是一种系统化、科学化的管理模式。它强调多部门、多层级的协同合作，注重信息的实时采集、共享和处理，建立高效的应急管理体系和运行机制。

应急指挥平台是智慧应急管理的核心，负责数据的汇集、分析和展示，并提供决策支持。该平台通常集成了地理信息系统（GIS）、决策支持系统（DSS）和指挥调度系统，通过可视化界面，帮助应急管理者全面掌握灾情，制定科学的应急方案。应急资源管理系统负责应急物资、人员和设备的调度与管理，确保资源在紧急情况下能够迅速到位和有效使用，该系统通过物联网技术和大数据分析，实现应急资源的智能调度和高效管理，提高应急响应的速度和效果。

数据分析与处理技术包括大数据分析、人工智能算法、云计算等，通过对海量数据的深度挖掘和智能分析，提供精准的灾害预测和应急决策建议。这些技术可以整合海量应急数据，快速进行分析和处理，提供实时的应急响应方案。通过建立跨部门、跨区域的信息共享平台，实现多部门、多层级之间的高效协同工作，确保在突发事件发生时，各方能够快速响应、密切配合，共同应对挑战，可以提升应急管理的整体效能，减少信息孤岛现象，确保应急信息的实时传递和高效利用。

综上所述，智慧应急是综合性、系统化的应急管理模式，它涵盖了从灾害预测、预警到应急响应、灾后恢复的全过程管理，通过集成大数据、人工智能、物联网、云计算等先进技术手段，实现对灾害和突发事件的全程动态监控、精准预测、高效响应和科学决策，从而最大限度地减少灾害损失和社会影响。

2.1.2 智慧应急的应用范围

智慧应急的应用范围非常广泛，涵盖了自然灾害、工业生产安全事故、公共卫生事件、社会安全事件等多个领域。在不同领域，智慧应急通过先进的技术手段和科学的管理方法，实现了对各类突发事件的高效应对和管理。以下介绍智慧应急在自然灾害、工业生产安全事故、公共卫生事件和社会安全事件中的具体应用。

1. 自然灾害应急管理

（1）地震应急管理

地震是自然界中破坏力极强的灾害之一。智慧应急技术通过部署地震监测传感器和地震预警系统可以实时监测地震活动，提前发布预警信息，组织人员撤离和应急响应，可以大大提高地震预警、应急响应和灾后恢复的效率。此外，通过大数据分析和人工智能技术，可以对历史地震数据进行分析和建模，预测地震发生的可能性和影响范围，从而为决策者提供科学的决策支持。在灾后恢复阶段，智慧应急系统可以通过无人机和卫星遥感技术，对受灾地区进行全面的灾情评估和资源调度，提高灾后恢复的效率和效果。

（2）洪水应急管理

智慧应急系统通过部署水位监测传感器和气象监测系统，可以实时监测水位变化和降雨情况，提前预测洪水的发生和发展趋势，以便及时采取防洪措施和应急响应。在洪水发生时，智慧应急系统可以通过物联网技术和智能分析平台，实时获取受灾区域的洪水情况，组织人员撤离和应急救援。智慧应急系统还可以利用大数据和人工智能技术，对历史洪水数据和地理信息进行分析和建模，制定科学的防洪规划和应急预案，提高洪水应急管理的科学性和有效性。

（3）台风应急管理

在台风发生时，通过气象监测和卫星遥感技术实时监测台风的路径、强度及其发展趋势，可以提前发布预警信息，组织人员撤离并实施防风措施。同时通过物联网技术和智能分析平台，实时获取受灾区域的风力、降雨和潮汐情况，提供应急救援和资源调度的实时数据支持。智慧应急系统还可以利用大数据和人工智能技术，对历史台风数据和气象信息进行分析和建模，预测台风的影响范围和强度，为决策者提供科学的决策支持。

（4）森林火灾应急管理

智慧应急系统可以实时监测火情变化，提前发现火灾风险，组织人员扑救和疏散。在火灾发生时，智慧应急系统可以通过无人机和地理信息系统（GIS），实时获取火场情况和火势发展趋势，提供应急救援和资源调度的实时数据支持。智慧应急系统也可以利用大数据和人工智能技术，对历史火灾数据和气象信息进行分析和建模，制定科学的防火规划和应急预案，提高森林火灾应急管理的科学性和有效性。

2. 工业生产安全事故应急管理

（1）化工厂生产安全应急管理

在化工厂的应急管理中，智慧应急系统不仅能够监测有害气体和火灾风险，还能够通过实时视频监控和无人机巡查等技术手段，获取厂区的实时影像和环境变化信息。通过与历史数据进行比对和分析，智慧应急系统可以识别异常情况和潜在风险，及时预警并采取相应措施。此外，智慧应急系统还能够通过模拟和仿真技术，进行应急预案的演练和优化，提高应急预案的可操作性和实战性。应急管理人员可以通过移动设备和智能终端，实时获取应急信息和指令，提高应急响应的灵活性和时效性。

智慧应急系统还可以通过集成多种数据源和信息系统，实现跨部门和跨区域的应急协同和资源共享。例如，在化工厂周边区域，可以通过与当地政府、环保部门和医疗机构等单位的协作，建立应急联动机制，共享应急信息和资源，提高应急响应的综合效能。在事故发生时，可以快速调动消防、救援和医疗等应急资源，实施有效的救援和处置措施，最大限度地减少事故的影响和损失。在事故发生后的恢复和重建阶段，智慧应急系统还可以提供科学的决策支持和技术指导，可以通过事故原因分析和影响评估，制订科学的恢复和重建计划，优化资源配置和调度，提高恢复和重建的效率和效果。

（2）矿山生产安全应急管理

智慧应急系统不仅能够监测矿井的安全状况，还能够通过高精度的地质雷达和地下水监测设备，实时获取矿山的地质和水文信息，提前发现潜在的地质灾害和水害风险。通过建立矿山的三维模型和动态监测系统，智慧应急系统可以模拟和预测矿山的地质变化和灾害演变过程，提供科学的应急预案和决策支持。此外，智慧应急系统还可以通过应急通信网络和定位系统，实现矿山内部和外部的应急联动和信息共享，提高应急响应的协调性和效率。

智慧应急系统还可以通过集成矿山的生产管理系统和设备监控系统，实现矿山生产和应急管理的一体化管理。例如，通过实时监测矿山的生产设备和运输系统的运行状态，及时发现和处理设备故障和生产异常，预防事故的发生。在发生事故时，智慧应急系统可以快速调度应急资源和人员，实施有效的救援和疏散措施，提高应急响应的效率和效果。在矿山应急管理的过程中，可以通过应急演练和培训来提高矿山管理人员和工人的应急意识和应急能力，通过定期组织模拟塌方、瓦斯爆炸和井下火灾等事故的应急演练，检验和完善应急预案和应急机制，提高应急管理的实战能力和应急响应的科学性。

（3）石油化工工厂生产安全应急管理

在石油化工工厂应急管理中，智慧应急系统可以通过集成气象监测和环境监测系统，实时获取气象和环境变化信息，预测和评估事故的影响范围和严重程度。例如，通过建立石油化工工厂的气象和环境监测网络，实时监测风速、风向、温度和湿度等气象参数，预测有害气体的扩散路径和影响区域，为应急响应提供科学的决策支持。此外，智慧应急系统还可以通过应急通信系统和应急指挥平台，实现应急信息的实时传递和应急指令的快速执行，提高应急响应的效率和效果。

智慧应急系统还可以通过集成石油化工工厂的生产管理系统和安全管理系统，实现生产管理和应急管理的一体化管理，通过实时监测石油化工工厂的生产设备和管道系统的运行状态，及时发现和处理设备故障和生产异常，预防事故发生。在发生事故时，智慧应急系统可以快速调度应急资源和人员，实施有效的救援和处置措施，提高应急响应的效率和效果。在石油化工应急管理的过程中，智慧应急系统还可以通过应急演练和培训，提高石油化工工厂管理人员和工人的应急意识和应急能力。例如，通过定期组织模拟油气泄漏、火灾和爆炸等事故的应急演练，检验和完善应急预案和应急机制，提高应急管理的实战能力和应急响应的科学性。

3. 公共卫生应急管理

（1）传染病防控

传染病防控是公共卫生应急管理的重要内容，智慧应急技术在传染病防控中具有广泛的应用前景。通过大数据分析和人工智能技术，智慧应急系统可以快速识别疫情的传播路径和高风险地区，提前采取防控措施和应急响应。在重大疫情暴发时，能够快速整合多源数据，包括医院就诊记录、移动数据、社交媒体信息等，进行实时分析，生成疫情热点地图和传播趋势模型。这些信息可帮助卫生部门精准锁定传染源，实施隔离措施，并科学调配医疗资源。

智慧应急系统还可以通过物联网技术和移动医疗设备实现远程医疗服务，从而使偏远地区和医疗资源匮乏地区的患者能够得到及时的诊断和治疗。应急医疗团队可以通过视频会议和远程监控设备，指导当地医务人员开展救治工作，提升医疗服务的覆盖面和效率。在防控阶段，智慧应急系统还可以通过健康码和疫苗接种记录等数字化手段，监控人员的流动情况和健康状态，确保防控措施得以有效落实并达到预期效果。此外，智慧应急系统还可以利用大数据和人工智能技术，对历史疫情数据和公共卫生信息进行分析和建模，预测疫情的发展趋势和影响范围。通过建立预测模型和情景模拟系统，智慧应急系统可以为决策者提供科学的决策支持。例如，在疫情初期，通过对比相似疫情的传播规律和防控效果，系统可以预测疫情可能的发展路径和防控效果，为制定有效的防控策略提供参考。

（2）应急医疗服务

应急医疗服务可以通过部署移动医疗设备和应急医疗平台实现远程医疗服务和应急医疗救援，从而提高医疗资源的利用效率和应急响应能力。在突发公共卫生事件发生时，智慧应急系统能够迅速调动医疗资源，建立应急医疗网络，实现跨区域、跨机构的医疗协同和资源共享。在灾害发生后，系统能够实时获取受灾地区的医疗需求和应急资源的调度情况，优化救援路径和资源分配，提高应急响应的效率和效果。

通过部署智能医疗设备和人工智能辅助诊断系统，医务人员可以快速获取患者的健康数据，进行精确诊断和治疗方案制定，提升应急医疗服务的精准度和有效性。例如，在急救现场，通过便携式生命体征监测设备和智能分析软件，医务人员可以实时监测患者的心率、血压、血氧饱和度等关键指标，及时发现和处理危急情况，提升急救成功率和患者生存率。

在应急医疗服务的管理和协调方面，智慧应急系统也发挥着重要作用。通过建立统一的应急医疗信息平台，系统可以实现多部门、多层级的信息共享和联动协作。例如，在应对大规模传染病疫情时，系统可以整合医院、疾控中心、急救中心等多方信息，实现患者信息、疫情数据、资源调度等信息的实时更新和共享，提高应急响应的协同效能。

（3）公共卫生安全保障

通过部署环境监测传感器和公共卫生监测系统，智慧应急系统可以实时监测环境卫生和公共卫生安全状况，提前发现潜在的公共卫生风险，采取预防措施和应急响应。例如，在空气质量监测方面，通过安装 PM2.5、二氧化硫、氮氧化物等多种物质的传感器，智慧应急系统可以实时获取空气污染数据，识别污染源和污染程度，为环保部门和公众提供预警信息和防护建议。

在饮用水安全保障方面，智慧应急系统通过水质监测传感器和智能分析平台，可以实时监测水源地和供水系统的水质状况，发现有害物质超标和污染事件，及时采取应急处理措施，确保居民饮水安全。在食品安全监控方面，智慧应急系统可以通过食品质量检测设备和智能追溯系统，对食品生产、运输、销售等各个环节进行监控，预防食品安全事件的发生，提高食品安全保障水平。

智慧应急系统还可以通过集成多源数据和信息系统，实现公共卫生事件的全面监控和综合分析。例如，通过整合医院就诊数据、药品销售数据及学校和企业的健康监测数据等，系统可以识别和预警突发公共卫生事件的苗头，及时采取应对措施。在应急响应阶段，智慧应急系统可以通过物联网技术和智能分析平台，实时获取公共卫生事件的情况和应急资源的调度情况，提供公共卫生安全保障的实时数据支持。

智慧应急系统还可以利用大数据和人工智能技术，对历史公共卫生数据和环境卫生信息进行分析和建模，预测公共卫生事件的发生和发展趋势。例如，通过建立传染病传播模型和环境污染扩散模型，智慧应急系统可以模拟不同情景下的公共卫生风险，评估防控措施的效果，为决策者提供科学的决策支持。同时，智慧应急系统还可以通过应急演练和培训，提高公共卫生管理人员和公众的应急意识和应急能力，增强社会整体的公共卫生安全保障水平。

4. 社会安全应急管理

（1）恐怖袭击应急管理

恐怖袭击是社会安全应急管理的重要内容，智慧应急技术在恐怖袭击应急管理中具有广泛的应用前景。通过部署视频监控系统和行为识别技术，智慧应急系统可以实时监测公共场所的安全状况，提前发现潜在的恐怖袭击风险，采取预防措施和应急响应。在恐怖袭击发生时，智慧应急系统可以通过物联网技术和智能分析平台，实时获取恐怖袭击现场的情况和应急资源的调度情况，提高应急响应的效率和效果。

（2）重大事故应急管理

通过部署事故监测传感器和应急指挥系统，智慧应急系统可以实时监测重大事故的发生和发展状况，提前发现事故风险，采取预防措施和应急响应。在重大事故发生时，智慧应急系统可以通过物联网技术和智能分析平台，实时获取事故现场的情况和应急资源的调度情况，提高应急响应的效率和效果。

（3）公共安全应急管理

公共安全是社会安全应急管理的重要内容，智慧应急技术在公共安全应急管理中具有广泛的应用前景。通过部署公共安全监测系统和应急指挥系统，智慧应急系统可以实时监测公共场所的安全状况，提前发现潜在的公共安全风险，采取预防措施和应急响应。在公共安全事件发生时，智慧应急系统可以通过物联网技术和智能分析平台，实时获取公共安全事件的情况和应急资源的调度情况，提高应急响应的效率和效果。此外，智慧应急系统还可以利用大数据和人工智能技术，对历史公共安全数据和社会安全信息进行分析和建模，预测公共安全事件的发生和发展趋势，为决策者提供科学的决策支持。

5. 智慧应急的多领域应用

（1）交通管理

通过部署遍布城市的交通监测传感器和智能交通系统，城市管理者可以实现对交通状况的实时监测与管理。交通监测传感器收集车辆流量、车速和交通堵塞信息等数据，能够实时传输至智能分析平台，供系统分析和处理。一旦发生交通事故，智慧应急系统立即启动，通过物联网技术获取事故现场的实时情况，并调度应急资源，例如救护车和交警迅速到达事故地点进行救援和疏导。智慧应急技术在交通管理中的应用还包括智能交通信号控制和实时路况信息发布，通过智能交通信号控制系统，交通信号灯可以根据实时交通流量自动调整，减少拥堵，提高通行效率。

（2）能源安全

通过部署能源监测传感器和智能能源管理系统，能源企业可以实现对能源生产、输送和消费环节的全面监控。传感器采集的数据，包括设备运行状态、输电线路温度和燃气管道压力等，实时传输至智能分析平台，进行实时分析和监控。当能源事故（如设备故障或管道泄漏）发生时，智慧应急系统能够快速响应，并通过物联网技术获取事故现场的实时情况，协调应急资源进行处理，确保迅速恢复正常供能。智慧应急技术在能源安全中的应用还包括智能电网和智能油气管道系统的建设。智能电网通过传感器和通信技术，可以实时监控电力系统的各个环节，实现自动故障检测和隔离，减少停电时间和范围。同时，智能电网可以优化电力资源的调度和分配，提高能源利用效率。智能油气管道系统则通过传感器监测管道的压力、流量和温度，及时发现泄漏和异常情况，预防事故发生。此外，这些系统还能通过远程控制和自动化操作，提高维护和检修的效率和安全性。

（3）食品安全

通过部署食品安全监测传感器和智能食品安全管理系统，食品企业和监管部门可以实现对食品从农田到餐桌的全程监控。传感器采集的数据，包括温度、湿度、微生物含量等数据，会实时传输至智能分析平台进行分析和处理。当食品安全事件发生时，如细菌污染或有害物质超标发生时，智慧应急系统能够迅速响应，通过物联网技术获取事件现场的实时情况，并协调应急资源进行处理，防止不安全食品进入市场。通过智能供应链管理系统，食品企业可以实时监控原材料采购、生产加工、仓储运输等各个环节，确保食品质量和安全。同时，食品追溯系统可以通过区块链技术记录食品的生产、加工和流通信息，实现全程可追溯。一旦发生食品安全问题，追溯系统可以迅速定位问题来源，进行召回和处理，减少安全事件的影响和损失。

（4）环境保护

通过部署环境监测传感器和智能环境管理系统，环境保护部门可以实现对空气质量、水质、土壤污染等环境状况的实时监测和管理。传感器采集的数据，包括 PM2.5、二氧化硫浓度、氮氧化物浓度等，可以实时传输至智能分析平台进行分析和处理。当环境污染事件（如工业排放超标或水体污染）发生时，智慧应急系统能够快速响应，并通过物联网技术获取事件现场的实时情况，协调应急资源进行处理，防止污染扩散。智慧应急技术在环境保护中的应用还包括智能环保设施和环境风险预警系统的建设。智能环保设施可以通过传感器和自动化控制技术，实时监控和调节污染物的排放和处理，确保达标排放和环保设施的高效运行。

综上所述，智慧应急的范围非常广泛，涵盖了自然灾害、工业生产安全、公共卫生、社会安全等多个领域。通过先进的技术手段和科学的管理方法，智慧应急系统可以实现对各类突发事件的高效应对和管理，提高应急管理的科学性和有效性，最大限度地减少灾害损失和社会影响。

2.1.3 智慧应急的关键要素

智慧应急管理系统在应对各种突发事件中发挥着至关重要的作用，它的成功实施依赖于多个关键要素。这些要素不仅包括先进的技术和设备，还包括有效的管理体系、信息共享机制、公众参与和教育等方面。

1. 技术要素

（1）物联网技术

在关键位置部署各种传感器（如环境监测传感器、火灾探测传感器、气体泄漏传感器等），可以实时收集环境和设备的状态数据。这些数据通过网络传输到中央控制系统，实现对现场情况的实时监控和预警。例如，在地震预警监测中，物联网传感器可以实时检测地震波动，并迅速将数据传输到应急管理中心，帮助决策者提前做出反应，并组织人员撤离。除此之外，物联网技术还可以通过整合多种传感器数据，实现对突发事件的多维度监测和分析，提高应急响应的精准性和及时性。例如，在洪水预警监测中，传感器可以实时监测河流水位、流速和降雨量等数据，为洪水预警和防控提供科学依据。

（2）大数据分析

大数据技术对海量数据的采集、存储、分析和挖掘，可以发现潜在的风险和趋势，提供决策支持。例如，在公共卫生应急管理中，大数据技术可以对疫情数据进行实时分析和预测，帮助制定精准的防控措施。大数据技术还可以通过对历史数据的分析，优化应急预案和资源配置，提高应急响应的效率和效果。此外，大数据分析还可以应用于突发事件后的恢复和重建阶段，通过对灾害损失和恢复进度的数据分析，提供科学的恢复计划和资源分配方案，帮助受灾地区迅速恢复正常生产生活秩序。

（3）人工智能

人工智能（AI）技术通过机器学习和深度学习算法，可以对复杂的应急数据进行自动分析和处理，提高应急决策的智能化水平。例如，在火灾应急管理中，AI技术可以对视频监控数据进行实时分析，快速识别火灾风险，提前发出预警信号。此外，AI技术还可以在灾后恢复阶段，通过无人机和机器人等设备，自动进行灾情评估和实施救援行动，降低人员风险。AI技术的应用不仅限于监控和预警，还可以通过自然语言处理技术，实现应急信息的智能化处理和分析，提高应急信息的获取和利用效率，为应急决策提供更加全面和准确的信息支持。

（4）云计算

云计算平台可以实现应急数据的集中存储和处理，提供高效的计算资源和服务。在大型自然灾害发生时，云计算平台可以快速整合各类应急数据，进行复杂的计算和分析，支持应急决策和资源调度。此外，云计算平台还可以通过网络提供远程应急指挥和协同服务，提高应急响应的协调性和一致性。云计算技术还可以通过提供弹性计算资源，支持大规模应急演练和模拟，为应急预案的优化和应急能力的提升提供技术保障。

（5）智能通信技术

智能通信技术可以通过部署高速宽带网络和无线通信系统，实现应急信息的实时传输和共享。在地震等应急响应中，智能通信系统可以通过卫星通信和移动网络，实时传输现场救援信息和资源需求，提高应急响应的速度和效率。此外，智能通信系统还可以通过应急广播和短信等方式，及时向公众发布应急信息和疏散指引，增强公众的应急意识和自救能力。智能通信技术还包括应急通信网络的建设和维护，通过建立应急通信基站和配备移动通信设备，确保突发事件中应急通信网络的稳定和可靠，保障应急信息的畅通传递。

（6）无人机和机器人技术

无人机和机器人设备可以在复杂和危险的环境中进行灾情侦查和实施救援，降低人员风险。例如，在洪水应急响应中，无人机可以通过空中侦查，实时获取受灾区域的洪水情况和人员分布，为救援决策提供数据支持。机器人设备不仅可以在废墟和危险区域进行搜救行动，提高救援效率和安全性，还可以通过智能巡检和监测，实时监控关键设备和基础设施的状态，预防和减少突发事件的发生，提高应急管理的预防能力和应对水平。

2. 管理要素

（1）应急预案

应急预案是智慧应急管理的重要组成部分。通过制定科学合理的应急预案，可以提前规划应急响应的各个环节和步骤，提高应急响应的有序性和有效性。应急预案明确了各级应急指挥机构的职责和任务，规定了应急通信、疏散和救援的具体措施和流程，确保在事故发生时，各项应急工作能够迅速启动和有序进行。此外，应急预案还需要定期进行演练和评估，及时发现和改进存在的问题，提升应急预案的科学性和可操作性。应急预案的制定不仅需要考虑各种可能的突发事件，还需要根据实际情况不断更新和完善，确保应急预案的时效性和适应性，提高应急管理的科学性和有效性。

（2）应急指挥体系

建立统一的应急指挥体系，可以实现应急信息的集中管理和指挥，提高应急响应的协调性和一致性。在重大灾害发生时，应急指挥中心可以通过智能分析平台，实时获取各类应急数据和资源信息，综合分析灾情发展趋势和资源需求状况，做出科学的应急决策和指挥。此外，应急指挥体系还需要具备灵活的应急响应机制，能够根据灾情变化及时调整应急策略和资源配置。

（3）应急资源管理

在突发事件发生时，科学的应急资源管理，可以确保各类应急资源能够迅速调集和合理配置，从而提高应急响应的效率和效果。在公共卫生应急管理中，应急资源管理系统可以实时监测各地的医疗物资和救援力量储备情况，根据疫情发展和需求，及时调配、补充医疗物资和救援力量，确保救援行动的顺利进行。此外，应急资源管理还需要注重资源的合理配置和高效利用，避免资源浪费和短缺，提高应急资源的利用效率和效果。应急资源管理还包括人力资源的管理，通过建立应急资源储备和调度机制，确保在突发事件发生时，各类应急资源能够迅速到位。

（4）应急培训和演练

通过定期开展应急培训和演练，可以提高应急人员的应急能力和应对水平，增强应急预案的实战性和可操作性。应急培训和演练需要注重公众的参与和教育，旨在增强公众的应急意识和自救能力，提高全社会的应急响应能力和防灾减灾水平。应急培训和演练的开展不仅需要注重培训内容的科学性和实效性，还需要建立培训和演练的长效机制，从而确保应急培训和演练的持续开展和不断优化，提高应急管理的实战能力和水平。

（5）应急法制建设

完善应急管理的法律法规和政策措施，可以为智慧应急管理提供制度保障和法律支持。

应急法制建设需要加强执法监督和评估，确保应急管理法律法规的有效实施和执行，提高应急管理的制度化和规范化水平。应急法制建设还包括应急管理制度和机制的建设，通过建立应急管理标准和规范，确保应急管理工作的科学性和规范性，提高应急管理的法治化和制度化水平。

3. 信息要素

（1）应急信息采集

应急信息采集是智慧应急技术的基础环节，旨在通过各种先进技术手段对潜在或正在发生的紧急情况进行全面、准确的监测和数据收集。这一过程涉及多种传感器技术、无人机监测系统、视频监控设备及社交媒体数据挖掘等。通过部署在关键位置的传感器，如环境监测传感器、火灾探测器、地震传感器等，实时收集环境数据和异常情况信息。

（2）应急信息处理

应急信息处理是智慧应急系统的核心环节，在这一环节要对收集的海量数据进行快速、准确的分析和处理，以便提取有效信息并做出决策。通过建立智能化的信息处理平台，可以对海量的应急信息进行自动分析和处理，提高应急信息的利用效率和效果。应急信息处理还需要通过建立信息处理流程和标准，确保应急信息处理的科学性和规范性，提高应急信息处理的准确性和时效性。应急信息处理不仅包括信息的分析和处理，还包括信息的整合和共享。通过建立应急信息共享平台，可以实现各类应急信息的互联互通和共享利用，提高应急信息的综合效能。

（3）应急信息共享

通过建立应急信息共享平台，可以实现各类应急信息的集中管理和共享利用，提高应急决策的科学性和应急响应的协调性。通过建立综合应急指挥系统和应急信息共享平台，可以实现各级应急指挥机构和相关部门的应急信息共享和协同工作，确保应急信息的畅通传递和高效利用。此外，应急信息共享还需要通过建立信息共享机制和标准，确保应急信息的准确性和一致性，提高应急信息共享的质量和效果。

（4）应急信息发布

通过建立应急信息发布系统，可以及时向公众和相关部门发布应急信息和预警信号，提高应急管理的透明度和公众的应急意识。通过应急广播、短信、互联网和社交媒体等渠道，可以及时发布突发事件的预警信息和疏散指引，指导公众采取应急措施，减少灾害损失和社会影响。此外，应急信息发布还需要注重信息的准确性和权威性，通过建立信息发布流程和审核机制，确保发布的信息真实、可靠，提高应急信息发布的公信力和影响力。应急信息发布还包括灾情通报和救援进展信息的发布，通过及时和准确的信息发布，提高应急管理的透明度和公信力，增强公众的应急意识和自救能力。

（5）应急信息系统建设

通过建设完善的应急信息系统，可以实现应急信息的实时采集、处理和传输，提高应急管理的智能化和信息化水平。通过建立综合应急指挥系统、应急资源管理系统、应急信息共享平台和应急信息发布系统，实现应急信息的集中管理和共享，提高应急决策的科学性和应急响应的协调性。此外，应急信息系统建设还需要注重系统的兼容性和开放性，确保各类应急信息系统的互联互通和协同工作，提高应急信息系统的综合效能。应急信息系统建设不仅包括信息系统的硬件建设，还包括信息系统的软件开发和维护，通过建立完善的信息系统和技术支持体系，确保应急信息系统的稳定和可靠，提高应急信息系统的综合效能和服务水平。

2.2 | 智慧应急的原则和理念

2.2.1 智慧应急的原则

1. 预防为主，防患未然

强调通过风险评估、监测预警等手段，在灾害或事故发生前采取措施，降低灾害发生的可能性并减轻其严重程度，实现从被动应对向主动预防的转变。"预防为主，防患未然"的原则意味着在应急管理的全链条中，将预防措施置于核心地位，通过智能化、信息化手段实现对各类风险的早期识别、精准评估和有效控制，从而最大限度地降低灾害与事故发生的可能性，减少可能造成的损失。这一原则的智慧应急实践体现在以下几个层面：

（1）智能监测与预警系统

运用物联网传感器、卫星遥感、无人机巡检等技术手段，对自然环境、基础设施、工业生产等领域进行全天候、全方位监测，实时收集数据。通过大数据分析和人工智能算法，识别异常征兆，及时发出预警，实现对灾害或事故的早期发现和预报。

（2）风险评估与隐患排查

运用智能化风险管理平台，集成历史数据、地理信息系统、气象模型等信息，对潜在风险进行全面评估，识别高风险区域和薄弱环节。同时，利用移动终端和智能识别技术，辅助进行现场隐患排查，确保隐患能被及时发现、及时整改。

（3）预案制定与模拟演练

基于数字化应急预案管理系统，可结合虚拟现实（VR）、增强现实（AR）技术，开展应急模拟演练，提高预案的实用性和应急团队的实战能力。通过仿真模拟，不断优化应急响应流程，确保在灾害真正来临时能够迅速、有序地启动应急措施。

（4）公众教育与意识提升

利用社交媒体、移动应用、在线学习平台等渠道，普及应急知识，提升公众的自救互救能力和灾害防范意识。通过智慧教育工具，如互动问答、虚拟体验等方式，使预防观念深入人心，形成全社会共同参与的防灾减灾文化。

（5）信息共享与协同联动

构建跨部门、跨层级的信息共享平台，确保预警信息、资源调配指令能够迅速传递至所有关联部门。智慧应急指挥系统可以通过集成通信技术，实现多部门间的即时通信与协同指挥，确保应急响应的高效与统一。

（6）持续改进与技术创新

智慧应急强调在每次应急事件后进行复盘分析，利用数据分析技术找出应对过程中的不足，不断优化应急管理体系。同时，鼓励技术创新，研发新技术、新工具，以应对日益复杂灾害的挑战，提升应急管理水平。

综上所述，"预防为主，防患未然"的智慧应急原则，是将科技与管理深度融合，以科技赋能应急管理，实现对灾害风险的主动管理，从而达到减少灾害发生、保护人民生命财产安全的目标。

2. 科学决策，技术驱动

利用现代信息技术如物联网、大数据、云计算、人工智能等，进行数据分析和模型预测，为应急决策提供科学依据，确保应急响应措施的有效性和针对性。"科学决策，技术驱动"这一原则强调在面对各类突发事件和灾害管理中，充分利用现代科学技术和信息技术手段，实现应急决策的精准化、高效化和智能化，确保应急响应措施的合理性和有效性。这一原则的内涵可以从以下几个维度进行深入解析：

（1）数据驱动的决策支持

在智慧应急框架下，海量的数据是科学决策的基础。通过物联网（IoT）、传感器网络、社交媒体分析等手段收集实时数据，结合历史灾害数据库和地理信息系统（GIS），运用大数据分析、机器学习等技术，对数据进行深度挖掘和模式识别，为应急决策提供科学依据。例如，通过分析历史灾害数据和当前环境参数，预测自然灾害的可能性和影响范围，为决策者提供精准的预警信息和风险评估报告。

（2）智能化的决策辅助系统

智慧应急依托于高度集成的应急指挥平台，该平台集成了态势感知、决策支持、资源调度等功能模块。可以利用人工智能（AI）和专家系统，对复杂多变的应急场景进行模拟推演，帮助决策者做出最佳行动方案。这些系统能够快速处理大量信息，识别关键因素，帮助决策者在短时间内做出最优选择，减少决策过程中的不确定性。

（3）实时动态的资源调度与优化

技术驱动的智慧应急系统能够实现对应急资源（如救援团队、物资装备、医疗设施等）的实时监测和动态调度。通过 GIS、卫星导航定位技术和无线通信技术，准确掌握资源分布与状态，结合灾害情况和救援需求，智能化地规划最优资源配置方案，确保资源的高效利用和快速响应。这种动态优化能力在大规模灾害应对中尤为重要，能显著提升救援效率和效果。

（4）协同联动的应急响应机制

智慧应急强调跨部门、跨区域的协同响应。通过建立统一的应急通信平台和信息共享机制，确保不同部门间信息的无缝对接和实时共享，打破信息孤岛。技术驱动的协同机制能够实现应急响应的快速启动、任务分配、状态跟踪和效果评估，促进各方资源的有效整合和行动的协调一致，提升应急体系的整体效能。

（5）持续学习与适应性改进

智慧应急体系还强调持续的学习与自我优化。通过机器学习算法，对应急响应的整个过程进行评估，分析决策效果，识别改进空间。这种反馈机制促使应急管理系统不断进化，学习新的灾害应对策略，优化决策模型，从而提高对未来灾害的适应性和应对能力。

综上所述，"科学决策，技术驱动"原则在智慧应急中的应用，意味着将科技的最新成果深度融合到应急管理体系中，不仅提升了应急决策的科学性和时效性，还增强了应急响应的协同性和资源使用的高效性，为构建更加安全、韧性、智慧的社会应急管理体系奠定了坚实基础。

3. 资源整合，协同联动

整合政府、企业和社会各方面的应急资源，建立跨部门、跨区域的协作机制，实现信息共享、资源互补和行动协同，提升应急处置的整体效能。"资源整合，协同联动"原则是构建高效、灵活、一体化应急管理体系的核心要素。这一原则强调在应对各种紧急情况和灾难时，通过智慧技术与管理手段的深度融合，实现各类资源的有效整合与跨领域、跨部门间的紧密协作，确保应急响应的迅速、有序与高效。具体要求如下：

（1）智慧化资源管理平台

智慧应急依托先进的信息技术，如云计算、大数据、物联网等，构建统一的应急资源管理平台。该平台能够实时监测和管理各类应急资源，包括救援团队、装备、物资、交通、通信设施等，从而确保资源状态的透明化和可追溯性。通过智能化算法，平台能够根据灾害类型、严重程度及地理位置等因素，自动匹配和调度最合适的资源，实现资源的最优配置和快速投放。

（2）多源信息融合与共享

在紧急情况下，信息的快速准确传递是协同联动的前提。智慧应急系统通过构建多源信息采集、融合与共享机制，实现政府、企业、社会组织乃至个人之间的信息互联互通。利用大数据分析技术，对海量数据进行实时处理和分析，为决策提供精准的情报支持。同时，利用 GIS（地理信息系统）和卫星遥感技术，实现灾害现场的可视化管理，为救援力量的精准投放提供依据。

（3）跨部门协同作业

智慧应急体系打破了传统应急管理模式中的部门壁垒，强调跨部门、跨层级的高效协同。通过构建应急指挥中心和统一的指挥协调机制，确保在应急响应过程中，不同职能机构能够迅速形成合力，统一指挥、协同工作。利用视频会议、即时通信、移动应急指挥 APP 等工具，实现快速沟通和决策，提升应急响应的协同效率。

（4）社会力量的动员与整合

智慧应急不仅局限于政府和专业救援队伍，更注重社会力量的动员与整合。通过建立社会应急资源数据库，包括志愿者、非政府组织、民间救援团体等，实现社会资源的有效登记、管理和调度。在紧急情况下，可以通过应急服务平台发布任务，快速动员和指导社会力量参与救援，形成政府主导、社会参与的多元共治格局。

（5）模拟演练与持续优化

智慧应急系统还重视通过模拟演练来检验和提升资源协同与联动的能力。利用虚拟现实（VR）、增强现实（AR）技术，模拟真实应急场景，对应急响应流程、资源调度策略进行测试和优化，提高实际应急行动的默契度和效率。演练后，通过数据分析和评估，不断反馈调整，实现应急机制的持续改进和升级。

"资源整合，协同联动"的原则不仅要求技术上的创新与应用，更需在组织管理、政策法规、社会动员等方面形成系统化、制度化的支撑体系。通过智慧技术的赋能，推动应急管理体系向更加智能化、协同化、高效化的方向发展，以便有效应对各类突发事件，保障人民生命财产安全和社会稳定。

4. 快速响应，高效处置

对突发事件能够迅速启动应急预案，第一时间调动所需资源，实施精准高效的救援行动，控制事态发展，减轻灾害影响。"快速响应，高效处置"是衡量应急管理体系效率与效果的重要指标，它强调对突发事件，能够迅速启动应急机制，及时调动资源，采取有效措施，以最小的代价控制灾情发展，最大限度地减少损失。智慧应急通过融合现代信息技术，实现了应急响应的智能化、自动化和精准化，具体解析如下：

（1）实时监测与智能预警

智慧应急系统利用物联网、大数据、人工智能等技术，对环境、基础设施、网络空间等进行全方位、全天候监测，通过算法分析数据，实时识别异常情况，快速生成预警信息。预警系统能够根据风险等级自动触发不同的响应预案，确保在第一时间内通知相关部门和人员，为快速响应赢得先机。

（2）自动化决策支持

基于大数据分析和人工智能的决策支持系统，能够迅速整合历史案例、灾害模型、实时数据等信息，为决策者提供科学合理的应急处置建议。通过算法模拟不同应对策略的可能结果，辅助决策者在有限时间内做出最优选择，加快响应速度，提高决策质量。

（3）快速资源调度与优化

智慧应急平台集成了 GIS（地理信息系统）、云计算、卫星通信等技术，实现了应急资源的可视化管理与智能调度。在接收到应急指令后，平台能够根据灾害地点、规模、类型等因素，自动匹配并调动最近、最合适的救援团队、装备和物资，确保资源快速到位，提高处置效率。

（4）多方协同与信息共享

通过构建跨部门、跨区域的应急协同平台，实现信息的即时传递与共享，打破信息孤岛，促进多方联动。智慧应急系统支持多方在线会商，快速形成统一指挥、分工协作的应急响应机制，确保各应急力量步调一致，高效配合。

（5）精准定位与现场指挥

利用北斗卫星导航、无人机、机器人等技术，实现对灾害现场的精准定位和实时监控，为现场指挥提供直观、准确的信息支持。通过移动应急指挥系统，指挥官能够远程获取现场情况，下达指令，实现远程指挥与现场行动的无缝衔接，提高应急处置的精准度和效率。

（6）后勤保障与心理援助

智慧应急还关注后勤保障和心理援助的快速响应。通过智能化物流系统，确保救援人员的食宿、医疗等后勤需求得到及时满足。同时，利用在线心理援助平台，为受灾群众和救援人员提供及时的心理疏导和情绪支持，促进灾后心理恢复和社会稳定。

"快速响应，高效处置"的原则在智慧应急中体现为一个从预警、决策、调度到执行、恢复的闭环过程，每一步都融入了智能化、自动化的元素，极大地提高了应急响应的速度和效率。通过技术与管理的深度融合，智慧应急不仅能够迅速控制灾情，减少损失，还能够促进社会整体应急能力的持续提升，为构建安全、韧性的社会提供强大支撑。

5. 以人为本，生命至上

应急处置始终把保障人民群众的生命安全放在首位，确保受灾群众得到及时救助，同时关注灾后心理援助和社会秩序的恢复。"以人为本，生命至上"这一原则不仅是道德理念的体现，更是指导应急管理和灾难响应实践的核心价值观。它要求所有应急准备、响应、恢复活动都需要将保护人的生命安全和健康放在首位，确保应急措施能够最大限度地减少人员伤亡和健康损害。从智慧应急的角度深入解析这一原则，可从以下几个方面展开：

（1）风险预防与减缓的智能化

智慧应急系统通过集成大数据分析、人工智能预测模型等技术手段，对各类灾害风险进行综合评估和动态监测，提前识别高风险区域和人群，制定针对性的预防和减缓措施。例如，通过分析历史灾害数据，预判极端天气事件的发生概率和影响范围，提前疏散高危区域的居民，将"以人为本"的原则前置到灾害发生之前，最大限度地减少潜在的生命威胁。

（2）个性化紧急信息服务

利用物联网、社交媒体分析等技术，智慧应急系统能快速定位受困人员，同时根据个人特征（如年龄、健康状况）提供个性化的紧急救援信息和服务。例如，在地震发生后，系统能够自动发送符合特定群体需求的安全指南和避难所信息，确保每个个体都能获得最适合自己的救助指引，体现对每个人生命的尊重和保护。

（3）智能救援与快速响应

智慧应急平台集成了无人机、机器人、智能穿戴设备等高科技救援工具，能够快速到达人力难以触及或危险的灾区，进行生命探测、物资投送和初步救援，大大缩短了救援时间，提高了救援效率。同时，利用 AI 辅助决策支持系统，优化救援路径，确保救援力量能够第一时间到达最需要帮助的地方，真正实现"生命至上"。

（4）心理健康与社会支持网络

智慧应急不仅关注物质层面的救援，更重视灾后心理健康服务的智能化提供。通过建立线上心理援助平台，结合人工智能的情绪识别和对话系统，为受灾群众提供 24h 的心理咨询服务，帮助他们缓解心理压力，促进心理创伤的康复。此外，利用社交网络和社区平台，构建灾后社会支持网络，促进人与人之间的互助与关怀，增强社会凝聚力，共同守护每一个生命的价值。

（5）持续学习与反馈机制

智慧应急系统通过收集每一次应急事件的数据和反馈，不断优化算法模型和应急策略，确保未来的应急响应更加高效、精准。这一过程体现了对每次生命救援经验的尊重和学习，旨在不断降低未来灾害中的生命损失，真正践行"以人为本，生命至上"的原则。

综上所述，从智慧应急的角度诠释"以人为本，生命至上"，意味着运用最先进的技术和管理手段，确保应急响应的每一个环节都能够围绕保护人的生命安全和健康展开，不仅在技术层面实现高效救援，更在人文关怀层面体现对生命的尊重和珍视，从而构建一个更加安全、有韧性的社会。

6. 持续学习，迭代优化

基于应急事件的事后评估和反馈，不断总结经验教训，优化应急管理体系和流程，提升智慧应急系统的智能水平和适应能力。"持续学习，迭代优化"原则是应急管理体系不断进步和完善的核心动力。这一原则强调在应对各类灾害和紧急事件的过程中，应当不断吸收经验教训、利用新兴技术、优化管理流程，实现应急响应能力的持续提升和适应性的增强。以下是这一原则的几个关键方面的深入解析：

（1）数据驱动的反馈循环

智慧应急体系依托大数据、物联网、人工智能等技术，构建了一个闭环的反馈机制。这一机制能够实时收集应急响应过程中的各类数据，包括但不限于预警信息、响应时间、资源调度效率、现场处置效果、人员伤亡情况等。通过对这些数据的深度分析和学习，识别出应急行动中的成功经验和存在的不足，为后续的改进提供科学依据，形成"学习-改进-再学习"的良性循环。

（2）人工智能与机器学习的应用

人工智能和机器学习技术在智慧应急中的应用，为"持续学习，迭代优化"提供了强大的技术支持。例如，通过机器学习算法，系统能够自动从历次应急事件中学习，优化预警模型的准确性和响应速度，提高灾害预测的精度。同时，AI能够分析救援行动的效率，提出优化路径规划、资源分配的策略，使得应急响应更加高效、精准。

（3）应急预案的动态更新

传统的应急预案往往静态且固定，而智慧应急则倡导应急预案的动态优化。通过持续学习机制，对应急预案进行定期评估和修订，确保其能够适应新的风险环境、技术发展和社会变化。例如，根据新出现的灾害类型、技术进步或社会结构变化，及时调整应急策略，增加虚拟现实训练、无人机巡查等新型应急措施，使应急预案始终保持前沿性和适用性。

（4）组织文化的培养与提升

"持续学习，迭代优化"不仅仅是技术层面的要求，也是对应急管理部门文化氛围的塑造。鼓励组织内部形成学习型文化，定期举办培训、研讨会、案例分享会等活动，提升团队成员的专业技能和应急意识。同时，建立激励机制，表彰在应急响应中创新思维和有效改进的个人或团队，形成正向激励，促进形成全员参与的持续学习氛围。

（5）跨界合作与知识共享

智慧应急强调跨学科、跨行业、跨地域的合作，通过与其他领域的交流与合作，引入新思路、新技术，拓宽学习视野。建立应急领域的知识共享平台，促进信息、技术、经验的自由流动，帮助各地、各部门在应对不同类型的灾害时能够快速借鉴、学习他人的成功案例，实现知识与实践的快速迭代与优化。

总而言之，"持续学习，迭代优化"原则是智慧应急体系发展的灵魂，它要求在技术应用、管理流程、人员培训、预案制定等多个维度上不断追求进步，形成一套能够随时间推移、环境变化而自我完善和升级的应急管理体系。这不仅能显著提升和改善应急响应效率和效果，更是对人类社会安全韧性建设的长期投资。

7. 平战结合，常态管理

在日常管理中融入应急准备，确保应急管理体系既能满足平时的管理需求，又能在紧急情况下迅速转换为应急状态。从智慧应急的角度出发，"平战结合，常态管理"原则是指在日常管理和紧急状态之间建立一种无缝链接、灵活转换的机制，确保在没有紧急事件时，应急管理体系能够融入日常工作中，而一旦危机发生，能够迅速从日常管理状态切换到应急响应模式，实现高效、有序的应对。这一原则的智慧化实践体现在以下几个方面：

（1）双重功能的系统设计

智慧应急平台设计需兼顾日常监控与应急响应双重功能，利用物联网、大数据、人工智能等技术，不仅能够实时监测环境变化、设施状态、社会舆情等信息，为日常管理提供数据支持，同时在紧急情况下，这些系统还能迅速转化为预警与指挥平台，实现资源的快速调动和信息的准确传递。

（2）资源与能力的日常储备与维护

在常态管理阶段，智慧应急强调对应急资源（如救援队伍、物资、设备）的日常维护和定期演练，以确保这些资源在紧急情况下能够立即投入使用。通过数字化管理平台，对资源状态进行动态监控，实现资源的高效配置和维护管理。同时，通过模拟演练和培训，不断提升应急团队的专业技能和协同工作的能力，确保在"战时"能够迅速响应。

（3）预案制定与持续优化

智慧应急体系重视应急预案的制定与完善，通过大数据分析历史灾害数据和模拟演练结果，不断优化预案内容，确保预案的科学性、实用性和可操作性。在日常管理中，预案不仅是书面文件，更是通过模拟训练、桌面推演等形式"活"起来，成为所有相关人员熟悉并能迅速执行的行动指南。

（4）信息共享与社会动员机制

在常态管理下，智慧应急通过建立跨部门、跨区域的信息共享平台，实现数据资源的整合与利用，为公众提供防灾减灾知识，提高社会整体的应急意识和自我保护能力。同时，建立健全社会动员机制，如志愿者管理系统、社区应急响应小组等，确保在应急状态下能够快速组织社会力量，形成政府与民众共同参与的应急响应网络。

（5）技术与管理的持续创新

"平战结合"还意味着应急管理体系本身要具有持续学习和自我优化的能力。智慧应急鼓励利用最新的科技成果，不断探索和实践新技术在应急管理工作中的应用，如人工智能在风险预测、决策支持中的角色，以及区块链在应急物资追踪、提升捐赠透明度方面的应用。同时，通过常态化的评估与反馈机制，对应急管理体系和流程进行持续优化，确保它的适应性、有效性和先进性。

"平战结合，常态管理"原则在智慧应急中的实施，意味着将应急准备工作融入日常管理的方方面面，通过技术手段和管理创新，实现应急响应的快速启动和高效执行。这一原则强调的是应急能力的日常积累与战时转换的无缝对接，旨在构建一个既能够有效预防、减少灾害损失，又能在灾害来临时迅速响应、有效控制的社会应急管理体系。

2.2.2 智慧应急的理念

1. 全周期、全过程管理

智慧应急强调对灾害或突发事件的全周期、全过程管理。这包括灾前的监测与预警、灾中的处置和救援及灾后的恢复和评估。通过将灾前、灾中、灾后三个阶段纳入统一的应急管理信息系统，实现了对灾害的全链条管理。"全周期、全过程管理"这一理念，在智慧应急的框架下，代表着一种系统化、集成化且具有前瞻性的管理策略，旨在全面覆盖应急管理的各个阶段，从风险预防、监测预警、应急响应、救援处置到恢复重建，实现对各类突发事件的高效管理与控制。这一理念的实施，不仅要求技术上的创新与应用，还需深刻理解并融入应急管理的每一个细节，以达到提升社会整体防灾减灾能力的目标。

（1）事前的全要素管控

智慧应急的全周期管理首先体现在对风险的前置管理上。通过建立大数据分析平台，整合历史灾害数据、环境监测数据、社会经济数据等多源信息，运用机器学习和人工智能算法，对潜在风险进行智能预测和动态评估。这有助于应急管理部门从源头抓起，识别高风险区域和脆弱环节，采取针对性的预防措施，减少灾害发生的可能性或减轻其影响。

（2）事中的快速响应

在风险监测与预警阶段，智慧应急依托物联网技术和实时数据传输系统，实现了对各类灾害指标的全天候、全方位监控。一旦监测到异常情况，能够立即触发预警机制，通过多渠道快速准确地向相关部门和社会公众发布预警信息，为及时启动应急预案、疏散人群、调配资源赢得宝贵时间。

（3）关键时刻的精确行动

面对突发事件，智慧应急平台能够迅速转变为指挥决策中心，基于 GIS（地理信息系统）和 VR（虚拟现实）/AR（增强现实）技术，为指挥者提供直观的现场态势感知，辅助其做出科学决策。同时，通过智能化调度系统，精准调配救援队伍、物资和装备，确保应急资源的高效利用。此外，现场与指挥中心的实时通信，使得应急处置更加灵活和及时。

（4）事后全面总结与提升

智慧应急的全周期管理还包括事件后的恢复与重建工作。利用数字化手段记录应急处置过程，进行效果评估，不仅有助于总结经验教训，还能为未来类似事件的应对提供参考。此外，智慧应急系统通过跟踪恢复进度，协调各方资源，促进社会秩序和基础设施的快速恢复，同时关注灾后的心理援助和社会经济的可持续发展。

（5）全生命周期的数据驱动

智慧应急的全周期管理理念还强调了对整个应急管理链条的持续优化。通过收集每一次应急事件的全过程数据，进行深度分析和学习，不断迭代优化算法模型，提升预警准确性、响应速度和决策质量。这种循环反馈机制确保了智慧应急系统的自我进化，使之能够更好地适应复杂多变的灾害环境。

总之，"全周期、全过程管理"理念在智慧应急中的应用，不仅是技术层面的革新，更是管理思维的飞跃，它推动应急管理由传统的被动应对向主动防控、由单一应对向综合管理、由局部优化向全局协同转变，为构建安全、韧性、可持续发展的社会提供了坚实的支撑。

2. 数字化整合

智慧应急通过现代信息技术，如物联网、大数据、云计算、人工智能等，实现灾害要素的数字化整合。这有助于提升灾害应对能力，通过数据分析和模型预测，为决策者提供科学的决策支持。数字化整合是智慧应急体系中的一个核心理念，它意味着利用现代信息技术手段，如大数据、云计算、物联网、人工智能等，对应急管理体系中的各类资源、信息、流程进行深度融合与优化，实现信息的高效流通、资源共享和智能决策，从而全面提升应急管理的效能和水平。这一理念的深入实践，为应急响应的快速性、精准性和协同性奠定了坚实基础。

（1）信息资源的集成与共享

在智慧应急中，数字化整合首先体现在对海量信息资源的集成与共享上。通过建设统一的信息管理平台，将来自不同部门、不同领域的应急相关信息（如气象数据、地质灾害监测数据、社交媒体信息、视频监控等）进行整合，打破信息壁垒，形成跨部门、跨层级的信息共享机制。这样不仅能为应急管理人员提供全面、实时的决策支持信息，还有助于提高预警的准确性和时效性，为快速响应和有效应对突发事件创造条件。

（2）流程的标准化与自动化

数字化整合还致力于应急流程的标准化与自动化。利用工作流管理软件、智能规则引擎等技术，将复杂的应急响应流程进行梳理、规范，实现部分流程的自动化执行。例如，自动触发预警系统，根据预设规则自动调配救援资源、自动生成应急报告等，不仅显著提高工作效率、减少人为错误，还能实现紧急情况下的快速响应，把握黄金救援时间。

（3）智能化分析与决策支持

智慧应急体系下的数字化整合，特别强调对大数据和人工智能技术的应用，以实现应急决策的智能化。通过对历史应急事件、灾害模式、社会行为等数据的深度挖掘和分析，构建预测模型和决策支持系统，能够为管理者提供更加精准的风险评估、趋势预测和应对策略建议。这种基于数据驱动的决策方式，提高了决策的科学性和前瞻性，有助于优化资源配置，减少灾害损失。

（4）资源的动态匹配与优化

数字化整合还体现在应急资源的动态管理和优化配置上。通过物联网技术，可以实时监测和追踪救援物资、人员、设备的位置和状态，结合应急需求和交通状况等实时数据，智能调度资源，确保在最短时间内将资源送达最需要的地方。这种动态匹配机制，极大地提升了救援效率和应急反应的灵活性。

（5）持续迭代与优化

智慧应急的数字化整合不是一次性项目，而是一个持续迭代、不断优化的过程。通过收集应急行动的反馈数据，对应急管理系统进行性能评估和效果分析，不断调整优化算法模型和业务流程，确保应急管理体系能够随着环境变化和技术进步而不断进化，持续提升应对各类灾害的能力。

综上所述，"数字化整合"作为智慧应急的核心理念之一，通过深度整合信息资源、优化管理流程、强化智能决策支持、动态匹配应急资源及持续的系统优化，为构建高效、协同、智能的现代应急管理体系提供了重要支撑，是提升国家和社会整体应急能力的关键路径。

3. 快速响应

在灾害或突发事件发生时，智慧应急借助先进的技术手段和智能化的应急系统，实现了快速响应、高效协调和精准指挥。这有助于最大限度地减少灾害损失，保障人民生命财产安全。"快速响应"作为智慧应急体系中的核心理念之一，其内涵远超传统应急管理模式的范畴，深度融合了现代信息技术与应急管理实践，旨在构建一种能够即时感知、迅速决策、高效执行的应急反应机制。在智慧应急框架下，快速响应不仅追求速度上的提升，更注重响应的质量与效果，确保在突发事件发生时，能够最大限度地减少人员伤亡、财产损失和社会影响，保障公共安全和社会稳定。以下从几个维度深入解析这一理念：

（1）即时感知与预警

智慧应急体系通过广泛部署的传感器网络、物联网技术及先进的数据分析算法，实现了对潜在风险的实时监测和早期预警。这些技术能够从海量数据中识别异常模式，无论是自然灾害前兆，还是人为事故的初期迹象，都能被迅速捕捉并转化为预警信息。这种即时感知能力为快速响应奠定了基础，使得应急管理部门能够在危机真正爆发前启动预案，做好准备。

（2）智能化决策支持

在接收到预警信号后，智慧应急系统依托大数据分析、人工智能算法，快速生成多场景下的应急预案，提供科学决策依据。通过模拟预测、风险评估、资源需求分析等功能，决策者可以直观看到不同应对措施的可能后果，从而做出最为合理且高效的决策。智能化决策支持减少了人为判断的时间成本与失误概率，使应急响应更为精准、迅速。

（3）跨部门协同联动

快速响应要求的不仅是单个部门的高效行动，更是多部门间的无缝协同。智慧应急平台通过搭建统一的信息共享与指挥调度系统，打破了以往的信息孤岛，实现了跨机构、跨区域的资源调度与信息传递。一旦应急响应启动，各方力量能够迅速整合，形成合力，确保救援物资、人员等关键资源能够第一时间抵达现场，大大缩短了响应时间。

（4）灵活机动的资源配置

基于实时监测数据和智能算法，智慧应急能够动态调整资源配置方案，确保应急资源能够按照实际需求和优先级进行优化分配。例如，通过无人机、卫星遥感等技术获取灾区实况，快速评估灾情，随即调动最近的救援队伍和物资，实现资源的精准投放。这种灵活机动的资源配置机制，是快速响应能力的重要体现。

（5）公众参与信息传播

智慧应急还强调公众参与的重要性，通过移动互联网、社交媒体等渠道，及时向公众发布权威信息，引导公众采取正确的自我保护措施，同时鼓励公众成为应急信息"传感器"，上报现场情况，为应急决策提供更多第一手资料。这种双向的信息交流，增强了社会整体的响应速度和韧性。

总之，智慧应急视角下的快速响应理念，是集成了高科技、高效协同、智能化决策于一体的综合性应急管理体系。快速响应不仅仅是对时间的赛跑，更是对科技应用、组织协调、社会动员等多方面能力的综合考验，目的是构建一个更加安全、韧性的社会。

4. 信息集成共享

智慧应急注重信息的集成和共享，通过多部门、多层级、多渠道的信息收集和处理，实现信息的快速传递和有效利用。这有助于提高应急响应的速度和准确性，增强应急管理的整体效能。"信息集成共享"作为智慧应急管理体系的关键支撑，是提升应急响应效率、增强决策科学性、促进跨部门协同的基础理念之一。在面对复杂多变的公共安全挑战时，这一理念有助于打破信息壁垒，实现数据的互联互通与资源共享，为构建现代化、智能化的应急管理体系提供了强大的动力。以下从多个维度深入剖析信息集成共享在智慧应急中的重要性和实施路径：

（1）数据融合与集成

信息集成共享首先强调的是对各类应急相关数据的全面整合。这包括但不限于地理空间信息、气象数据、监控视频、社交媒体信息、历史应急事件记录等。通过运用大数据技术和云计算平台，将这些分散在不同部门、不同层级且格式各异的数据进行清洗、整合与标准化处理，形成统一的应急数据资源池。这一过程极大地提高了数据的可用性和价值，为后续的分析决策奠定了坚实的基础。

（2）实时监测与预警

信息集成共享使得应急管理部门能够实时获取并处理这些多源数据流，实现对各类灾害、事故的早期识别和预警。通过集成各类传感器网络、卫星遥感、物联网设备等数据，结合人工智能算法进行分析，能够迅速发现异常状况，准确评估潜在风险，及时发出预警信号。这种快速响应机制对于减少灾害损失、提高公众安全具有重要意义。

（3）跨部门协同工作

在紧急情况下，信息集成共享平台成为连接各应急响应部门的桥梁，促进资源的有效调配和任务的协同执行。通过统一的信息共享机制，消防、医疗、交通、公安等多个部门能够实时共享灾情信息、救援进展、资源需求等关键数据，确保各环节紧密衔接，形成整体协作力量。这种跨部门、跨领域的协作，有效提升了应急响应的速度和效率。

（4）决策支持与智能化分析

集成的信息资源为应急决策提供了丰富的数据支持。借助高级分析工具（如数据挖掘、机器学习等），可以从海量数据中提取有价值的信息，辅助决策者进行风险评估、趋势预测、资源优化配置等。智能化的决策支持系统能根据实时数据快速生成多种应对方案，帮助决策者在紧急情况下做出更加科学合理的判断。

（5）公众沟通与信息服务

信息集成共享同样重视与公众的信息沟通。通过官方网站、社交媒体、移动应用程序等多种渠道，及时准确地发布灾害预警信息、安全指南、疏散路线等，提高公众的自我防护意识和能力。同时，收集并分析来自公众的反馈信息，不仅可以增强应急响应的针对性和有效性，还能提升公众参与度，形成良好的应急文化氛围。

综上所述，信息集成共享在智慧应急管理体系中扮演着核心角色，它通过构建一个开放、互联、智能的信息生态系统，促进了应急资源的最优配置，提升了应急响应的时效性和精准性，为维护社会稳定、保障人民生命财产安全提供了强有力的保障。

5. 公众参与

通过社交媒体等渠道收集信息，提高应急管理的社会化水平，这有助于增强公众的防灾减灾意识，形成全社会共同应对灾害的良好氛围。在智慧应急管理体系中，"公众参与"不仅是响应速度和效率提升的关键因素，更是构建韧性社会、实现可持续安全的重要基石。这一理念强调在应急准备、响应、恢复的全过程中，积极调动和利用公众的力量，通过信息化手段和社区建设，形成政府与民众之间的良性互动，共同提升社会的整体应急能力。以下是该理念在智慧应急视角下的深入解析：

（1）信息共享与透明化

智慧应急体系下的公众参与首先体现在信息的共享与透明。通过移动互联网、社交媒体、应急APP等现代通信手段，官方可以迅速、准确地向公众发布预警信息、安全指导、疏散路线及事态进展，确保每个人都能及时接收到权威、可靠的信息。同时，鼓励民众反馈现场情况，形成上下互通的信息流，有助于应急管理部门快速评估灾情、调整策略。

（2）公众教育与培训

公众参与的核心在于提升公众的自救互救能力。智慧应急体系利用在线课程、虚拟现实（VR）体验、模拟演练等科技手段，普及应急知识，培训基本的急救技能和避险自救能力。这种寓教于乐的方式不仅增强了公众的安全意识，还提高了他们在突发事件中的生存概率和互助能力。

（3）社区应急队伍建设

智慧应急鼓励建立社区应急响应团队，由接受过专业训练的志愿者组成，作为应急力量的补充。这些团队依托于社区，熟悉本地环境，能够在第一时间响应，进行初步的救援和秩序维护。智慧应急平台需要提供必要的技术支持，如位置共享、任务分配、资源调度等，使这些团队能更高效地运作。

（4）数据采集与众包应用

公众是应急数据的重要来源之一。智慧应急体系通过手机应用、社交媒体平台等鼓励公众报告灾害情况、交通状况、基础设施损坏等信息，利用众包方式扩展数据采集的广度和深度。这些数据经过整合分析，可以为应急决策提供更为精确的依据，同时也能增强公众的参与感和责任感。

（5）心理疏导与社会支持

智慧应急同样关注灾后的心理健康和社会重建。通过在线心理咨询、灾后重建信息平台等方式，为受灾害影响的公众提供心理援助和社会支持，帮助他们尽快恢复正常生活。同时，鼓励社区内部和跨社区的互助行动，以便形成灾后重建的正向循环。

（6）政策引导与激励机制

政府和相关部门应制定相应政策，鼓励和支持公众参与应急活动。这包括但不限于设立奖励机制、提供保险优惠、承认志愿服务时长等，以此激发公众的积极性和主动性。同时，建立完善的法规框架，确保公众参与过程中的安全和权益。

（7）持续反馈与改进

智慧应急体系强调持续的公众反馈机制，该机制定期收集和分析公众对应急服务的满意度、改进建议等，不断优化应急管理体系和公众参与策略。通过数据分析，识别公众参与的痛点和障碍，采取措施加以解决，形成持续改进的闭环。

综上所述，智慧应急的理念涵盖了全周期全过程管理、数字化整合、快速响应、信息集成共享及公众参与等方面。这些理念相互交融，共同构成了智慧应急的核心思想，为现代社会应对各种灾害和突发事件提供了有力的支持。

2.3 | 智慧应急的体系和机制

智慧应急体系是一种集成了现代信息技术，如物联网、大数据、云计算和人工智能等，旨在提升城市或组织对各类突发事件预防、响应、处置和恢复能力的综合管理系统，它的核心目标在于确保公共安全，提高应急效率，减少灾害损失，并促进社会经济的可持续发展。

2.3.1 智慧风险识别

智慧风险识别包括风险源识别、风险因素识别。智慧风险识别的目的是针对不同风险种类及特点，识别其存在的危险源、风险发生概率。智慧风险识别是智慧应急管理的重要内容，也是智慧应急管理的基础。两个基本过程有一定的先后顺序，首先进行风险源识别，风险源是风险事件发生的条件；其次进行风险因素识别，风险因素是指风险源中的人的不安全操作或物的不安全状态。图 2-1 所示为智慧风险识别的框架。

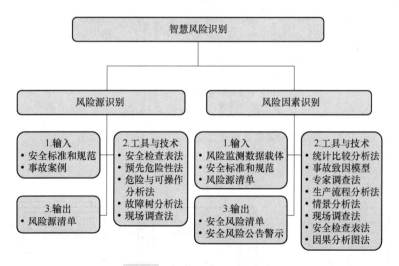

图 2-1 智慧风险识别的框架

风险识别是用感知、判断或归类的方式对现实的、潜在的风险性质进行鉴别的过程。存在于人们周围的风险是多样的，既有当前的也有潜于未来的，既有内部的也有外部的，既有静态的也有动态的。风险感知是人们对某个特定风险的特征和严重性所做出的主观判断，是测量公众心理恐慌的重要指标。

风险因素（Risk Factors）是指引起或增加风险事故发生的机会或扩大损失程度的原因。构成风险因素的条件越多，产生损失的可能性就越大，损失就会越严重。风险因素是风险事故发生的潜在原因，是造成损失的直接原因或间接原因。

风险源是能够带来风险的人、物或者事件。风险源是事故的源头，是能量、危险物质集中的核心，风险因素产生于风险源。危险来源于物（设施）的不安全状态、人的不安全行为、管理缺陷及可能造成职业病、中毒等的劳动环境和条件。风险源或危险源是具体事物，风险是抽象概念。风险源是指那些可能会导致风险后果的因素或条件的来源，相同的风险因素可能是由不同的风险源产生的。

危险源辨识（或识别）就是识别危险源并确定其特性的过程。危险源辨识主要是对危险源的识别，对其性质加以判断，对可能造成的危害、影响进行提前预防。危险源辨识首先应考虑相关的业务活动及活动场所，包括厂址、厂区平面布局、建筑物、组织的活动（包含临时工作任务、相关方的活动、使用外部提供的产品或服务）、生产设备、装置、生活配套设施、应急设施、各项制度、外出人员/外来工作人员的活动。

1. 风险源识别

风险源辨识是对风险源进行确认的过程。风险源识别的主要作用是找出风险因素的源头，全面加强安全生产源头管控和安全准入工作，风险源识别还是防范和遏制重特大事故的有效手段。图 2-2 所示为风险源识别的输入、工具与技术及输出。图 2-3 为风险源识别的数据流向图。

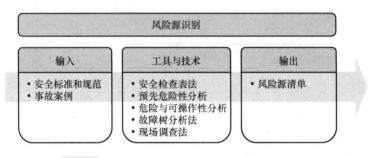

图 2-2　风险源识别的输入、工具与技术及输出

图 2-3　风险源识别的数据流向图

2. 风险因素识别

风险因素识别是通过调查、了解来判断风险是否存在的过程。该过程的主要作用是判定风险存在与否，是风险筛选的过程。企业需要组织专家和全体员工，采取安全绩效奖惩等有效措施，全方位、全过程地辨识生产工艺、设备设施、作业环境、人员行为和管理体系等方面存在的安全风险，做到系统、全面、无遗漏，并持续更新完善。图 2-4 所示为风险因素识别的输入、工具与技术及输出。图 2-5 为风险因素识别的数据流向图。

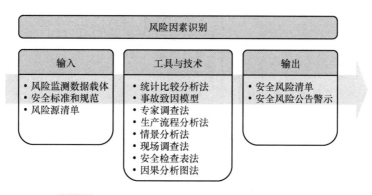

图 2-4　风险因素识别的输入、工具与技术及输出

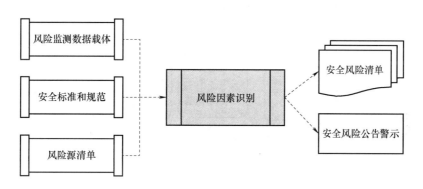

图 2-5　风险因素识别的数据流向图

2.3.2　智慧风险评估

智慧风险评估包括构建风险评估指标体系、量化定性评估指标、无量纲化定量评估指标、设置指标权重和进行智慧评估。智慧风险评估的目标在于辅助应急管理决策，通过开展风险评估工作，对风险情况做一次全面摸底，构建一个系统的、全面的智慧风险评估体系。上述五个基本过程有一定的先后顺序，即首先依据评估目标构建评估指标体系；其次为了完成定量评估目标，对各项指标给出量化估计值；然后对不同单位、不同数量级的量化指标进行无量纲化或归一化处理；接着对各指标设置权重系数；最后选择合适的评估模型对评价问题进行智慧评估。

图 2-6 所示为智慧风险评估的框架。

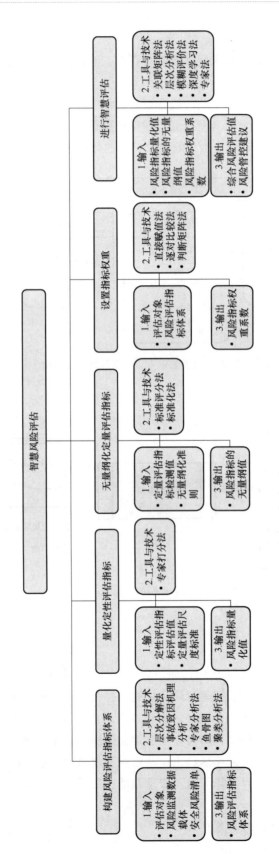

图 2-6　智慧风险评估的框架

1. 构建风险评估指标体系

风险评估指标体系的构建是定义如何实施系统风险分解和分级的过程。该过程的主要作用是明确系统风险评估的类型、目标和范围。图 2-7 所示为构建风险评估指标体系的输入、工具与技术及输出。图 2-8 为构建风险评估指标体系的数据流向图。

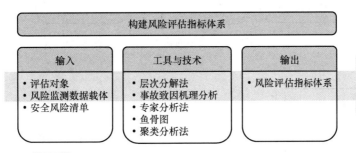

图 2-7　构建风险评估指标体系的输入、工具与技术及输出

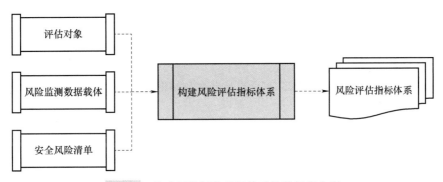

图 2-8　构建风险评估指标体系的数据流向图

构建风险评估指标体系这一过程应从实现系统评估的构思阶段开始，在评估过程中，根据风险评估指标体系使用之后的效果等情况进行及时修订。

2. 量化定性评估指标

量化定性评估指标是对定性评估指标采用定量的方法进行评估的过程。该过程的主要作用是，首先对定性评估指标给出定性评估指标评估值，然后基于评估尺度给出定量评估分值或等级。风险等级划分按照不同的风险辨识方法对风险的分级略有不同。《中华人民共和国突发事件应对法》第四十二条规定，可以预警的自然灾害、事故灾难和公共卫生事件的预警级别，按照突发事件发生的紧急程度、发展势态和可能造成的危害程度分为一级、二级、三级和四级，分别用红色、橙色、黄色和蓝色标示，一级为最高级别。

安全风险分级管控是指通过识别生产经营活动中存在的危险、有害因素，并运用定性或定量的统计分析方法确定其风险严重程度，进而确定风险控制的优先顺序和风险控制措施，以达到改善安全生产环境、减少和杜绝生产安全事故的目的而采取的措施和规定。图 2-9 所示为量化定性评估指标的输入、工具与技术及输出。图 2-10 为量化定性评估指标的数据流向图。

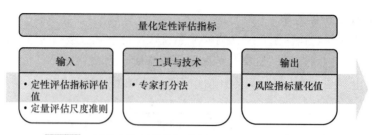

图 2-9　量化定性评估指标的输入、工具与技术及输出

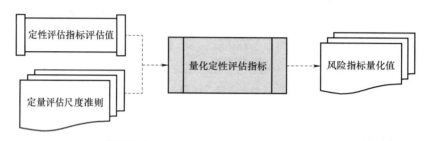

图 2-10　量化定性评估指标的数据流向图

　　量化定性评估指标的过程在选定评估指标后开始。在量化定性评估指标的过程中，需要根据风险评估指标体系使用之后的效果等情况进行及时修订。

3. 无量纲化定量评估指标

　　无量纲化定量评估指标是对定量评估指标采用无量纲化方法进行评估的过程。该过程的主要作用是通过数学变换，消除风险评估的量化指标中原始数据量纲对评估结果的影响。图 2-11 所示为无量纲化定量评估指标的输入、工具与技术及输出。图 2-12 为无量纲化定量评估指标的数据流向图。

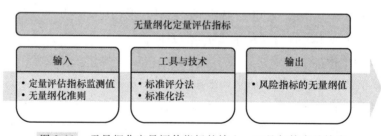

图 2-11　无量纲化定量评估指标的输入、工具与技术及输出

图 2-12　无量纲化定量评估指标的数据流向图

无量纲化定量评估指标这一过程在选定评估指标后开始。在评估定量指标过程中，根据风险评估指标体系使用后的效果等情况进行及时修订。

4. 设置指标权重

设置指标权重是对评估指标定义权重系数的过程。该过程的主要作用是给出评估主体对各指标的重要性的度量。图 2-13 所示为设置指标权重的输入、工具与技术及输出。图 2-14 为设置指标权重的数据流向图。

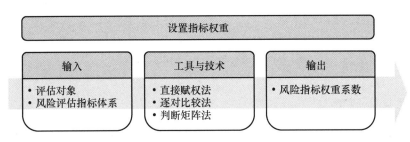

图 2-13　设置指标权重的输入、工具与技术及输出

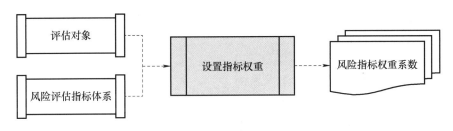

图 2-14　设置指标权重的数据流向图

设置指标权重这一过程在选定评估指标后开始。在评估各指标重要程度的过程中，根据风险评估指标体系使用之后的效果等情况进行及时修订。

5. 进行智慧评估

进行智慧评估是基于评估模型进行风险计算的过程。该过程的主要作用是模型计算，给出综合风险评估值，并给出风险管控建议。图 2-15 所示为进行智慧评估的输入、工具与技术及输出。图 2-16 为进行智慧评估的数据流向图。

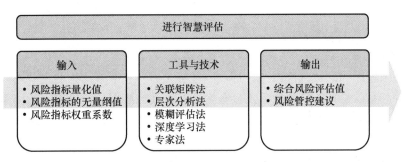

图 2-15　进行智慧评估的输入、工具与技术及输出

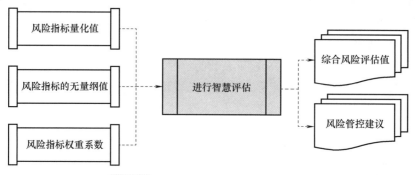

图 2-16　进行智慧评估的数据流向图

2.3.3　智慧风险预警

智慧风险预警包括构建预警指标体系、监测预警指标、预测预警指标、设置预警阈值、预警可视化和预警控制的各个过程。智慧风险预警的目的在于实时预警事故或灾难的发生，并为其提供决策支持，通过安全风险控制降低事故或灾难发生的概率，避免苗头性、倾向性问题演变为事实的行为。智慧风险预警是当前科学研究和新兴实践的热点话题。六个基本过程有一定的先后顺序，即：

1）依据预警目标构建预警指标体系。

2）筛选需要监测的指标并进行风险监测。

3）针对需要预测的指标通过预测模型进行预测。

4）对各项预警指标或综合预警指标设置预警阈值。

5）对各项预警指标的历史数据和预警警灯进行可视化。

6）针对预警警示信息实施预警控制。

图 2-17 所示为智慧风险预警的框架。风险预警过程是指用一系列属性来描述系统风险状态，通过收集相关资料信息，监控风险因素的变动趋势，并评价各种风险状态偏离预警线的强弱程度，向决策层发出预警信号并提前采取预防对策的过程。

1. 风险源和风险因素

风险源指发生风险的实体，主要包括人、物、环境。风险因素指发生风险的实体的某种行为或状态，如人（风险源）的误操作（风险因素）会导致人身安全事故；设备（风险源）的疲劳使用（风险因素）会导致生产安全事故；自然下雨（风险因素）会导致地基（风险源）下陷而引起坍塌事故。

2. 预警指标的敏感性

为了保持预警指标的敏感性原则，选取的指标是引发事故或灾害的主要影响因素。一些次要因素或局部难以操作的风险因素不会被考虑，否则会削弱危险性较大的因素对系统预警的影响。预警指标来源于风险因素，又高于风险因素，体现了指标敏感性和全面性的矛盾与统一。

3. 监控预警平台

监控预警平台可以提供一个直观的、交互式的信息可视化管理平台，可以实现预警数据

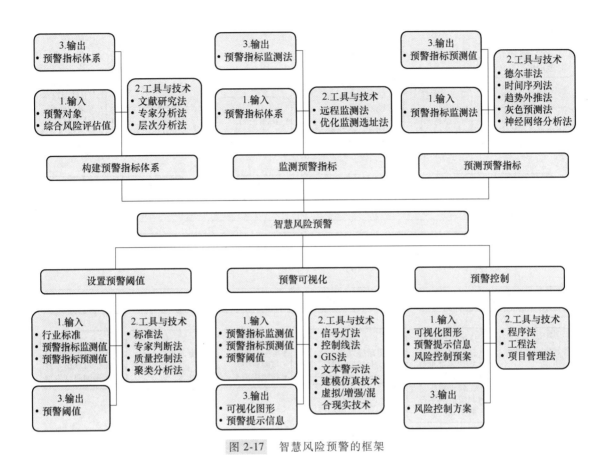

图 2-17 智慧风险预警的框架

的集成与风险预警的展现，将生产调度与日常管理有效地融合，达到对系统风险隐患进行超前预警、超前准备与及时治理的目的，最终实现推进应急管理现代化的目标。

2.3.4 智慧应急防控

智慧应急防控是指防控主体利用信息化、智能化技术，一方面对可能发生的应急事件进行防范和部署，达到预防的效果；另一方面对已发生的应急事件，制定并执行防控方案，控制事态的扩大和升级，降低损失。智慧应急防控的目标是提高预防和控制应急事件的能力和水平，有效防范和化解重大风险，保障社会稳定。

智慧应急防控包括制定智慧应急防控方案、构建智慧应急防控体系、细化智慧应急防控政策、执行智慧应急防控方案、优化智慧应急防控流程、发布智慧应急防控信息六个过程。制定智慧应急防控方案和构建智慧应急防控体系主要关注事前预防；细化智慧应急防控政策和执行智慧应急防控方案主要关注事中防控；优化智慧应急防控流程和发布智慧应急防控信息主要关注事后防控。智慧应急防控的框架如图 2-18 所示。

1. 制定智慧应急防控方案

防控主体基于历史事件的处置方案和风险预警监测的可视化数据，对可能出现的紧急事件预先制定防控方案。

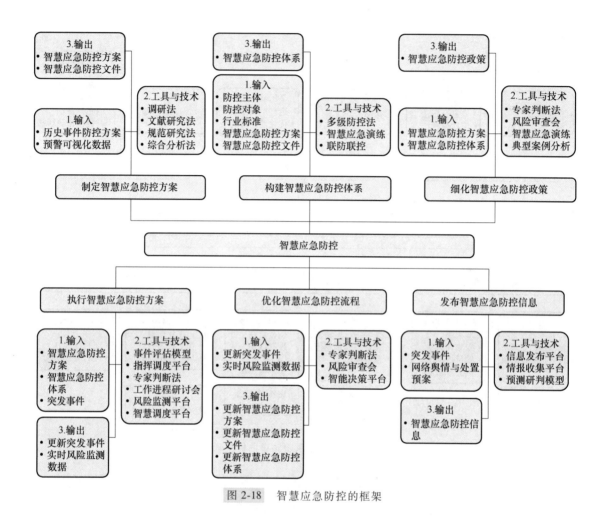

图 2-18　智慧应急防控的框架

2. 构建智慧应急防控体系

基于预先制定的应急防控方案，搭建兼具整体性、系统性、协同性的应急防控体系。该体系要包含对各类防控主体责任及其能力的划分；同时，不仅要对应急事件进行预警监测，还要强化救治救援、物资保障、灾后重建等各项能力。

3. 细化智慧应急防控政策

防控主体根据应急事件所展现出的特征，针对性地制定各项应急防控政策。

4. 执行智慧应急防控方案

防控主体按相对应的防控方案实施，并实时评估防控过程。

5. 优化智慧应急防控流程

为应对应急事件的随机进展，防控主体应根据实时监测的风险数据，借助特定的技术手段，动态调整智慧应急防控方案，实现智慧应急防控方案的更新迭代。

6. 发布智慧应急防控信息

防控主体按照有关规定，定向发布有关应急事件事态发展和应急处置工作的信息，包括线下通告和线上信息平台发布。同时，对网络舆情进行实时监测和准确处理。

2.3.5 智慧应急预案

智慧应急预案包括应急预案体系设计、应急预案管理、应急预案业务模型设计、应急预案生成、应急预案验证、应急预案执行监控、应急预案绩效评估七个过程，目的在于提供预案体系设计、预案模型管理、预案模型推演，为开展智慧应急预案工作提供一套科学合理的智慧应急预案管理工具，提高智慧应急预案管理水平。智慧应急预案框架如图 2-19 所示。

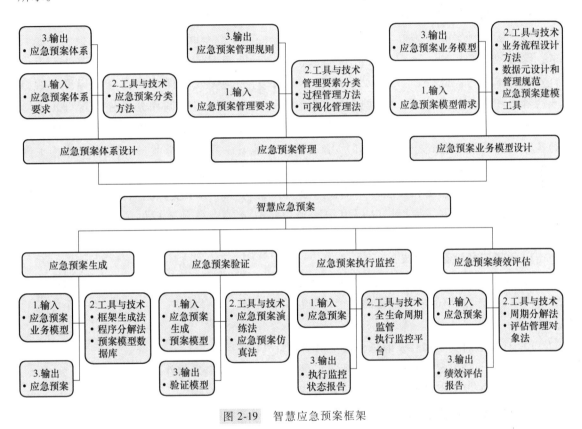

图 2-19　智慧应急预案框架

智慧应急预案过程以界限分明、相互独立的形式出现，智慧应急预案具体包括：

1）从应急预案体系设计开始，纳入智慧化内容，将传统的依靠个人经验与能力的应急知识用体系设计的规范化、数字化管理手段进行归集管理。

2）将应急预案管理从传统的文件式管理模式转换为基于规则的数字化管理模式，并引入人工智能等信息化手段进行基于知识图谱的预案自动化管理。

3）根据应急预案业务模型设计，提出全息一体化的应急预案业务模型设计方法，用业务流程设计、数据元设计与应急预案建模等方法、工具对应急预案进行体系化建模，形成应急预案的知识数据库。

4）应急预案的智能化工具能实现应急预案的自动化生成，实现应急预案的自动化、智能化，进而升级到智慧化的全要素、全流程、全过程的可视化展现，体现了应急预案的智慧化功能。

5）应急预案验证是虚实结合的应急预案仿真，是体现智慧应急预案效能的重要手段，通过应急预案的协同仿真，能缩短应急预案的编制周期，提高应急预案的效能。

6）应急预案执行监控既是对应急预案的验证，也是对应急预案执行过程中发现的问题进行补充完善，更好地对应急预案进行迭代升级的有效手段。

7）应急预案绩效评估不仅是应急预案管理的需要，还能体现应急预案的智慧化程度，是展现智慧应急预案生态体系建设、生命周期管理的重要考核评价手段。

1. 智慧应急预案的实施

智慧应急预案的实施可为编制联合应急预案，建立健全联合指挥、灾情通报、资源共享、跨域救援等机制，组织综合应急演练，强化互助调配衔接，提升预案管理能力提供有效的技术参考。此外，智慧应急预案的实施，对完善突发事件分类与分级标准，规范预警等级和应急响应分级，加强应急预案的统一规划、衔接协调和分级分类管理，完善应急预案定期评估和动态修订机制，强化预案的刚性约束，根据突发事件类别和级别明确各方职责任务，强化上下级、同级别、军队与地方、政府与企业、相邻地区等相关预案之间的有效衔接，建设基于智慧应急预案标准的应急预案数字化管理平台，加强预案配套支撑性文件的编制和管理，实现我国应急预案的管理水平提升具有重大意义。同时，智慧应急预案的实施，为指导基层组织和单位修订完善应急预案提供了重要的技术支撑工具。

2. 智慧应急预案的意义

智慧应急预案有助于识别风险隐患，了解突发事件的发生机理，明确智慧应急救援的范围和体系，使突发事件应对处置的各个环节都有章可循。具体来讲，主要有以下三个方面的意义：

1）有利于对突发事件及时做出响应和处置。

2）有利于避免突发事件扩大或升级，最大限度地减少突发事件造成的损失。

3）有利于提高全社会居安思危、积极防范社会风险的意识。

3. 智慧应急预案的作用

建立覆盖全国各地区、各行业、各单位的智慧应急预案体系，在应对突发事件的过程中发挥着极为重要的作用。

1）可以科学规范突发事件应对处置工作。明确各级政府、各个部门及各个组织在应急体系中的职能，以便形成精简、统一、高效、协调的突发事件应急处置体制机制。

2）可以合理配置应对突发事件的相关资源。利用智慧应急预案，通过事先合理规划、储备和管理各类应急资源，在突发事件发生时，按照预案明确的程序，保证资源尽快投入使用。

3）可以提高应急决策的科学性和时效性。突发事件的紧迫性、信息的不对称性和资源的有限性要求应急部门快速做出应急决策，精准研判突发事件的规模、性质、程度，并就合理决策应对措施提供科学的思路和方法，从而减轻其危害程度。

智慧应急预案基于应急预案，根据全息系统论的理论指导，利用全息一体化建模工具，提供了一套科学合理、不断优化、更新迭代的预案管理方法和工具。

智慧应急预案结合应急预案的各种需求，实现应急预案由人工编制、手工管理向模型管理、自动执行转化。应急管理领域的"智慧应急预案"已成为智慧应急的重要组成部分。在应急预案管理中引入预案模型驱动的应急预案编制与管理成为必然。

2.3.6 智慧应急救援与处置

智慧应急救援与处置的实践基于以下两方面思路：一方面从顶层设计考虑，在组织管理方面践行领导指挥体制、协同机制；另一方面在救援处置实施流程中，考虑应急团队建设以提高应急保障能力，在应急物资储备与运输等方面，考虑优化、协调资源配置，提高智能技术的应用，并且在社会动员、维护社会稳定等方面践行以人为本的思想。

在突发事件发生过程中，需要迅速做出反应，并采取相应应急救援和处置措施，这是应急管理的核心环节之一。此外，加强应急救援力量、增强全社会应对处置灾害事故的能力是我国现代化应急体系建设的主要目标之一。

"智慧"意味着"对事物能迅速、灵活、正确地理解和解决的能力"。在应急救援与处置阶段，智能感知依靠物联网、地理信息系统等技术，实现各个渠道信息互联互通，并通过监测监控等实时了解和模拟突发事件发展态势；智能分析依靠云平台、大数据、人工智能等技术，评估应对突发事件的能力；智能处置、统筹协调多方救援团队和应急资源，快速生成应对方案，实现对应急处置过程的全程监控，并综合现场情况、救援力量等进行动态调整，以便提高应急处置效率，控制事态发展，最大限度地减少突发事件造成的损失。图 2-20 介绍了智慧应急救援与处置的框架。

1. 前期评估

前期评估是在成立现场指挥部后对突发事件的发展态势及造成的影响进行研判的过程。该过程的主要作用是通过调查、汇总，分析事态发展信息、造成的影响及可调度的资源信息，为制定相应的现场处置与救援方案提供决策支持。图 2-21 所示为前期评估的输入、工具与技术及输出。图 2-22 为前期评估的数据流向图。

2. 智慧应急救援与处置方案制定

突发事件后，需要根据应急预案及评估情况尽快制定相关的智慧应急救援与处置方案，主要包括救助性方案、保障性方案、控制性方案和稳定性方案等，控制突发事件态势的进一步扩大和发展，减少生命和财产的损失。

1）救助性方案主要包括对受到突发事件影响的公众进行搜寻与营救、安全疏散及妥善安置、对伤者进行现场救治或转运到医院进行治疗，以及进行心理方面的安抚与干预。

2）保障性方案是对应急处置与救援提供人力、物力、财力方面的支持，具体包括筹集、运输和分配应急物资；抢修基础设施和公共服务设施，保障交通、通信、供水、供电、供热、供气等；对公共卫生进行管理，预防流行病或传染病的暴发；进行社会动员；对环境进行监测与保护等。

3）控制性方案旨在防止突发事件态势发展扩大而引发次生灾害。

4）稳定性方案则主要包括舆情监测、信息发布及维护社会稳定。

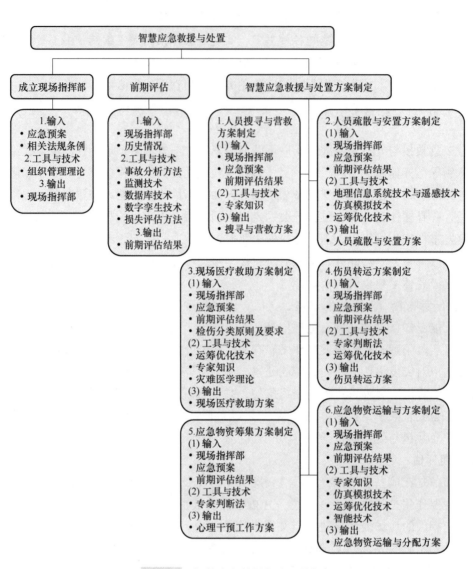

图 2-20 智慧应急救援与处置的框架

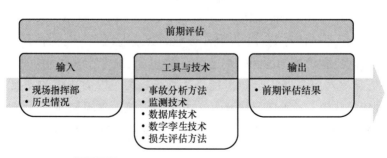

图 2-21 前期评估的输入、工具与技术及输出

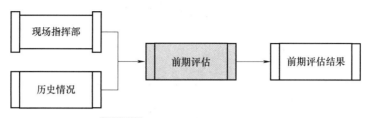

图 2-22　前期评估的数据流向图

3. 智慧应急处置实施与调整

智慧救援处置实施与调整是按照处置方案开展行动，并根据实际情况及时对方案进行调整的过程。突发事件的态势处于变化中，导致其造成的影响及应急处置的需求等不断变化，因此，需要结合项目管理理论、时效性评估方法来监控和评估方案的执行情况，利用应急响应程序重构等方法对应急处置方案及时进行调整，保证应急处置有效进行，减小突发事件对生命财产造成的损伤。图 2-23 所示为智慧应急处置实施与调整的输入、工具与技术及输出。图 2-24 为智慧应急处置实施与调整的数据流向图。

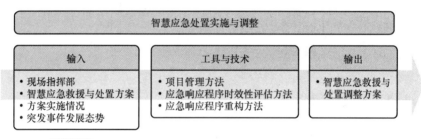

图 2-23　智慧应急处置实施与调整的输入、工具与技术及输出

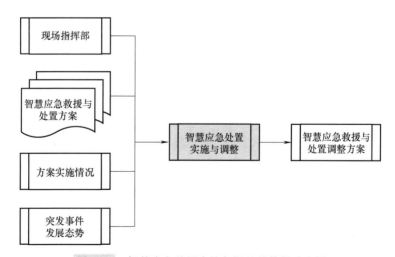

图 2-24　智慧应急处置实施与调整的数据流向图

4. 后期评估与总结

在应急救援与处置基本结束后，需要对该阶段的方案及实施效果进行评估与总结。该过

程的主要目的是总结和吸取应急救援与处置的经验教训，并制定整改措施，不断提升应急处置能力。图 2-25 所示为后期评估与总结的输入、工具与技术及输出。图 2-26 为后期评估与总结的数据流向图。

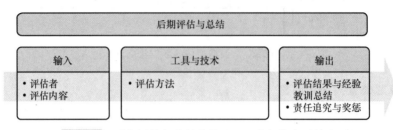

图 2-25　后期评估与总结的输入、工具与技术及输出

图 2-26　后期评估与总结的数据流向图

2.3.7　智慧应急恢复重建

突发事件在一定程度上干扰了社会秩序，甚至会对经济运行、环境状态等产生负面影响，造成人民群众生命财产损失。当突发事件的威胁和危害得到控制或者消除后，应急管理进入恢复重建阶段，需要对突发事件造成的损失进行评估，制定恢复重建计划并实施，使受影响的地区尽快恢复正常的社会秩序。以下从智慧应急恢复重建的准备、方案制定、实施与调整、验收与总结几方面进行详细说明。图 2-27 为智慧应急恢复重建框架图。

突发事件后的恢复重建目标，一方面是指在恢复重建阶段需要预防发生自然灾害、事故灾难、公共卫生事件的次生和衍生事件或者重新引发社会安全事件。另一方面是指在恢复重建任务完成后，突发事件受影响地区的生产生活条件和经济社会发展得以恢复，达到或超过突发事件发生前的水平，实现人口、产业与资源环境协调发展。城乡居民居住条件、就业创业环境不断改善；基本公共服务水平有所提升，基础设施保障能力不断加强；主要产业全面恢复，优势产业发展壮大，产业结构进一步优化；自然生态系统得到修复，防灾减灾能力不断增强；人民生活水平得到提高，地方经济步入健康可持续发展轨道。

同时，在恢复重建中需要遵循以下基本原则：

1）以人为本，民生优先。把保障民生作为恢复重建的基本出发点，优先恢复重建受灾群众住房、学校、医院等公共服务设施，尽快恢复基础设施功能，改善城乡居民的基本生产生活条件。

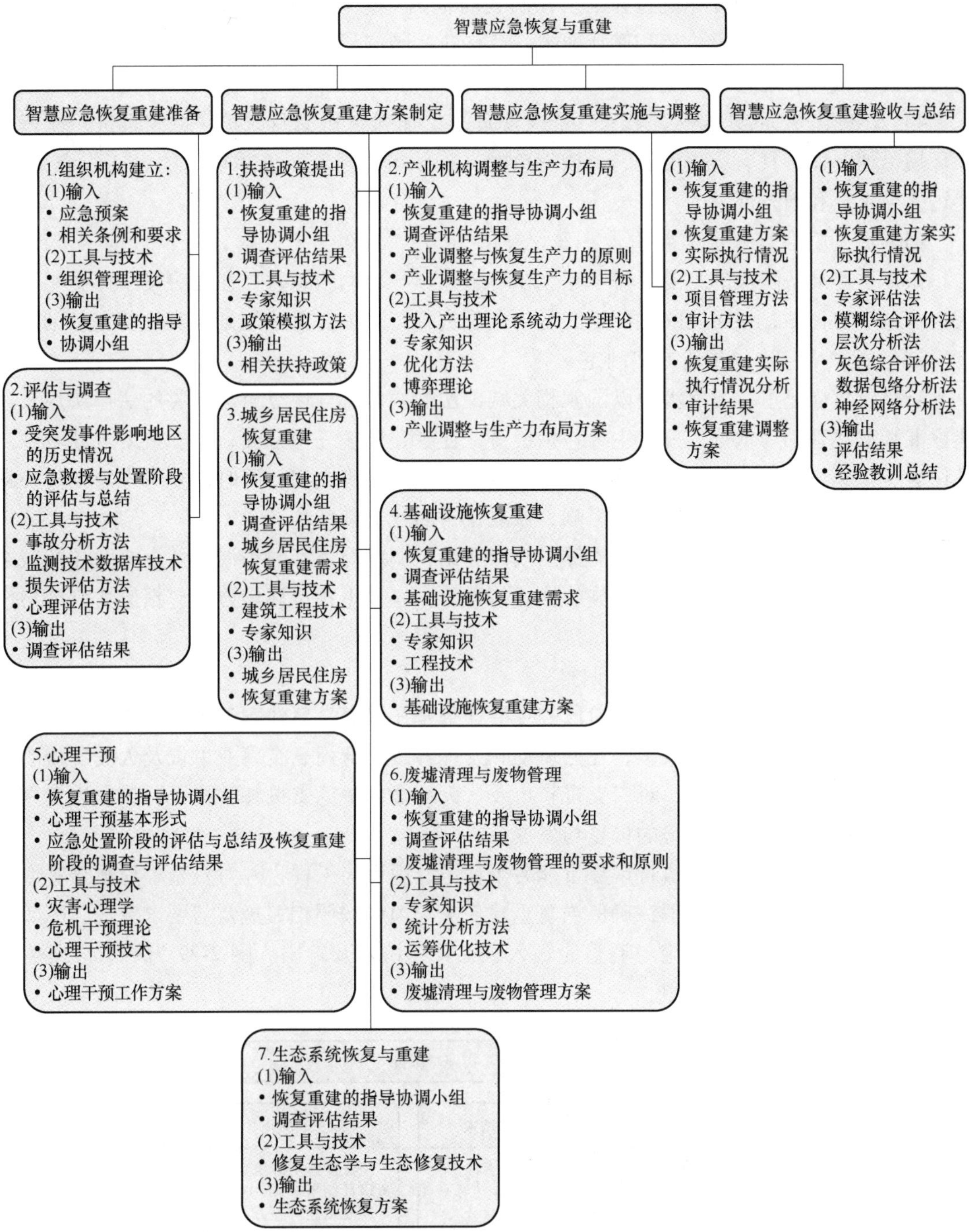

```
                        ┌─────────────────────────┐
                        │     智慧应急恢复与重建      │
                        └─────────────────────────┘
```

```
┌──────────────────┐ ┌──────────────────┐ ┌──────────────────┐ ┌──────────────────┐
│  智慧应急恢复重建准备  │ │ 智慧应急恢复重建方案制定 │ │ 智慧应急恢复重建实施与调整 │ │ 智慧应急恢复重建验收与总结 │
└──────────────────┘ └──────────────────┘ └──────────────────┘ └──────────────────┘
```

1.组织机构建立:
(1)输入
- 应急预案
- 相关条例和要求
(2)工具与技术
- 组织管理理论
(3)输出
- 恢复重建的指导
- 协调小组

2.评估与调查
(1)输入
- 受突发事件影响地区的历史情况
- 应急救援与处置阶段的评估与总结
(2)工具与技术
- 事故分析方法
- 监测技术数据库技术
- 损失评估方法
- 心理评估方法
(3)输出
- 调查评估结果

5.心理干预
(1)输入
- 恢复重建的指导协调小组
- 心理干预基本形式
- 应急处置阶段的评估与总结及恢复重建阶段的调查与评估结果
(2)工具与技术
- 灾害心理学
- 危机干预理论
- 心理干预技术
(3)输出
- 心理干预工作方案

1.扶持政策提出
(1)输入
- 恢复重建的指导协调小组
- 调查评估结果
(2)工具与技术
- 专家知识
- 政策模拟方法
(3)输出
- 相关扶持政策

3.城乡居民住房恢复重建
(1)输入
- 恢复重建的指导协调小组
- 调查评估结果
- 城乡居民住房恢复重建需求
(2)工具与技术
- 建筑工程技术
- 专家知识
(3)输出
- 城乡居民住房恢复重建方案

2.产业机构调整与生产力布局
(1)输入
- 恢复重建的指导协调小组
- 调查评估结果
- 产业调整与恢复生产力的原则
- 产业调整与恢复生产力的目标
(2)工具与技术
- 投入产出理论系统动力学理论
- 专家知识
- 优化方法
- 博弈理论
(3)输出
- 产业调整与生产力布局方案

4.基础设施恢复重建
(1)输入
- 恢复重建的指导协调小组
- 调查评估结果
- 基础设施恢复重建需求
(2)工具与技术
- 专家知识
- 工程技术
(3)输出
- 基础设施恢复重建方案

6.废墟清理与废物管理
(1)输入
- 恢复重建的指导协调小组
- 调查评估结果
- 废墟清理与废物管理的要求和原则
(2)工具与技术
- 专家知识
- 统计分析方法
- 运筹优化技术
(3)输出
- 废墟清理与废物管理方案

7.生态系统恢复与重建
(1)输入
- 恢复重建的指导协调小组
- 调查评估结果
(2)工具与技术
- 修复生态学与生态修复技术
(3)输出
- 生态系统恢复方案

1.输入
- 恢复重建的指导协调小组
- 恢复重建方案
- 实际执行情况
(2)工具与技术
- 项目管理方法
- 审计方法
(3)输出
- 恢复重建实际执行情况分析
- 审计结果
- 恢复重建调整方案

1.输入
- 恢复重建的指导协调小组
- 恢复重建方案实际执行情况
(2)工具与技术
- 专家评估法
- 模糊综合评价法
- 层次分析法
- 灰色综合评价法
- 数据包络分析法
- 神经网络分析法
(3)输出
- 评估结果
- 经验教训总结

图 2-27　智慧应急恢复重建框架图

2）中央统筹，地方为主。健全中央统筹指导、地方作为主体、群众广泛参与的恢复重建机制。中央在资金、政策、规划等方面发挥统筹指导和支持作用，地方作为恢复重建的责任主体和实施主体，承担组织领导、协调实施、提供保障等重点任务。

3）科学重建，安全第一。立足实际，遵循自然规律和经济规律，在严守生态保护红线、永久基本农田、城镇开发边界三条控制线的基础上，科学评估、规划引领、合理选址、优化布局，严格落实灾害防范和避让要求，严格执行国家建设标准和技术规范，确保恢复重建得到人民认可，经得起历史检验。

4）保护生态，传承文化。践行生态文明理念，加强自然资源保护，持续推进生态修复和环境治理，保护具有历史价值、民族特色的文物和单位建筑，传承优秀的民族传统文化，促进人与自然和谐发展。

（1）智慧应急恢复重建准备

恢复重建准备阶段的主要任务是建立恢复重建领导协调组织，并在受突发事件影响的地区进行调查与评估，该阶段的主要目的是为之后进行智慧恢复重建规划与实施奠定基础。

（2）智慧应急恢复重建方案制定

智慧应急恢复重建方案需要以国家相关减灾法的要求、与恢复重建有关的法律法规及重建标准和重建基础为依据，方案主要包括经济、社会、环境三个方面，需要统筹规划城乡居民住房、基础设施、公共服务设施、生态系统、产业发展等内容，同时需要考虑短期与长期的发展，来降低或消除突发事件的影响，恢复正常的社会秩序。

其中，经济方面包括扶持政策的提出及产业结构调整与生产力布局；社会方面包括城乡居民住房、基础设施、公共服务设施的恢复与重建、心理干预；环境方面包括废墟清理与废物管理、生态系统的恢复与重建。

（3）智慧应急恢复重建实施与调整

智慧应急恢复重建实施与调整阶段的主要任务是在受突发事件影响区域，在恢复重建规划的指导下，恢复重建组织架构，充分调动和发挥各政府部门、企事业单位及人民群众的主动性和积极性，在上级政府、对口支援省市及广大社会力量的支援和帮扶下，执行恢复重建任务，实现经济、社会、环境的恢复与发展。

该阶段的主要工作包括执行恢复重建各个任务、项目与工程，并对资金、质量与进度进行监控与调整，实行动态管理，确保恢复重建任务与项目按照相关规定与要求完成。图 2-28 所示为智慧应急恢复重建实施与调整的输入、工具与技术及输出。图 2-29 为智慧应急恢复重建实施与调整的数据流向图。

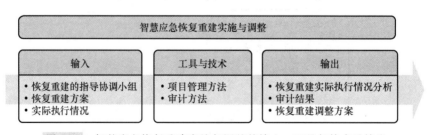

图 2-28　智慧应急恢复重建实施与调整的输入、工具与技术及输出

（4）智慧应急恢复重建验收与总结

在该阶段，需要对恢复重建工作进行验收与评估，并且对恢复重建工作进行反思，总结经验与教训，并将其纳入未来防灾减灾的规划中。图 2-30 所示为智慧应急恢复重建验收与总结的输入、工具与技术及输出。图 2-31 为智慧应急恢复重建验收与总结的数据流向图。

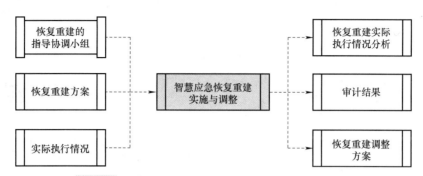

图 2-29 智慧应急恢复重建实施与调整的数据流向图

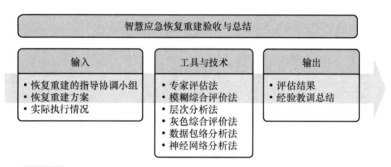

图 2-30 智慧应急恢复重建验收与总结的输入、工具与技术及输出

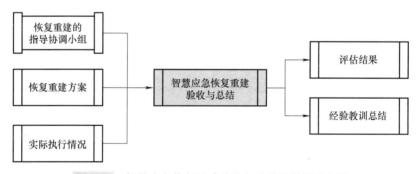

图 2-31 智慧应急恢复重建验收与总结的数据流向图

复 习 题

1. 简述智慧应急的概念。
2. 简述智慧应急的原则。
3. 智慧应急的理念有哪些？阐述其具体内涵。
4. 简述智慧应急的体系。

第 3 章
智慧应急技术和方法

3.1 物联网技术

物联网是在互联网概念上的延伸，将其用户端从人与人之间扩展到物与物之间，从人与人之间的信息交换延伸到人与物、物与物之间的互联互通。如果说互联网缩短了人与人在时间、空间上的距离，解决了人与人的信息沟通问题，那么物联网就是增加了人与物、物与物之间的信息交流，使得人更加便捷地集中管理和控制真实物体，解决了信息化传感器技术的智能管理和决策控制问题。

在智慧应急领域，物联网技术的应用显得尤为关键和创新。通过部署各种类型的传感器、监控设备和通信网络，物联网能够实时监测环境变化、灾害预警、基础设施的健康状态等，从而实现对突发事件的早期感知和快速响应。例如，在地震预警系统中，物联网可以连接遍布各地的地震检测站，及时收集并分析地震数据，提前几秒到几十秒向受影响区域发布预警信息，为人员疏散和紧急避难争取宝贵时间。

此外，物联网还能在火灾、洪水、气体泄漏等不同类型的灾害场景中发挥作用。智能烟雾探测器、水位监测器和有害气体传感器等物联网设备，能够及时发现异常情况，并自动触发警报或联动其他安全系统，如自动喷水灭火系统或紧急通风系统，以降低损失和风险。

在应急救援过程中，物联网技术同样不可或缺。救援团队可以通过穿戴式设备、无人机和卫星通信等物联网技术手段，实现现场与指挥中心的信息同步，提高救援效率和精确度。这些设备不仅能够提供实时定位和生命体征监测，还能传输高清视频和环境数据，帮助救援人员准确判断现场状况，制定更有效的救援策略。

总之，物联网技术在智慧应急领域的应用，极大地提升了社会的安全管理水平和应对突发事件的能力，为构建更加安全、智能的城市和社区奠定了坚实的基础。随着技术的不断进步，未来物联网在智慧应急中的作用将更加广泛和深入，成为保障公共安全的重要支柱。

3.1.1 传感器技术

在物联网中，传感器主要负责接收物品"讲话"的内容。传感器技术是从自然信源获取信息，并对获取的信息进行处理、变换、识别的一门多学科交叉的现代科学与工程技术，它涉及传感器及信息处理与识别的规划设计、开发、制造、测试、应用及评价改进等活动。

传感器可以采集大量信息，它是许多装备和信息系统必备的信息摄取手段。若无传感器对最初信息的检测、交替和捕获，所有控制与测试都不能实现，传感器技术的发展也经历了网络化、感知信息、智能化的过程。

在现代工业生产，尤其是自动化生产过程中，要用各种传感器来监视和控制生产过程中的各个参数，使设备工作在正常状态或最佳状态，并使产品达到最好的质量。因此可以说，没有众多优良的传感器，现代化生产也就失去了基础。

在基础学科研究中，传感器更具有突出的地位。现代科学技术的发展进入了许多新领域。例如，在宏观上要观察上千光年的茫茫宇宙，微观上要观察小到纳米的粒子世界，纵向上要观察长达数十万年的天体演化，横向上要观察短到秒的瞬间反应。此外，还出现了对深化物质认识、开拓新能源、制备新材料等领域具有重要作用的各种极端技术研究，如超高温、超低温、超高压、超高真空、超强磁场、超弱磁场等。显然，要获取大量人类感官无法直接获取的信息，没有相适应的传感器是不可能的。许多基础科学研究的障碍，首先就是信息获取的困难，而一些新机理和高灵敏度的检测传感器的出现，往往会带来该领域研究的突破。某些类型传感器的发展，往往是一些边缘学科开发的先驱。

1. 传感器的起源

随着现代测控技术和自动化技术的发展，作为构建现代信息系统的重要组成部分，传感器越来越受到人们的重视。如果把现代信息技术与人类进行类比，那么传感器技术就与人类的感官类似，负责进行信息采集；通信技术就相当于神经，其功能为信息传输；计算机技术就相当于大脑，对信息进行处理。由此可知，人类正是通过传感器技术，弥补了人类生理上存在的某些感知缺陷和不足，才能更好地认识世界、探索世界。

传感器的发展历程可以分为以下三个阶段：

（1）第一阶段：结构型传感器

结构型传感器主要利用结构参量变化来感受和转化信号。例如，电阻应变式传感器是利用金属材料发生弹性形变时电阻的变化来转化为电信号的。

（2）第二阶段：固体传感器

固体传感器由半导体、电介质、磁性材料等固体元件构成，是利用材料的某些特性制成的。例如，利用热电效应的热电偶传感器，利用霍尔效应的霍尔式传感器，利用光敏效应的光敏传感器等。

（3）第三阶段：智能传感器

智能传感器是指对外界信息具有一定检测、自诊断、数据处理及自适应能力的一类传感器，是微型计算机技术与检测技术相结合的产物。20 世纪 80 年代智能化测量主要以微处理器为核心，把传感器信号调节电路、微计算机、存储器及接口集成到一块芯片上，使传感器具有一定的人工智能。20 世纪 90 年代智能化测量技术有了进一步的提高，在传感器层面实现智能化，使其具有自诊断功能、记忆功能、多参量测量功能及联网通信功能等。

2. 传感器的基本特性

传感器所测量的物理量基本上有两种形式：一种是稳态（静态或准静态）的形式，这种形式的信号不随时间变化或随时间缓慢变化；另一种是动态（周期变化或瞬态）的形式，这种形式的信号是随时间而变化的。

（1）传感器的静态特性

传感器的静态特性是指被测量的值处于稳定状态时，传感器的输出与输入之间的关系。传感器的静态特性主要包括线性度、灵敏度、精确度、重复性、分辨率和漂移等。

线性度用于表示在规定条件下，传感器输出量与输入量之间的实际关系曲线（静特性曲线）偏离拟合直线的程度，因此又称为非线性误差。传感器的灵敏度是指达到稳定的工作状态时，输出量变化与引起此变化的输入量变化的比值，常常用 k 来表示传感器对输入量变化的反应能力。精确度包括精密度和正确度，精密度表示多次测量同一对象的测量结果的一致性程度，正确度表示测量结果与真值的符合程度。传感器的分辨率是指在规定测量范围内所能检测输入量的最小变化量。传感器的漂移是指在输入量不变的情况下，传感器输出量随着时间变化的现象。产生漂移的原因有两个方面：一是传感器自身的结构参数；二是周围环境（如温度、湿度等）。

（2）传感器的动态特性

传感器的动态特性是指传感器对于随时间变化的输入量的响应程度，也称响应特性。大多数情况下传感器的输入信号是随时间变化的，这就要求传感器能时刻精确地跟踪输入信号，按照输入信号的变化规律输出信号。当传感器输入信号的变化缓慢时，是容易跟踪的，但随着输入信号的变化加快，传感器的跟踪性能会逐渐下降。传感器的动态特性与其输入信号的变化形式密切相关。在研究传感器的动态特性时，通常是根据不同输入信号的变化规律来考察传感器响应的。

实际传感器的输入信号随时间变化的形式可能是多种多样的，最常见、最典型的输入信号是阶跃信号和正弦信号。这两种信号在物理上较容易实现，而且也便于求解。对于阶跃输入信号，传感器的响应称为阶跃响应或瞬态响应，它是指传感器在瞬变的非周期信号作用下的响应特性。这对传感器来说是一种最严峻的状态，如果传感器能复现这种信号，那么就能很容易地复现其他种类的输入信号，其动态性能指标也必定会令人满意。正弦输入信号称为频率响应或稳态响应，它是指传感器在振幅稳定不变的正弦信号作用下的响应特性。稳态响应可以将工程上所遇到的各种非电信号的变化曲线展开成傅里叶级数或进行傅里叶变换，即可以用一系列正弦曲线的叠加来表示原曲线。所以当知道传感器对正弦信号的响应特性后，就可以判断它对各种复杂变化曲线的响应。

3. 常用传感器

传感器作为物联网重要的组成部分，其功能多种多样，原理也不尽相同，下面将介绍一些典型的传感器及其原理。

（1）电阻应变式传感器

电阻应变式传感器是以电阻应变计为转换元件的电阻式传感器。电阻应变式传感器由弹性敏感元件、电阻应变计、补偿电阻和外壳组成，可根据具体测量要求设计成多种结构形式。弹性敏感元件受到所测量的力而产生变形，并使附着其上的电阻应变计一起变形。电阻应变计再将变形转换为电阻值的变化，从而可以测量力、压力、力矩、位移、加速度和温度等多种物理量。由于使用简单、测量精度高、体积小和动态响应好等特点，目前电阻应变式传感器已经得到广泛应用。

电阻应变式传感器的工作原理是基于电阻应变效应的，即导体或半导体在受外力作用时，会产生相应的应变，其阻值也随之变化。

在电阻应变式传感器的使用中，应变片被紧密地黏在被测试件表面，从而使得应变片的敏感栅栏与被测试件能够发生相同的形变。当被测试件受力发生应变时，应变片的敏感栅栏也随之产生应变，引起应变片电阻值的变化，最后通过测量电路将被测试件表面发生的应变转换为电压或者电流信号输出。

应变片的形式是多种多样的。它的结构主要包括敏感栅栏、基底（基片）、盖片、引线和黏合剂等，如图 3-1 所示。敏感栅栏是应变片的转换元件，基底是将传感器弹性体的应变传递到敏感栅栏的中间介质，盖片用于保护敏感栅栏、引线的形状和相对位置，引线由用来连接测量的导线和黏合剂等组成。敏感栅栏在纵轴上的线称为应变片轴线，其长度就是栅长，在

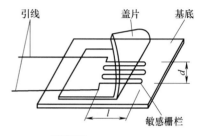

图 3-1　应变片结构

图 3-1 中用 l 表示。在与应变片轴线垂直的方向上，敏感栅栏外侧之间的距离称为栅宽，在图 3-1 中用 d 所示。

电阻应变式传感器具有简单轻便，尺寸小，测量精度高，测量范围广，响应特性好等优点，可以在高（低）温、高速、高压、强磁场、核辐射和化学腐蚀等恶劣条件下正常工作，且价格低廉，品种多样，易于实现固件化，已经得到广泛应用。

但与此同时，电阻应变式传感器的输出信号微弱，抗干扰性能差，一般需要采取屏蔽措施来保护输出信号。另外，电阻应变式传感器只能测量某一点或敏感栅栏范围内的平均应变，而不能显示应力场中应力梯度的变化。

人们希望电阻应变式传感器中的应变片阻值仅随应变变化，能够排除外界其他因素的干扰，但是事实上应变片的阻值受环境因素影响很大。由于应变片的电阻丝温度系数和电阻丝材料与测试材料之间的线膨胀系数存在差异，导致应变片电阻值随环境温度变化而产生温度误差。另外，应变片不仅受轴向应变影响，而且也受横向应变影响。受横向应变影响引起电阻变化的现象称为横向效应，通过公式计算证明，敏感栅栏越窄、基片越长的应变片，其横向效应引起的误差越小。

应变片的应用非常广泛，除了测定试件的应力、应变外，还用来测定力、扭矩、加速度、压力等其他物理量。它们常见于力的测量，例如在电子秤、测力机中作为核心元件，或是用于发动机推力测试、水坝荷载监测，甚至公路车辆超限检测及计重中。在应用时可将应变片粘贴于弹性体表面，接入测量转换电路，构成测量各种物理量的专用应变式传感器。另外，也可以将应变片粘贴于被测试件上，再将其接到应变仪上就可以直接读取被测试件的应变变化。

（2）热电式传感器

热电式传感器是一种将温度变化转换为电量变化的转换装置。它利用敏感元件电参数随

温度变化的特性，对温度和温度相关的参数进行测量，是众多传感器中应用最广泛、发展最快的传感器之一。

在各种热电式传感器中，把温度转换为电动势和电阻的方法最为普遍。其中，将温度变化转换为电动势的热电式传感器叫热电偶，将温度变化转换为电阻值的热电式传感器叫热电阻。而用金属或半导体材料作为感温元件的热电阻，分别称为金属热电阻和热敏电阻。这两种传感器目前在工业生产中得到了广泛应用，并且可以选用定型的显示仪表和记录仪来进行显示和记录。

1）热电偶。热电偶是利用热电效应制成的温度传感器。所谓热电效应，就是把两种不同的导体或半导体材料连接成闭合回路，将 A、B 两个接点分别置于温度不同的热源中，则在该闭合回路中就会产生热电动势，该电动势的方向和大小与导体的材料及两接点的温度有关。这种闭合回路组合被称为热电偶，不同的导体或半导体称为热电极，温度高的接点称为热端（或工作端），温度低的接点称为冷端（或自由端）。

利用热电偶把被测温度差转变为热电动势，用电测仪表测出热电动势大小，就可求得冷端和热端之间的温度差，从而得到被测温度值。两热电极间温差越大，热电偶的输出电动势越大；温差为零时，热电偶的输出电动势也同样为零。因此，可以用热电动势大小衡量温差的大小。热电效应的热电动势是由两热电极间的接触电动势（图 3-2）和单一导体的温差电动势（图 3-3）两部分组成的。接触电动势是由于不同金属中的自由电子浓度不同，在接触处发生电子扩散导致两金属所带电荷相反，产生电场，形成电动势。当金属两端温度不同时，两端的自由电子浓度也不同，与接触电动势类似，也发生电子扩散，形成电动势，称为温差电动势。

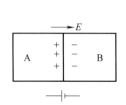

图 3-2　接触电动势原理示意图

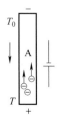

图 3-3　温差电动势原理示意图

在实际应用中，热电偶热端与冷端距离很近，距离仪表较远。为了节省热电偶材料，降低成本，通常采用补偿导线把热电偶的冷端延长到恒温或温度波动较小的地方。该方法只起到延长热电极的作用，不能消除冷端温度变化对测量的影响，必须同时采用 0℃ 恒温法、冷端温度修正法、冷端温度电桥补偿法、集成冷端补偿芯片或软件补偿法等对热电偶的冷端进行温度补偿。

热电偶也具有低灵敏度、低稳定性、响应速度慢、高温下容易老化和发生漂移，以及输出非线性等缺点，同时需要外部参考端。

热电偶作为热电式传感器，凭借其简单的结构、便捷的操作、稳定的性能、广阔的测温范围、较小的热惯性和热容量、便于检测和控制的输出信号，在温度测量中占有重要地位。

同时，由于热电偶是一种有源传感器，测量时不需要外加电源，使用十分方便，所以常被用来测量炉子、管道内的气体或液体的温度及固体的表面温度。

2）金属热电阻。金属热电阻传感器是利用导体的电阻值随温度变化的原理，将温度的变化量转换成与之有一定函数关系的电阻值的变化量，通过对电阻值的测量实现对温度的测量。

大多数金属导体的电阻都随温度变化而变化，当温度升高时，金属内部自由电子的动能增加，在一定的电场作用下，要使这些杂乱无章的电子做定向移动，就会遇到更大的阻力，导致金属电阻值随温度的升高而增加。对于金属热电阻的制作材料，一般要求其具有温度系数大、线性度好、热容量小、电阻率大、易提纯、复现性好等特点。目前，大都采用铂和铜两种金属作为制造热电阻的材料，其主要技术性能见表 3-1。

表 3-1　热电阻的主要技术性能

材料	温度范围/℃	0~100℃间电阻温度系数 a（平均值）	化学稳定性	特性	应用
铂	−200~850	0.00383	在氧化性介质中较稳定，不能在还原性介质中使用，尤其在高温情况下	特性近于线性、性能稳定、精度高	适于较高温度的测量，可用于制作标准测温装置
铜	−50~150	0.00428	超过 100℃易氧化	线性较好、价格低廉、体积大	适于测量低温、无水分、无腐蚀性介质的温度

用金属热电阻传感器进行测温时，热电阻一般与检测仪表相隔一段距离，因为热电阻的引线对测量结果有较大影响，所以测量电路经常采用电桥电路。热电阻内部的接线方式有二线制、三线制和四线制三种，如图 3-4 所示。二线制中引线电阻对测量影响大，一般用于对测温精度要求不高的场合，不宜应用在工业热电阻上。三线制可以减小热电阻与测量仪表间连接导线的电阻受环境温度影响引起的测量误差。四线制可以完全消除引线电阻对测量结果的影响，用于高精度温度检测。

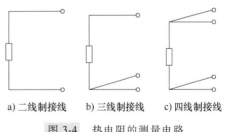

a）二线制接线　　b）三线制接线　　c）四线制接线

图 3-4　热电阻的测量电路

金属热电阻广泛应用在轴瓦、缸体、油管、水管、纺机、空调、热水器等狭小的空间工业设备测温和控制方面，汽车空调、冰箱、冷柜、饮水机、咖啡机、烘干机及中低温干燥箱、恒温箱等也经常采用金属热电偶。

3）热敏电阻。热敏电阻是敏感元件的一类，按照温度系数不同分为正温度系数热敏电阻和负温度系数热敏电阻。热敏电阻的典型特点是对温度敏感，不同的温度下表现出不同的电阻值。正温度系数热敏电阻在温度越高时电阻值越大，负温度系数热敏电阻在温度越高时电阻值越低，它们同属于半导体器件。

热敏电阻具有结构简单、温度系数大、灵敏度高、电阻率高、热惯性小等特点，比较适合动态测量。但热敏电阻线性度较差，只在某一较窄温度范围内有较好的线性度，且由于是半导体材料，因此其复现性和互换性差。

热敏电阻的用途主要分为两大类：一类是作为检测元件，另一类是作为电路元件。在自热温度远高于环境温度时，热敏电阻的阻值还与环境的散热条件有关，因此在流速计、流量计、气体分析仪、热导分析仪中常利用热敏电阻这一特性制成专用的检测元件。热敏电阻也可用于仪表线路温度补偿和温差电偶冷端温度补偿，作为电子线路元件，它同时也广泛应用于延迟电路、保护电路、恒温控制、电动机起动、火灾报警等方面。

（3）磁敏式传感器

磁敏式传感器是对磁场参量敏感的元件或装置，具有把磁物理量转换为电信号的功能。例如，对磁场参量磁感应强度、磁通量等敏感，通过磁电作用将被测量（如压力、位移、转速、加速度等）转换为电信号。在磁敏式传感器中，主要利用的是霍尔效应和磁敏电阻效应。根据工作原理不同，磁敏式传感器可分为不同种类，每种类型各有其特点和应用范围，大致分为以下三种。

1）磁电感应式传感器。磁电感应式传感器是利用导体和磁场发生相对运动产生电动势的原理工作的，因而又称为磁电式传感器。

磁电式传感器的误差包括非线性误差和温度误差两种。非线性误差发生的主要原因是传感器线圈中有电流流过时产生了交变磁通量，改变了恒定的气隙磁通量，当线圈相对于永磁体磁场的运动速度或方向发生变化时，传感器的灵敏度也随之发生变化，导致传感器工作的非线性失真。对非线性误差进行补偿时，可以选择适当的补偿线圈参数，在传感器中加入补偿线圈以补偿附加磁场的干扰。产生温度误差的原因是线圈材料的长度、电阻值和永磁体的磁感应强度等受温度变化影响，通常采用热磁分流器保持气隙的磁通量稳定，减少温度对传感器灵敏度造成的影响。

变磁通式磁电传感器是以电磁感应原理为物理基础的传感器典型代表，变磁通式磁电传感器中产生磁场的永磁体和线圈都固定于内部，通过改变磁通量产生感应电动势，多用于测量旋转物体的角速度。

2）霍尔式传感器。霍尔式传感器简称霍尔元件，是以霍尔效应为物理基础的一种传感器。所谓霍尔效应，是指磁场作用于载流金属导体、半导体的载流子时，产生横向电位差的物理现象。如图3-5所示，在磁感应强度为 B 的磁场中有一半导体薄片，磁场方向垂直于薄片，当电流 I 流过薄片时，由于洛伦兹力的作用，载流子将向一侧偏转，形成载流子的积累，另一侧正电荷积累，形成电场。此时电子开始受到电场力

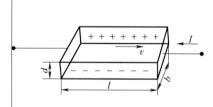

图 3-5　霍尔效应原理图

的作用。当电子所受电场力与洛伦兹力相等时，电子的积累达到平衡状态。此时在垂直于电流和磁场的方向上将产生电动势场，这种现象称为霍尔效应。图3-5中，半导体薄片长度为 l，宽度为 b，厚度为 d，电子电荷以速度 v 运动。

用于制作霍尔式传感器核心元件的材料主要有锗（Ge）、硅（Si）、砷化铟（InAs）和锑化铟（InSb）。锑化铟制成的元件输出电动势较大，但是易受温度影响，锗与砷化铟元件的输出电动势较小，受温度影响较小，线性度较好。

与一般半导体器件类似，由于半导体的电阻率、载流子浓度等会随温度变化，因此霍尔元件对工作环境温度变化很敏感。所以，在选择霍尔元件时，宜选择温度系数小的元件或者采用恒温措施。同时还可以采用恒流电源供电，以减小元件内阻随温度变化引起的内部控制电流的变化。或者采用热敏元件，在输入回路中，用热敏电阻阻值变化来抵消霍尔输出电动势受到的影响。

霍尔式传感器使用非常广泛，常用于在电动汽车、汽车、手机、散热风扇中测量电磁、压力、加速度、振动等。

3）磁敏电阻。磁敏电阻是一种基于磁阻效应制作的电阻器。它在外施磁场的作用下（包括外施磁场的强度及方向的变化）能够改变自身的阻值，是一种新颖的传感元件。磁敏电阻的阻值随磁场的变化而变化，利用磁敏电阻阻值的变化，可精确地测试磁场的相对位移。

磁敏电阻的物理基础是磁阻效应，表现为通电金属或半导体在与电流垂直或平行的磁场中电阻值增加，这种现象的实质为载流子受到的洛伦兹力比电场力大，因此运动轨迹偏向洛伦兹力的方向，载流子从一端的电极流到另一端的路径变长，宏观上体现为电阻率增加。除了与材料有关外，磁阻效应还与磁敏电阻的形状有关。磁敏电阻长度与宽度的比值越小，电阻率的相对变化越大。

磁敏电阻具有磁检测灵敏度高，输出信号幅值大，抗电磁干扰能力强，分辨率高等特点。一般用于磁场强度、漏磁、频率、功率的检测；也可以在交流变换器、频率变换器、功率电压变换器、位移电压变换器等电路中作控制元件；还可以用于接近开关、磁卡文字识别、磁电编码器、电动机测速等方面。

（4）光电式传感器

光电式传感器也称为光电器件，是将光信号转换为电信号的一种装置。光电式传感器工作时，先将被测量的变化转换为光量的变化，然后通过光电器件再把光量的变化转换为相应的电量变化，从而实现非电量的测量。其原理为光电效应，光电效应是指物体吸收了光能后，光能转化为该物体中某些电子的能量，从而产生电效应。光电效应通常可以分为以下四类：

1）外光电效应：在光线作用下，电子逸出物体表面而产生光电子发射的现象。

2）内光电效应：在光线作用下，物体的电阻率改变的现象。

3）光生伏特效应：在光线作用下，物体内部产生一定方向电动势的现象。

4）热释电现象：当热电材料受红外线等照射时，若其表面温度发生变化，则该表面会产生电荷的现象。

能产生光电效应的器件称为光电效应器件。光敏电阻是一种利用光敏材料的内光电效应制成的光电元件，常用的制作材料为硫化镉，另外还有硒、硫化铝、硫化铅和硫化秘等。

光敏电阻作为被广泛使用的光电器件，其工作原理基于内光电效应，其核心器件为光电导体，由半导体制成。在室温条件下，没有光照射时，阻值变大，电流变弱，流过回路的电流称为暗电流；有光照射时，阻值变小，电流变强。基于同种原理的光电二极管是一种能将光能转变为电能的敏感性二极管，它广泛应用于各种自动控制系统中。

光电池，也就是太阳能电池，也是光电式传感器的一种，其物理基础是光生伏特效应，将光量转换为电动势，它能够接收不同强度的光照射，产生不同大小的电流。热释电红外传感器是基于热释电现象的传感器，它可以检测出物体所发射的红外线，避免可见光的影响，不必自身设置光源。

光电式传感器可应用于位移、振动、转动、压力、弯曲、速度、湿度、加速度等多达70个物理量的测量，具有高灵敏度、抗电磁干扰、耐蚀性、非侵略性等特点，且容易实现对被测信号的远距离监控。光电式传感器可以用来检测直接或转换后引起光量变化的非电量。直接引起光量变化的非电量包括光强、光照度等；可转换成光量的非电量包括应变、位移、振动、加速度、工件直径、物体形状与工作状态识别等。在许多应用场合，光电式传感器比其他传感器有明显的优越性；其缺点是在某些应用方面，光学器件和电子器件价格较高，并且对测量的环境条件要求较高。

光电检测方法具有精度高、响应快、非接触、结构简单、形式多样等优点，因此在自动控制系统中得到广泛应用。

4. 智能传感器

随着计算机技术的快速发展，为了提高传感器测量的准确性、可靠性和稳定性，传感器正向着集成化、智能化、系统化方向发展，智能传感器应运而生。智能传感器（Intelligent Sensor）是指具有信息处理功能的传感器，智能传感器带有微处理器，具有采集、处理、交换信息的能力，是传感器集成化与微处理器相结合的产物。与一般传感器相比，智能传感器具有以下三个优点：通过软件技术可实现高精度的信息采集，而且成本低；具有诊断、校准和数据存储功能，可靠性高、自适应能力强，可实现多场景的通用；功能多样化。

（1）智能传感器的定义

智能传感器系统是一门现代综合技术，是当今世界正在迅速发展的高科技新技术，但还没有形成规范化的定义。早期，智能传感器被定义为带有微处理器的，兼有信息检测、信息处理、信息记忆、逻辑思维与判断功能的传感器。现在普遍认为，智能传感器是将传感器对非电量的检测和微处理器对信息的处理相结合，形成一种类似智能数据采集处理系统的装置。智能传感器中的微处理器可以与传感器集成在同一个芯片上，构成集成智能传感器，也可以将传感器与单独的微处理器配接实现传感器的智能化。

（2）智能传感器的结构组成

智能传感器系统主要由传感器、微处理器及相关电路组成，如图3-6所示。传感器将被测的物理量、化学量转换成相应的电信号，送到信号调制电路中，经过滤波、放大、A/D转换后送达微处理器。微处理器对接收的信号进行计算、存储、数据分析处理后，一方面通过反馈回路对传感器与信号调制电路进行调节，以实现对测量过程的调节和控制；另一方面将处理的结果传送到输出接口，经接口电路处理后按输出格式、界面定制输出数字化的测量结果。微处理器是智能传感器的核心，由于微处理器可以充分发挥各种软件的功能，使传感器智能化，因此大大提高了传感器的性能。

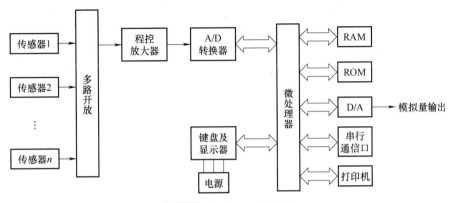

图 3-6　智能传感器构成

（3）智能传感器的特点

智能传感器是以微处理器为内核，扩展了外围部件的计算机检测系统。相比一般传感器，智能传感器有如下显著特点：

1）精度高。智能传感器可通过自动校零去除零点，与标准参考基准实时对比，自动进行整体系统标定、非线性等系统误差的校正，实时采集大量数据进行分析处理，消除偶然误差影响，保证智能传感器的高精度。

2）高可靠性与高稳定性。智能传感器能自动补偿因工作条件与环境参数发生变化而引起的系统特性的漂移，如环境温度、系统供电电压波动而产生的零点和灵敏度的漂移；在被测参数变化后能自动变换量程，实时进行系统自我检验、分析、判断所采集数据的合理性，并自动进行异常情况的应急处理。

3）高信噪比与高分辨率。智能传感器具有数据存储、记忆与信息处理功能，通过数字滤波等相关分析处理，可去除输入数据中的噪声，自动提取有用数据；通过数据融合、神经网络技术，可消除多参数状态下交叉灵敏度的影响。

4）强自适应性。智能传感器具有判断、分析、处理功能，可根据系统工作情况决定各部分的供电、与高/上位计算机的数据传输速率，使系统工作在最优低功耗状态并优化传输效率。

5）较高的性价比。智能传感器具有的高性能，不是像传统传感器技术那样通过追求传感器本身的完善，对传感器的各个环节进行精心设计与调试，进行精雕细琢获得的，而是通过与微处理器/微计算机相结合，采用廉价的集成电路工艺和芯片及强大的软件来实现的，所以具有较高的性价比。

（4）智能传感器的主要功能

智能传感器的功能是通过模拟人的感官和大脑的协调动作，结合长期以来测试技术的研究和实际经验而提出来的，是一个相对独立的智能单元，它的出现使人们对硬件性能的苛刻要求有所降低，而通过软件可以使传感器的性能大幅度提高。

1）复合敏感的功能。敏感元件测量一般通过两种方式实现：直接测量和间接测量。智能传感器具有复合功能，能够同时测量多种物理量和化学量，给出较全面反映物质运动规律的信息。例如，美国加利福尼亚大学研制的复合液体传感器，可同时测量介质的温度、流速、压力和密度；美国 EG&GIC Sensors 公司研制的复合力学传感器，可同时测量物体某一点的三维振动加速度、速度、位移等。

2）自适应功能。智能传感器可在条件变化的情况下，在一定范围内使自己的特性自动适应这种变化。通过采用自适应技术，可以补偿老化部件引起的参数漂移，所以自适应技术可延长器件或装置的寿命，扩大其工作领域。

3）自检、自校、自诊断功能。普通传感器需要定期检验和标定，以保证它在正常使用时拥有足够的准确度，这些工作一般要求将传感器从使用现场拆卸送到实验室或检验部门进行，对于在线测量传感器，如果出现异常，则不能及时诊断。而智能传感器的自诊断功能可在电源接通时进行自检，诊断测试以确定组件有无故障，根据使用时间可以在线进行校正，微处理器利用存在电擦除可编程只读存储器（EEPROM）内的计量特性数据进行对比校对。

4）信息存储功能。信息往往是成功的关键。智能传感器可以存储大量的信息，包括装置的历史信息，用户可随时查询，如传感器的数据和图表、组态选择说明等，其存储的内容基本不被限制，只受智能传感器本身存储容量限制。

5）数据处理功能。过程数据处理是一项非常重要的任务，智能传感器本身提供了该功能。智能传感器不但能放大信号，而且能使信号数字化，再用软件实现信号调节。智能传感器通过查表方式可使非线性信号线性化，通过数字滤波器对数字信号进行滤波处理，减少噪声或其他相关效应的干扰。

智能传感器的微控制器使用户很容易实现多个信号的加、减、乘、除运算，在过程数据处理方面，智能传感器可以大显身手。

6）组态功能。智能传感器用户可随意选择需要的组态。例如检测范围、可编程通/断延时、选组计数器、常开/常闭、8/12 位分辨率选择等组态，灵活的组态功能大大减少了用户更换传感器的类型和数目。利用智能传感器的组态功能可使同一类型的传感器工作在最佳状态，并且能在不同场合从事不同的工作。

7）数字通信功能。由于智能传感器能产生大量信息和数据，所以用普通传感器的单一连线无法对装置的数据提供必要的输入输出，这就需要一种灵活的串行通信系统。因为智能传感器本身带有微控制器，能配置与外部连接的数字串行通信，串行网络抗环境影响（如电磁干扰）的能力比普通模拟信号强得多，把串行通信配接到装置上，可以有效地管理信息的传输，控制数据只在需要时才输出。

（5）智能传感器的类型

智能传感器主要包括分子传感器、生物发光传感器和空气传感器三种类型。

1）分子传感器。过去虽然已经有把化学物质用在需要加密的"隐形墨水"中的技术，但不断改进的检测方法已经难以保证隐藏信息在未经授权的情况下不被读取。针对这种情况，以色列科学家戴维·马古利斯和他的研究团队开发了一种荧光分子传感器，该传感器可以通过生成特定的荧光发射光谱分辨不同的化学物质。此外，该传感器还提供了一种绕过电子通信系统的安全手段，以削减人们对全球电子监视的担忧。

2）生物发光传感器。生物发光传感器其实是一种新型的研究手段，它是由美国科学家通过对荧光素酶进行基因改造而发明的。据研究人员介绍，这一新型传感器可用来追踪大脑中大型神经网络的内部互动情况。

3）空气传感器。空气传感器是一款可收集空气质量信息的传感器，所收集的信息包括微粒的种类、数量及是否含有有害化学物质，并且该设备还可保护胎儿和儿童免遭影响脑部发育的污染物的侵害。

3.1.2　通信技术

在智慧应急领域，通信技术同样有着重要的作用，通信技术的应用极大地增强了对危机的管理能力，其核心作用体现在实时监测与预警机制上，通过物联网传感器、遥感技术和无线网络，能够即时捕捉到地震前兆、洪水水位变化或森林火情等潜在灾害信号，及时发布预警信息，为公众和应急机构争取宝贵的准备时间。同时，当传统通信基础设施在灾难中受损时，5G技术、卫星通信、自组网（Mesh Network）及无人机中继等现代通信解决方案能迅速搭建起临时的通信网络，确保现场与远程指挥中心的信息传递不间断。此外，大数据平台通过整合来自各类源头的数据，包括社交媒体、气象预报、地理信息系统（GIS）和现场传感器数据，为决策者提供了全面的态势感知和决策支持，使应急响应更加精准高效。这些技术的融合使用，构建了一个覆盖预警、响应、救援和恢复全过程的智慧应急体系，显著提升了社会的抗灾能力和应急管理水平。

1. Wi-Fi 技术

（1）概述

无线通信技术与计算机网络结合产生了无线局域网技术，其中 Wi-Fi 便是无线局域网的主要技术之一，它是一组在 IEEE 802.11 标准上定义的无线网络技术，使用直接序列扩频调制技术在 2.4GHz/5.8GHz 频段实现无线传输。Wi-Fi 由 Wi-Fi 联盟制定，已经成为人们日常生活中访问互联网的一种重要方式，Wi-Fi 通过无线电波连接网络，常见设备是无线路由器，在无线路由器信号覆盖的有效范围内都可以采用 Wi-Fi 连接方式上网，如果无线路由器连接了网络，则被称作热点（Hotspot）。

（2）技术特点

Wi-Fi 技术广泛应用于办公室和家庭的短距离无线通信中，Wi-Fi 技术的优势如下：

1）无线电波的覆盖范围广。Wi-Fi 的电波覆盖半径可达 100m，甚至可以覆盖整栋大楼。

2）Wi-Fi 的传输速度快。Wi-Fi 传输数据的速度最高可达 54Mbit/s，符合个人和社会信息化的需求。

3）使用方便。用 Wi-Fi 进行数据传输，无须布线，只要在需要的地方设置热点，就可以实现网络的连接和无线通信。

4）辐射小。IEEE 802.11 规定的发射功率不可超过 100mW，实际发射功率为 60~70mW。

（3）标准

Wi-Fi 包括很多标准，以 b、a、g、n 为标志，其中一些标准是交叉兼容的，在同一个无线网络中可以使用不同的标准。表 3-2 列出了 Wi-Fi 的主要标准。

表 3-2　Wi-Fi 的主要标准

IEEE 802.11 协议	频率/GHz	速度/(Mbit/s)	覆盖范围/m	调制模式
IEEE 802.11b	2.4~2.485	11	30~90	DSSS
IEEE 802.11a	5.1~5.8	54	7.5~22.5	OFDM
IEEE 802.11g	5.1~5.8	54	30~45	DSSS 或 OFDM
IEEE 802.11n	2.4~2.485 或 5.1~5.8	200	30~45	OFDM

IEEE 802.11 各个版本的差异主要体现在使用频段、调制模式、信道差分等物理层技术，其中，IEEE 802.11a 协议采用正交频分复用（Orthogonal Frequency Division Multiplexing，OFDM）技术，使用较高频段，但覆盖范围较小；而 IEEE 802.11b 协议采用高速率直接序列扩频（High Rate Direct Sequence Spread Spectrum，HR-DSSS）技术，使用 2.4GHz 附近频段，带宽可达 11Mbit/s，现已发展成为 WLAN 主流标准，二者不可兼容；IEEE 802.11g 协议也采用 OFDM 技术，并能向下兼容 IEEE 802.11b 的设备，不过这样会降低 IEEE 802.11g 网络的传输带宽。

（4）网络体系与架构

Wi-Fi 无线网络包括两种类型的拓扑形式：基础网（Infrastructure）和自组网（Ad-Hoc）。其中两个重要的概念是站点和无线接入点，站点（Station，STA）是网络最基本的组成部分，每一个连接到无线网络中的终端，如笔记本计算机、PDA 或其他可以联网的用户设备，都可称之为一个站点；无线接入点（Access Point，AP）是无线网络的创建者，也是网络的中心节点，一般家庭或办公室使用的无线路由器就是一个 AP。

Ad-Hoc 是一种对等的网络结构，计算机只需接上相应的无线网卡，或者具有 Wi-Fi 模块的手机等便携终端，即可实现互联，资源共享，此种网络结构如图 3-7 所示。

Infrastructure 类似于以太网中的星状网络拓扑结构，是一种整合有线与无线局域网络架构的应用模式，通过图 3-8 所示的网络结构，可实现数据信息的共享，此应用需使用中间作用的 AP。这种网络结构是应用最广的一种，起中间网桥作用的 AP 相当于有线网络中的集线器（Hub）或者交换机（Switch）。

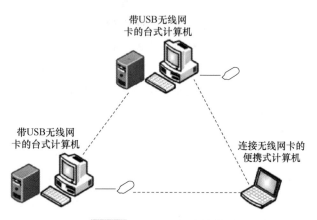

图 3-7　Ad-Hoc 拓扑结构

Wi-Fi 的协议体系遵循 OSI 参考模型，如图 3-9 所示。

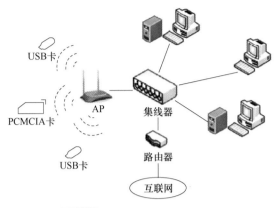

图 3-8　Infrastructure 拓扑结构

应用层		
传输层(TCP/UDP)		
网络层(IP)		
数据链路层	逻辑链路控制(LLC)子层	
	介质访问控制(MAC)子层	
物理层(PHY)		

图 3-9　OSI 参考模型

1）物理层。IEEE 802.11b 定义了工作在 2.4GHz ISM 频段上数据传输速度为 11Mbit/s 的物理层，使用的是跳频扩频传输技术（Frequency-Hopping Spread Spectrum，FHSS）和直接序列扩频传输技术（Direct Sequence Spread Spectrum，DSSS）。

2）MAC 层。MAC 层提供了支持无线网络操作的多种功能，通过 MAC 层站点可以建立网络或接入已存在的网络，并传送数据给 LLC 层。

3）LLC 层。IEEE 802.11 使用与 IEEE 802.2 完全相同的 LLC 层和 48 位 MAC 地址，这使得无线和有线之间的桥接非常方便，但 MAC 地址只对 WLAN 唯一确定。

4）网络层。网络层采用 IP。该协议是互联网中最重要的协议，规定了在互联网上进行通信时应遵守的准则。

5）传输层。传输层采用 TCP/UDP，TCP 是面向连接的协议，可以提供 IP 环境下的可靠传输。UDP 是面向非连接的协议，不保证可靠传输。对于高可靠的应用，传输层一般采用 TCP。

6）应用层。应用层根据不同的应用需求选择不同的协议，如 HTTP、DNS（Domain Name System，域名系统）协议。

（5）安全机制

1）防止非法用户的接入。

① 基于服务集标识符（SSID）防止非法用户接入。SSID（Service Set Identifier，服务集标识符）用来标识一个网络的名称，以此来区分不同的网络，最多可以有 32 个字符。无线工作站必须提供正确的 SSID，与无线访问点 AP 的 SSID 相同，才能访问 AP，如果出示的 SSID 与 AP 的 SSID 不同，那么 AP 将拒绝它通过本服务区上网，因此，可以认为 SSID 是一个简单的口令，从而提供口令认证机制，阻止非法用户的接入，保障无线局域网的安全。

② 基于无线网卡物理地址过滤防止非法用户接入。由于每个无线工作站的网卡都有唯一的物理地址，因此可以利用 MAC 地址阻止未经授权的无线工作站接入。为 AP 设置基于 MAC 地址的访问控制表（Access Control），确保只有经过注册的设备才能进入网络。

③ 基于端口访问控制技术（802.1x）防止非法用户接入。802.1x 技术也是用于无线局域网的一种增强性网络安全解决方案。当无线工作站与无线访问点 AP 关联后，是否可以使

用 AP 的服务要取决于 802.1x 的认证结果，如果认证通过，则 AP 为无线工作站打开这个逻辑端口，否则不允许用户上网。

2）防止非法 AP 的接入。

① 基于无线网络的入侵检测系统防止非法 AP 接入。使用入侵检测系统（Intrusion Detection System，IDS）防止非法 AP 的接入主要有两个步骤，即发现非法 AP 和清除非法 AP。通过分布于网络各处的探测器可发现非法 AP，完成数据包的捕获和解析，它们能迅速发现所有无线设备的操作，并报告给管理员或 IDS 系统。当然，通过网络管理软件，如 SNMP（Simple Network Management Protocol，简单网络管理协议），也可以确定 AP 接入有线网络的具体物理地址。发现 AP 后，可以根据合法 AP 访问控制列表（Access Control List，ACL）判断该 AP 是否合法，如果列表中没有列出新检测到的 AP 相关参数，那么就用 Rogue AP（非法无线接入点）识别每个 AP 的 MAC 地址、SSID、Vendor（提供商）、无线媒介类型及信道，若判断新检测到 AP 的 MAC 地址、SSID、Vendor（提供商）、无线媒介类型或者信道异常，就可以认为是非法 AP。当发现非法 AP 之后，应该立即采取的措施是阻断该 AP 的连接，有三种方式可以阻断 AP 连接：采用 DoS（Denial of Service，拒绝服务）攻击的办法，迫使其拒绝对所有客户的无线服务；网络管理员利用网络管理软件，确定该非法 AP 的物理连接位置，从物理上断开；检测出非法 AP 连接的交换机的端口，并禁止该端口。

② 基于 802.1x 双向验证防止非法 AP 接入。利用对 AP 的合法性验证及定期进行站点审查，防止非法 AP 的接入。在无线 AP 接入有线交换设备时，可能会遇到非法 AP 的攻击，非法安装的 AP 会危害无线网络的宝贵资源，因此必须对 AP 的合法性进行验证。AP 支持的 802.1x 技术提供了一个客户机和网络相互验证的方法，在此验证过程中，不但 AP 需要确认无线用户的合法性，无线终端设备也必须验证 AP 是否为虚假的访问点，然后才能进行通信。通过双向认证，可以有效地防止非法 AP 的接入。

3）数据加密技术。

① EEE 802.11 中的有线等效保密（Wired Equivalent Privacy，WEP）协议是由 IEEE 802.11 标准定义的，用于在无线局域网中保护链路层数据。WEP 使用 40 位钥匙，采用 RSA 开发的 RC4 对称加密算法，在链路层加密数据。WEP 加密存在固有缺陷，由于它的密钥固定，初始向量仅为 24 位，算法强度并不算高，于是有了安全漏洞。现在，已经出现了专门破解 WEP 加密的程序，其代表是 WEP Crack 和 Air Snort。

② IEEE 802.11 中的 Wi-Fi 保护接入（Wi-Fi Protected Access，WPA）是由 IEEE 802.11 标准定义的，用来改进 WEP 所使用密钥的安全性的协议和算法。它改变了密钥生成方式，于是更频繁地变换密钥来获得安全；它还增加了消息完整性检查功能来防止数据包伪造。WPA 是继承了 WEP 基本原理而又解决了 WEP 缺点的一种新技术，由于加强了生成加密密钥的算法，因此即便收集到分组信息并对其进行解析，也几乎无法计算出通用密钥。WPA 还追加了防止数据中途被篡改的功能和认证功能，由于具备这些功能，WEP 中的缺点得以解决。

4）其他安全性措施。许多安全问题都是由于 AP 没有处在一个封闭的环境中造成的，因此，首先应注意合理放置 AP 的天线，以便能够限制信号在覆盖区以外的传输距离。例如，将天线放在远离窗户的位置，因为玻璃无法阻挡信号，最好将天线放在需要覆盖的区域的中心，尽量减少信号泄露到墙外，必要时要增加屏蔽设备来限制无线局域网的覆盖范围；由于很多无线设备是放置在室外的，因此需要做好防盗、防风、防雨、防雷等措施，保障这些无线设备的物理安全。

（6）技术应用

Wi-Fi 为免费频段，用户在 Wi-Fi 覆盖区域内可以快速浏览网页，而其他一些基于 WLAN 的宽带数据应用，如流媒体、网络游戏等功能，更值得用户期待。有了 Wi-Fi 功能，打长途电话（包括国际长途）、浏览网页、收发电子邮件、音乐下载、数码照片传递等再无须担心速度慢和花费高的问题。

Wi-Fi 在掌上设备，尤其是智能手机中的应用越来越广泛。与早前应用于手机上的蓝牙技术不同，Wi-Fi 具有更大的覆盖范围和更高的传输速率，现在 Wi-Fi 的覆盖范围在国内越来越广泛，宾馆、住宅区、飞机场、高铁、咖啡厅之类的区域几乎都有 Wi-Fi 接口。

2. 蓝牙技术

（1）概述

蓝牙是一种开放的短距离无线通信技术，允许设备间进行无缝资源共享与数据交换。它采用高速跳频和时分多址技术，实现了低成本、无线的网络连接，适用于移动通信设备、家电、消费电子及汽车等领域。

蓝牙 4.0 相较于前代，提升了能效，降低了成本，具备低延迟、加密安全性和扩展的有效连接距离，常见于耳机和音箱中。蓝牙技术联盟（Bluetooth SIG）于 2010 年采纳并认证了蓝牙 4.0 标准。

蓝牙 5.0 在 2016 年推出，增强了低功耗设备的速度和传输距离（最远可达 300m），加入了室内定位功能，且兼容旧版蓝牙。

2020 年，蓝牙技术联盟发布 LE Audio。LE Audio 基于低功耗蓝牙，引入 LC3 解码器，支持高质量音频、多重音频流和广播音频，可以提供个人或基于位置的音频分享，旨在提升音频体验，降低功耗，丰富助听服务。

简而言之，蓝牙从 4.0 到 5.0 再到 LE Audio 持续优化性能，提升了音频质量，增强了连接范围，并引入创新特性（如广播音频），不断改善用户体验。

（2）关键技术

蓝牙的关键技术包括跳频、纠错、网络结构和安全，以下将主要介绍这些技术。

1）跳频技术。蓝牙的载频选用全球的 2.45GHz 频段，由于 2.45GHz 频段是对所有无线电系统都开放的频段，因此使用其中任何一个频段都有可能遇到不可预测的干扰源。采用跳频扩谱技术是避免干扰的一项有效措施。

2）纠错技术。蓝牙技术中使用了三种纠错方案：1/3 比例前向纠错码（1/3 Forward Error Correction，1/3FEC），2/3 比例前向纠错码（2/3FEC）和用于数据的自动请求重发（Automatic Repeat Request，ARQ）方式。为了减少复杂性，使开销和无效重发为最小，蓝牙执行 ARQ 结构。ARQ 结构分为停止等待 ARQ、向后 *N* 个 ARQ、重复选择 ARQ 和混合结构。

3）微微网和散射网。当两个蓝牙设备成功建立链路后，一个微微网便形成了，二者之间的通信通过无限电波在信道中随机跳转而完成，蓝牙给每个微微网提供特定的跳转模式，因此它允许大量的微微网同时存在，同区域内多个微微网的互联形成散射网。不同的微微网信道有不同的主单元，因而存在不同的跳转模式。

4）安全性。蓝牙技术的无限传输特性使得它非常容易受到攻击，因此安全机制在蓝牙技术中显得尤为重要，虽然蓝牙系统所采用的调频技术已经提供了一定的安全保障，但是蓝牙系统仍然需要链路层和应用层的安全管理。

（3）技术特点

蓝牙技术的特点可归纳如下：

1）全球范围适用。蓝牙工作在 2.4GHz 的 ISM 频段，使用该频段无须向专门的无线电资源管理部门申请许可证。

2）可同时传输语音和数据。蓝牙采用电路交换和分组交换技术，支持异步数据信道、三路语音信道、异步数据与同步语音同时传输的信道。每个语音信道数据传输速率为 64kbit/s，语音信号编码采用脉冲编码调制（Pulse Code Modulation，PCM）或连续可变斜率增量调制（Continuous Variable Slope Delta Modulation，CVSD）的方法。当采用非对称信道传输数据时，传输速率最高为 721kbit/s，反向为 57.6kbit/s；当采用对称信道传输数据时，传输速率最高为 342.6kbit/s。蓝牙有两种链路类型，即异步无连接链路（Asynchronous Connectionless Link，ACL）和同步面向连接链路（Synchronous Connection Oriented，SCO）。

3）可以建立临时性的对等连接。根据蓝牙设备在网络中的角色，可将蓝牙设备分为主设备与从设备。主设备是组网连接时主动发起连接请求的蓝牙设备，当几个蓝牙设备连接成一个微微网时，只有一个主设备，其余的均为从设备。微微网是蓝牙最基本的一种网络形式，一个微微网由 2~8 个蓝牙单元组成，即以一个单元为主、其他 2~7 个单元为辅组成的网络形式，这些蓝牙单元可以是 PC、打印机、传真机、数码相机、移动电话、笔记本计算机等。

多个微微网之间还可以互联形成散射网，从而方便快捷地实现各类设备之间随时随地的通信。最简单的微微网是由一个主设备和一个从设备组成的点对点的通信连接。

4）具有很好的抗干扰能力。ISM 频段工作的无线电设备有很多种，如家用微波炉、无线局域网、Home RF，为了能很好地抵抗来自这些设备的干扰，蓝牙采用跳频的方式来扩展频谱，将 2.402~2.48GHz 的频段分成 79 个频点，相邻频点间隔 1 MHz。蓝牙设备在某个频点发送数据之后，再跳到另一个频点发送，而频点的排列顺序是伪随机的，频率每秒改变 1600 次，每个频率持续 625μs。

5）蓝牙模块体积很小、便于集成。由于个人移动设备的体积较小，所以嵌入其内部的蓝牙模块体积就应该更小，如爱立信公司的蓝牙模块 ROK 101008 的外形尺寸仅为 32.8mm×16.8mm×2.95mm，蓝牙模块的程序可以写在一个 9mm×9mm 的微芯片中。

6）低功耗。蓝牙设备在通信连接状态下，有四种工作模式，即激活（Active）模式、呼吸（Sniff）模式、保持（Hold）模式和休眠（Park）模式。Active 模式是正常的工作状态，另外三种是为了节能所规定的低功耗模式。

依据发射的输出功率不同，蓝牙传输有三种距离等级：Class1 约为 100m，Class2 约为 10m，Class3 为 2~3m。一般情况下，蓝牙传输正常的工作半径在 10m 之内，在此范围内，多台设备之间可进行互联。

7）开放的接口标准。蓝牙技术联盟为了推广蓝牙技术的使用，将蓝牙的技术标准全部公开，全世界范围内的任何单位和个人都可以进行蓝牙产品的开发，只要最终能通过蓝牙技术联盟的蓝牙产品兼容性测试，就可以推向市场。

8）成本低。随着市场需求的扩大，各个供应商纷纷推出自己的蓝牙芯片和模块，导致蓝牙产品价格飞速下降。

（4）蓝牙系统组成

蓝牙系统一般由天线单元、链路控制器（硬件）、链路管理（软件）和蓝牙软件（协议栈）单元 4 个功能单元组成，如图 3-10 所示。

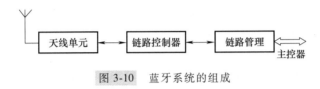

图 3-10　蓝牙系统的组成

1）天线单元。蓝牙要求其天线部分体积小、重量轻，因此，蓝牙天线属于微带天线。蓝牙空中接口是建立在天线电平为 0dB 的基础上的，空中接口遵循美国联邦通信委员会（Federal Communication Commission，FCC）有关电平为 0dB 的 ISM 频段的标准。如果全球电平达到 100mW 以上，可以使用扩展频谱功能来增加一些补充业务，频谱扩展功能是通过起始频率为 2.402GHz、终止频率为 2.480GHz、间隔为 1MHz 的 79 个跳频频点来实现的，其数据传输速率为 1Mbit/s。

2）链路控制单元。基带链路控制器（Link Controller，LC）负责处理基带协议和其他一些低层常规协议。

3）链路管理单元。链路管理（Link Management，LM）软件模块携带了链路的数据设置、鉴权、链路硬件配置和其他协议。LM 能够发现其他远端 LM 并通过链路管理协议（Link Manager Protocol，LMP）与之通信。

4）蓝牙软件（协议栈）单元。软件（协议栈）单元是个独立的操作系统，不与任何操作系统捆绑。蓝牙规范包括两部分：第一部分为核心（Core）部分，用以规定诸如射频、基带、连接管理、业务搜寻、传输层及与不同通信协议间的互用、互操作性等组件；第二部分为协议子集（Profile）部分，用以规定不同蓝牙应用（也称使用模式）所需的协议和过程。

3. 近场通信技术

（1）概述

近场通信（Near Field Communication，NFC）技术是一种短距离的高频无线通信技术，允许电子设备之间进行非接触式点对点数据传输（在 10cm 内）交换数据，具有距离近、带宽高、能耗低等特点。这个技术由非接触式射频识别演变而来，并向下兼容 RFID，最早是由飞利浦（Philips）公司、诺基亚（Nokia）公司和索尼（Sony）公司共同开发的。

NFC 是一种非接触式识别和互联技术，可以让消费者简单直观地交换信息、访问内容与服务。由于近场通信具有天然的安全性，因此，NFC 技术被认为在手机支付等领域具有很广阔的应用前景。

NFC 将非接触读卡器、非接触卡和点对点（Point-to-Point）功能整合在一块单芯片中。NFC 是一个开放接口平台，可以对无线网络进行快速、主动设置，也是虚拟连接器，服务于现有蜂窝状网络、蓝牙和无线 802.11 设备。

NFC 最初仅是遥控识别和网络技术的合并，但现在已发展成无线连接技术。它能快速自动地建立无线网络，为蜂窝设备、蓝牙设备、Wi-Fi 设备提供虚拟连接，使电子设备可以在短距离范围进行通信，通过 NFC 可实现多个设备（如数码相机、PDA、计算机、手机等）之间的无线互联、数据交换服务。与蓝牙等短距离无线通信标准不同的是，NFC 的作用距离进一步缩短且不像蓝牙那样需要有对应的加密设备。

（2）技术特点

NFC 与其他近距离通信技术相比，具有鲜明的特点，主要体现在以下四个方面：

1）距离近、能耗低。由于 NFC 采取了独特的信号衰减技术，通信距离不超过 20cm，所以能耗相对较低。

2）更具安全性。NFC 是一种能够提供安全、快捷通信的无线连接技术。作为一种私密通信方式，加上其距离近、射频范围小的特点，使 NFC 通信更加安全。

3）与现有非接触智能卡技术兼容。NFC 标准目前已经成为越来越多主要厂商支持的正式标准，很多非接触智能卡都能够与 NFC 技术相兼容。

4）传输速率较低。NFC 标准规定，数据传输速率具备三种传输速率，最高的仅为 424kbit/s，传输速率相对较低，不适合音视频流等需要较高带宽的应用。

（3）技术原理

启动 NFC 的设备可以在被动或主动模式下交换数据。

1）在被动模式下，启动 NFC 通信的设备也称为 NFC 发起设备（主设备），在整个通信过程中提供射频场，它可以选择 106kbit/s、212kbit/s 或 424kbit/s 中的其中一种传输速率，将数据发送到另一台设备。另一台设备称为 NFC 目标设备（从设备），它不必产生射频场，使用负载调制（Load Modulation）技术，就可以以相同的速度将数据传回发起设备。

移动设备主要以被动模式操作，可以大幅降低功耗，并延长电池寿命，电池电量较低的设备可以要求以被动模式充当目标设备，而不是发起设备。

2）在主动模式下，当每台设备要向另一台设备发送数据时，都必须产生自己的射频场，这是对等网络通信的标准模式，可以获得非常快速的连接设置。

（4）技术应用

近场通信技术有以下三种应用类型：

1）设备连接。除了无线局域网，NFC 也可以简化蓝牙连接。例如，手机用户如果想在机场上网，他只需要走近一个 Wi-Fi 热点即可实现。

2）实时预订。在海报或展览信息背后贴有特定芯片，利用含 NFC 协议的手机或 PDA，便能取得详细信息，也可以立即联机使用信用卡进行票券购买，而且这些特定的芯片无需独立的能源。

3）移动商务。移动商务的典型应用有门禁控制或车票、电影票售卖等，使用者只需携带储存票证或门控代码的设备靠近读取设备即可。NFC 还能够作为简单的数据获取应用，获取公交车站站点信息、公园地图信息等。

4. 可见光通信

（1）概述

可见光通信（Visible Light Communication，VLC）技术是指用可见光波段的光作为信息载体，无需光纤等有线信道的传输介质，在空气中直接传输光信号的通信方式。

可见光通信技术绿色低碳，可实现近乎零耗能通信，还可有效避免无线电通信电磁信号泄露等弱点，快速构建抗干扰、抗截获的安全信息空间。

未来，可见光通信也将与 Wi-Fi、蜂窝网络（3G、4G、5G）等通信技术交互融合，在物联网、智慧城市（家庭）、航空、航海、地铁、高铁、室内导航和井下作业等领域带来创新应用和价值体验。

与普通光无线通信和射频通信相比，可见光通信具有以下突出优点：

1）可见光对人类非常安全。可见光通信系统可以使用家庭或办公室的高压照明灯发送数据。

2）可见光通信无处不在。用于通信的照明灯可以安装在任何地方，通过照明灯，可以很方便地实现高速无线数据通信。

3）发射功率高。对于普通光无线通信，由于受到人眼睛安全的限制，发射功率很低，系统性能受到严重限制。对于射频通信，射频信号对人体有害，也不能无限制地增加发射功率。在可见光通信系统中，由于发射的是可见光，故发射功率较高。

4）无需无线电频谱证。由于不使用无线电频谱，因而不受管制，也不需要无线电频谱证。

5）无电磁干扰。不使用电磁波，可以用于医院、飞机和空间站等对电磁干扰严格限制的场合。

（2）关键技术

1）高性能编码、调制技术。对信源进行何种编码及采用何种调制方式，将直接决定通信系统的通信性能。由于实现简单，可见光通信系统大多设计成光强度调制/直接探测（Intensity Modulation/Direct Detection，IM/DD）系统，采用曼彻斯特编码和 OOK 调制方式。二进制 OOK 编码通过光学链路一次只能发送 1bit，传输慢；曼彻斯特编码虽然可以降低系统的误码率，但要求较宽的频带，而现有的基于蓝光激发磷光体产生"白光"的 LED 可用调制带宽非常有限，所以必须探索新的编码、调制方法。

由于正交频分复用（Orthogonal Frequency Division Multiplexing，OFDM）技术具有频谱效率高、带宽扩展性强、抗多径衰落、频谱资源灵活分配等优点，在可见光通信中得到了广泛研究。OFDM 被证明在高速通信情况下可有效抑制码间干扰（Inter Symbol Interference，ISI）。该技术的优点包括以下几点：

① 将数据进行串并转换后同时传输，在时域上符号持续时间得到增加，能够减少信道时域弥散产生的 ISI，并可通过插入循环前缀的方法进一步消除信道 ISI。

② 具有较高的频谱利用率。

③ 调制解调过程中的快速傅里叶变换和快速傅里叶逆变换，随着 DSP 技术的发展变得易于实现。

④ 可根据上下行链路的不同数据量和通信质量要求进行自适应的调制，方便与多址技术结合等。

然而，该技术面临的主要挑战在于如何将信息有效地加载到 OFDM 载波上，以及如何对 LED 的非线性进行补偿。

2）码间干扰消除技术。一方面，在室内 LED 可见光通信系统中，LED 光源通常是由多个发光 LED 的阵列组成的，具有较大的表面积、较大的发射功率和宽广的辐射角，光线分布在整个房间。另一方面，为了达到较好的照明和通信效果，防止"阴影"影响，一个房间通常安装多个 LED 光源。由于 LED 单元灯分布位置不同及大气信道中存在的粒子散射导致了不同的传输延迟，加上光的色散，已调光脉冲会在时间上延伸，每个符号的脉冲将加宽延伸到相邻符号的时间间隔内，便不可避免地产生码间干扰，极大地降低了系统的性能甚至导致不能正常通信。

因此，如何消除码间干扰，对保证高性能的 VLC 通信至关重要。针对 VLC 系统中 ISI 的不同起因，主要采用以下方式来削弱码间干扰：部分响应技术、均衡技术、消 ISI 的调制方式等。作为室内照明用的 LED，其调制带宽仅限于几兆。为了提高 LED 的调制带宽，人们研究了使用滤光片，将由荧光层产生的黄色光滤去（荧光层的响应速度较慢），让较快速响应的蓝光部分入射到接收端。

3）全双工通信。可见光通信系统要接入互联网就必须实现全双工通信，即实现数据的上传与下载。要实现 VLC 全双工通信方式，除了要具有现在研究的热点下行链路（Down Link），还必须具备上行链路（Up Link）。目前，几乎所有的研究都集中于下行链路的实现，很少关注上行链路的实现技术。

确保上行链路实现的一个重要问题在于如何避免具有照明功能的下行链路的干扰，目前已提出的方案包括以下几点：

① 使用红外波段作为上行链路，以区别下行链路的可见光。

② 使用激光反射器将入射光的一部分反射回发射系统，并将这一部分反射光进行调制以实现上行链路。

③ 将 VLC 与 RF 结合，即使用 VLC 实现下行链路，RF 系统完成上行链路。

④ 采用时分技术，将上下行链路传递信息的时间分开。另有我国学者提出可利用上下链路光的不同偏振态或利用隔板去阻隔下行链路对上行链路的干扰。

3.1.3 识别技术

物联网的核心和基础是信息感知，通过感知使得物理世界和数字世界连接起来。较早时候的信息系统中，数据的处理大多是用人工方式录入，工作强度大、效率低下、错误率较高。为了改变人工录入的低效方式，人们开始研究自动识别技术。自动识别技术就是使用一定的识别设备，通过待识别物体和识别设备之间特定的活动，自动获取待识别物体的相关信息，并将信息传递给后台的计算机处理系统来完成后续相关处理的一种技术。它是以计算机技术和通信技术为基础的综合性科学技术。近几十年，自动识别技术在全球范围内得到了迅猛发展，初步形成了一个包括条形码、磁识别、光学字符识别、射频识别、生物特征识别及图像识别等集计算机、机电、通信、光技术为一体的高新技术学科。

1. 条形码技术

（1）条形码的概念和分类

条形码是将宽度不等的多个条和空，按照一定的编码规则排列，用以表达一定的字符、数字和符号组成的信息。其中，条是对光线反射低的部分，空是对光线反射高的部分，可以通过特定的设备识别读取，转换成计算机能处理的二进制和十进制信息。

条形码的分类方法有很多，依据长度可以分为定长和非定长条形码；依据排列方式，可以分为连续型和非连续型条形码；依据应用可以分为一维条形码、二维条形码等。日常生活中主要接触的是一维条形码和二维条形码。

常见的一维条形码是由一个接一个的条和空排列组成的，条形码的信息依靠条和空的不同宽度和位置来表达，信息量的大小是由条形码的宽度和印刷的精度决定的。一维条形码只能在水平方向表达信息，在垂直方向则不表达任何信息，它具有一定的高度是为了便于阅读器对准。一维条形码的数据容量较小（30 个字符左右），只能包含字母和数字，而且遭到损坏后不能阅读。一维条形码有众多的码制，包括 Code39 码（标准 39 码）、Code25 码（标准 25 码）、ITF25 码（交叉 25 码）、Codebar 码（库德巴码）、Matrix25 码（矩阵 25 码）、UPC-A 码、UPC-E 码、EAN-13 码（EAN-13 国际商品条形码）、中国邮政码（矩阵 25 码的一种变体）、CodeⅡ码、Code93 码、Code128 码（包括 EAN-128 码）等。

二维条形码是在二维空间水平和竖直方向上存储信息的条形码，它的优点是信息容量大，译码可靠性高，纠错能力强，制作成本低，保密与防伪性能好。二维条形码可以表示图像、文字、声音，使得条形码技术从标识物品转化为描述物品，功能上发生了质的变化，应用领域随之扩大。二维条形码的码制有数据矩阵（Data Matrix）码、Maxi 码、Vericode 码、PDF417 码、Ultracode 码、Code49 码等。以常用的 PDF417 码为例，可以表示字母、数字、ASCⅡ字符与二进制数；该编码可以表示 1850 个字符或数字，1108 字节的二进制数，2710 个压缩的数字；PDF417 码还具有纠错能力，即使条形码的某个部分遭到一定程度的损坏，也可以通过存在于其他位置的纠错码将损失的信息还原出来。一维条形码和二维条形码的比较见表 3-3。

表 3-3　一维条形码和二维条形码的比较

比较项	一维条形码	二维条形码
资料密度与容量	密度低，容量小	密度高，容重大
错误侦测及纠正能力	可以对条形码进行错误侦测，但不具备错误纠正能力	有错误检验及错误纠正能力

（续）

比较项	一维条形码	二维条形码
支持文字	只支持英文或数字	支持多种文字，包括英文、中文、数字等
主要用途	主要用于对物品的标识	主要用于对物品的具体描述

（2）条形码的编码方法

条形码编码方法有两种：宽度调节法和模块组合法。

宽度调节法是指条形码中条与空的宽窄设置不同，用宽单元表示二进制的"1"，而用窄单元表示二进制的"0"，宽窄单元之比控制在 2~3 之间。

模块组合法是指在条形码符号中，条与空是由标准宽度的模块组成的。一个标准宽度的条模块表示二进制的"1"，而一个标准宽度的空模块表示二进制的"0"。

下面举两例说明编码方式，一个是一维条形码的 EAN 编码，另一个是二维条形码的 PDF417 码。

1）EAN 编码方式。一维条形码主要有 EAN 和 UPC 两种，其中，EAN 码是我国主要采用的编码标准。EAN 通用商品条形码是模块组合型条形码，模块是组成条形码的最基本的宽度单位，每个模块宽度为 0.33mm。在条形码符号中，表示数字的每个条形码字符均由两个条和两个空组成，它是多值符号码的一种，即在一个字符中有多重宽度的条和空参与编码。条和空分别由 1~4 个同一宽度的深、浅颜色的模块组成，一个模块的条表示二进制的"1"。一个模块的空表示二进制的"0"。每个条形码字符共有 7 个模块，即一个条形码字符条空宽度之和为单位元素的 7 倍，每个字符含条和空的个数各为 2，相邻元素如果相同，则从外观上合并为一个条或空，并规定每个字符在外观上包含的条和空的个数必须各为 2 个，所以 EAN 码是一种（7，2）码。EAN 条形码字符包括 0~9 共 10 个数字字符，但对应的每个数字字符有 3 种编码形式：左侧数据符奇排列、左侧数据符偶排列及右侧数据符偶排列。这样 10 个数字将有 30 种编码，数据字符的编码图案也有 30 种，至于从这 30 个数据字符中选择哪 10 个字符要根据具体情况而定，这里的奇或偶指所含二进制数"1"的个数为奇数或偶数。

EAN 条形码有两种版本，一种是 13 位的（EAN-13 条形码），另一种是 8 位的（EAN-8 条形码）。EAN-13 条形码由代表 13 位数字码的条形码符号组成，EAN-13 条形码的构成如图 3-11 所示。

左侧空白	起始符	左侧数据符6位数字	中间分隔符	右侧数据符6位数字	校验符1位数字	终止符	右侧空白

图 3-11 EAN-13 条形码的构成

2）PDF417 编码方式。PDF417 二维条形码于 1991 年正式推出，这是一种高密度、高信息含量的便携式数据文件，适用于证件等大容量、高可靠性信息的自动存储和携带，是机器识读的有效手段。《四一七条码》（GB/T 17172—1997）规定了 PDF417 条形码的相关定义、结构、尺寸及技术要求。

下面介绍 PDF417 条形码的结构，每个 PDF417 条形码都由空白区包围的一系列层（Row）组成，最小层数为 3，最大层数为 90，每层由 1 个起始符、1 个左层指示符、1~30 个数据字符、右层指示符和终止符组成。图 3-12 是 PDF417 条形码的结构示意图。

起始符　左层指示符　　　　数据字符　　　　右层指示符　终止符

图 3-12　PDF417 条形码的结构示意图

PDF417 条形码中每个数据字符都包括 4 个条和 4 个空，每个条或空由 1~6 个模块组成，一个数据字符中，4 个条和 4 个空的总模块数为 17，故名 PDF417，而且每个数据字符都以深色模块开始，以浅色模块结束。

PDF417 条形码可以表示数字、字母或者二进制数据，也可以表示汉字。同时，二维条形码可以把照片、指纹、视网膜扫描等编码于其中，可有效解决证件的可机读和防伪问题。PDF417 的纠错能力依据错误纠正码字数的不同分为 0~8 共 9 个级别，数字越大，级别越高，纠正字数越多，纠错能力越强，条形码也越复杂。

（3）条形码的识别原理

为识别条形码代表的信息，需要一套系统，它由条形码扫描器、放大整形电路、译码接口电路和计算机系统等部分组成。

如图 3-13 所示，不同颜色的物体，反射的可见光的波长不同，白色物体能反射各种波长的可见光，黑色物体则吸收各种波长的可见光，所以当条形码扫描器光源发出的光经光源及凸透镜 A 照射到黑白相间的条形码上时，反射光经凸透镜 B 聚焦后，照射到光电转换器，光电转换器接收到强弱不同的反射光信号，就会转换成相应的电信号输出到放大整形电路。

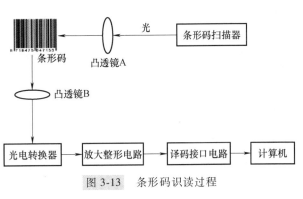

图 3-13　条形码识读过程

白条、黑条的宽度不同，相应的电信号持续时间长短就不同。但是由于光电转换器输出的电信号太弱，需要放大信号，所以需要设置放大电路。但是放大后的信号仍然是模拟信号，所以在放大电路后面加设整形电路，把模拟信号转换为数字信号，以便计算机处理。整形电路的脉冲数字信号经过译码器译成数字、字符信息，通过识别起始、终止字符来判别条和空的数目，通过测量 "0" "1" 信号持续的时间来判别条和空的宽度。这样就得到了条形码符号的条和空的数目及所用的编码码制，然后根据码制的编码规则，将条形码符号转换成数字、字符信息，然后通过接口电路传送给计算机进行数据处理，这样就完成了整个条形码识读的过程。

（4）条形码的应用

条形码的功能强大，输入方式快速，准确率高，可靠性强，在商品流通、工业生产、仓储管理、信息服务等领域具有广泛应用。在供应链物流中，条形码技术如同一条纽带，贯穿整个生产环境，具体应用包括仓库货物管理、生产线人员管理、仓储管理、进货管理、出入库管理、货物的信息跟踪和控制等。

条形码还可以应用于对员工的管理，尤其是在行政管理方面。通过条形码影像制卡系统为员工制作员工卡，员工卡信息包括员工彩色照片、员工编号、姓名、所属部门、ID 条码，通过员工卡配合考勤系统进行考勤记录。同时，员工的支薪、领料和资料核对等工作都需要配合条形码扫描器，通过扫描员工卡确定员工身份，可提高工作效率，实现自动化办公。

2. 磁卡技术

磁卡是一种利用磁性载体记录信息的卡片，用于标识身份或具有其他用途，可与各种读卡器配合作用。

根据使用材料的不同，磁卡可分为 PET 卡（聚酯卡）、PVC 卡（聚氯乙烯卡）和纸卡三种；根据磁层构造的不同，磁卡可分为磁条卡和全涂磁卡两种。通常，磁卡的一面印刷有说明提示性信息，如插卡方向；另一面则有磁层或磁条。

一般而言，磁卡上的磁带有 3 个磁道，每个磁道都记录不同的信息，这些信息有不同的应用。此外，也有一些应用系统的磁卡只使用了两个磁道，甚至只有一个磁道。在设计的应用系统中，根据具体情况可以使用部分磁道或全部磁道。

磁条从本质意义上讲和计算机用的磁带或磁盘是一样的，它可以用来记载字母、字符及数字信息。通过黏合或热合，与塑料或纸牢固地整合在一起形成磁卡。磁条记录信息的方法是改变小块磁物质的极性。在磁性氧化的地方具有相反的极性（如 S-N 和 N-S），识读器能够在磁条内分辨到这种磁性变换，这个过程被称作磁变。解码器识读到磁性变换，并将它们转换回字母和数字的形式，以便计算机处理。

由于磁卡成本低廉，易于使用，便于管理，且具有一定的安全特性，因此，它的发展得到了很多世界知名公司及各国政府部门几十年的鼎力支持。磁卡的应用非常普及，遍布国民生活的方方面面，特别是银行系统几十年的推广使用使得磁卡的普及率得到很大的发展。但随着磁卡应用的不断扩大，有关磁卡技术，特别是安全技术，已难以满足越来越多的安全性要求高的应用需求。磁卡技术的限制因素使数据存储的时间长短受磁性粒子极性的耐久性限制，另外，磁卡存储数据的安全性较低，如磁卡不小心接触磁性物质就可能造成数据丢失或混乱。要提高磁卡存储数据的安全性，就必须采用另外的相关技术，但这样会导致成本增加。对于银行卡来说，磁卡用户只要在 POS（Point of Sales，销售点）机或 ATM（Automatic Teller Machine，自动取款机）机上刷卡，就会在机器上留下该银行卡的磁条信息。因此磁卡很容易发生被盗刷的情况，而且有时还会消磁。随着新技术的发展，安全性能较差的磁卡有逐步被取代的趋势，但现有条件下，社会上仍然存在大量的磁卡设备，再加上磁卡技术的高成熟度和低廉成本，因此短期内，磁卡技术仍然会在许多领域应用。生活中常见的磁卡包括各种银行卡、房卡、火车票等。

3. IC 卡技术

IC（Integrated Circuit Card）卡，即集成电路卡，在日常生活中随处可见。它将一个集成电路芯片嵌入塑料基片中，封装成卡的形状，外形上与磁卡相似。IC 卡实际上是一种数据存储系统，具有写入数据和存储数据的能力。

IC 卡按照与外界数据传送的形式，可分为接触式和非接触式两种。

接触式 IC 卡的多个金属触点为卡芯片与外界的信息传输媒介，成本低，实施相对简单，在外观上可看有一个裸露的小芯片；非接触式 IC 卡不需要触点，其内部芯片除了 CPU、逻辑单元、存储单元外，还增加了射频收发电路，借助无线收发传送信息，芯片隐藏在卡中，在外观上看不到。

IC 卡按照卡内集成电路的不同，可分为存储器卡、CPU 卡和逻辑加密卡三种。

存储器卡在卡内嵌入的芯片为存储器芯片，这些芯片多为通用 EEPROM 或 Flash Memory（闪存），无安全逻辑，芯片内信息可以不受限制地任意存取。存储器卡的功能简单，没有或很少有安全保护逻辑，但价格低廉，开发、使用简便，存储容量增长迅猛。因此，存储器卡多用于内部信息无须保密的场合。

CPU 卡中的集成电路包括中央处理器、EEPROM、随机存储器（RAM）及固化在只读存储器（ROM）中的片内操作系统。CPU 卡计算能力强、存储容量大、应用灵活、适应性较强、安全性高，适用于安全保密性要求高的场合，如银行卡和手机 SIM 卡。

逻辑加密卡中的集成电路具有加密逻辑和 EEPROM，有一定的安全保障，多用于有一定安全要求的场合，如加油卡、借书卡、IC 卡电话和小额电子钱包等。

4. 光学字符识别技术

光学字符识别（Optical Character Recognition，OCR）技术是指电子设备（如扫描仪或数码相机）检查纸上打印的字符，通过检测暗亮的模式确定其形状，用字符识别方法将形状翻译成计算机文字的过程，即对文本资料进行扫描，然后对图像文件进行分析处理，获取文字及版面信息的过程。OCR 系统的工作过程比较简单，具体工作过程如图 3-14 所示。

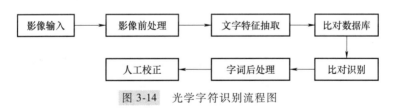

图 3-14　光学字符识别流程图

（1）影像输入

利用扫描仪、数码相机等图像输入设备完成图像信息的获取，将影像转入计算机。

（2）影像前处理

从一个黑白的二值化影像或灰阶、彩色的影像，到分离出一个个文字影像，都需要进行影像前处理，包括影像正规化、去除噪声、影像矫正等的影像处理，以及图文分析、文字行与字分离的文件前处理。

（3）文字特征抽取

特征抽取是 OCR 的核心功能，用什么样的特征抽取方式，将直接影响识别的结果。特征可大致分为两类：一类为统计特征，例如文字区域内的黑/白点数比，当文字区分成几个区域时，这一个个区域中黑/白点数比的联合，就是空间的一个数值向量；另一类特征为结构特征，例如文字影像细线化后，取得字的笔画端点、交叉点的数量及位置，或以笔画段为特征，配合特殊的比对方法进行比对。

（4）比对数据库

抽取出输入文字的特征之后，需要有一个比对数据库或特征数据库进行比对。数据库的内容应包含所有欲识别的字集文字，以及根据与输入文字一样的特征抽取方法所得的特征群组。

（5）比对识别

比对识别是指根据不同的特征特性，选用不同的数学距离函数进行比对。比较有名的比对方法有欧氏空间比对、松弛比对（Relaxation）、动态程序比对（Dynamic Programming，DP）、类神经网络的数据库建立及比对、隐马尔可夫模型（Hidden Markov Model，HMM）等方法。为了使识别结果更加稳定，采用专家系统（Expert System）特征比对方法的相异互补性，可提高识别结果的可靠性。

（6）字词后处理

由于OCR的识别率无法达到百分之百，为了提高比对的正确性及信心值，OCR系统需具有相应的排错或更正功能。字词数据库是为字词后处理所建立的词库。

（7）人工校正

OCR识别完需要进行人工校正，以防止错误。一个好的OCR软件，除了有一个稳定的影像处理及识别核心，人工校正的操作流程及其功能也影响OCR的处理效率。因此，文字影像与识别文字的对照及其屏幕信息摆放的位置，还有每一识别文字的候选字功能、拒认字功能及字词处理后特意标示出可能有问题的字词，都是为使用者尽量减少使用键盘而设计的功能。

目前常见的OCR识读应用有营业执照识别、少数民族文字识别、车牌识别、名片识别、证件识别等。

5. 生物特征识别技术

"碟中谍"系列电影中，主角窃取情报时总会遇到各种需要身份识别的保险门，其中包括步态分析、视网膜扫描和语音识别这三种生物特征识别技术。所谓生物特征识别技术，就是通过计算机与光学、声学、生物传感器和生物统计学原理等高科技手段密切结合，利用人体固有的生理特性（如指纹、指静脉、人脸、虹膜等）和行为特征（如笔迹、声音、步态等）来进行个人身份的鉴定。

（1）指纹识别

指纹识别技术是通过特殊的光电转换设备和计算机图像处理技术，对活体指纹进行采集、分析和比对，进而迅速、准确地鉴别出个人身份。从实用性来看，指纹识别技术优于其他生物特征识别技术，因为指纹具有各不相同、终生基本不变的特点，且目前的指纹识别系统操作方便、准确可靠、价格适中，正逐步应用于民用市场。图3-15是指纹识别原理示意图。

指纹识别包括指纹图像获取、处理、特征提取和对比等模块。

1）指纹图像获取。指纹图像获取是指通过专门的指纹采集仪采集活体指纹图像。目前，指纹采集仪的方式主要有活体光学式、电容式和压感式。根据采集指纹面积的不同可以分为滚动捺印指纹和平面捺印指纹，公安行业普遍采用滚动捺印指纹。

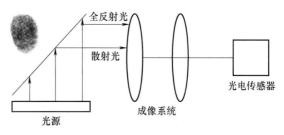

图 3-15　指纹识别原理示意图

2）指纹图像压缩。大容量的指纹数据库必须经过压缩后存储，以减少存储空间，主要的压缩方法有 JPEG（联合图像专家小组）、WSQ（小波标量量化）、EZW（嵌入式零树小波编码）等。

3）指纹图像处理。指纹图像处理包括指纹区域检测、图像质量判断、方向图和频率估计、图像增强、指纹图像二值化和细化等。

4）指纹分类。纹型是指纹的基本分类方式，是按中心花纹和三角的基本形态划分的。我国十指纹分析法将指纹分为三大类，共九种形态。一般地，指纹自动识别系统将指纹分为弓形纹（弧形纹、帐形纹）、箕形纹（左箕、右箕）、斗形纹和杂形纹等。

5）指纹形态和细节特征提取。指纹形态特征包括中心（上、下）和三角点（左、右）等，指纹细节特征点主要包括纹线的起点、终点、结合点和分叉点。

6）指纹对比。可以根据指纹的纹形进行粗匹配，进而利用指纹形态和细节特征进行精确匹配，给出两枚指纹的相似性得分。根据应用的不同，对指纹的相似性得分进行排序或给出是否为同一指纹的判决结果。

（2）人脸识别

人脸识别（Human Face Recognition）是基于人的脸部特征信息进行身份识别的一种生物特征识别技术。人脸识别是一个活跃的研究领域，虽然人脸识别的准确性要低于虹膜或指纹识别，但它具有非强制性、非接触性及操作简单、隐蔽性好等特点，因此成为最容易被接受的生物特征识别方式。

人脸识别主要有两方面工作，即在输入的图像中定位人脸，以及抽取人脸特征进行匹配识别。在目前的人脸识别系统中，图像的背景通常是可控或近似可控的，因此人脸定位相对而言容易解决。人脸识别的缺点是，需要具有较高分辨率的摄像头才可以有效捕捉面部信息，而且人脸识别容易被欺骗，人体面部的头发、饰品、衰老等因素及背景的光线变化等都会影响识别效果，这限制了人脸识别的广泛应用。

1）人脸识别过程。人脸识别过程一般分为如下三步：

① 首先建立人脸的面像档案，即用摄像头采集单位人员的人脸面像文件或取他们的照片形成面像文件，并将这些面像文件生成面纹编码存储起来。

② 取当前的人体面像，即用摄像头捕捉当前出入人员的面像，或取照片输入，并将当前的面像文件生成面纹编码。

③ 用当前的面纹编码与档案库存比对，即将当前面像的面纹编码与档案库存中的面纹

编码进行检索对比，上述的面纹编码方式是根据脸部的本质特征和形状来工作的，它可以抵抗光线、皮肤色调、面部毛发、发型、眼镜、表情和姿态的变化，具有强大的可靠性。

2）人脸识别技术。人脸识别技术主要包含以下三部分：

① 人脸检测。人脸检测是指在动态的场景与复杂的背景中判断是否存在面像，并分离出这种面像。一般有五种方法。

参考模板法：首先设计一个或数个标准人脸的模板，然后计算测试样品与标准模板之间的匹配程度，并通过预设的相似度阈值来判断是否存在人脸。

人脸规则法：人脸具有一定的结构分布特征，提取这些特征生成相应的规则以判断测试样品是否包含人脸。

样品学习法：采用模式识别中人工神经网络的方法，即通过对面像样品集和非面像样品集的学习产生分类器。

肤色模型法：依据面貌肤色在色彩空间中分布相对集中的规律来进行检测。

特征脸法：将所有面像集合视为一个面像子空间，然后基于检测样品与其在子空间的投影距离判断是否存在面像。

② 人脸跟踪。人脸跟踪是指在检测到人脸的前提下，在后续帧中继续捕获人脸的运动轨迹及大小变化的过程。人脸跟踪办法包括基于模型跟踪、基于运动信息跟踪、基于人脸局部特征跟踪和基于神经网络跟踪等方法。

③ 人脸比对。人脸比对是对检测到的面像进行身份确认或在面像库中进行目标检索。实际上，就是将采样到的面像与库存中的面像依次进行比对，并找出最佳的匹配对象。所以，面像的描述决定了面像识别的具体方法与性能。目前，主要采用特征向量与面纹模板两种描述方法。

（3）声音识别

声音识别通过对采集到的语音信号进行分析和处理，提取相应的特征以识别说话人的身份。一个声音识别系统主要由三部分组成：声音信号的分割、声音特征抽取和说话人识别。

1）声音信号的分割。声音信号分割的目的是将嵌入声音信号中的重要语音部分分开，通常采用能量阈值法、零交叉率和周期性的测量、声音信号倒频谱特征的矢量量化、隐马尔可夫字词模型等方法。

2）声音特征抽取。人的发声部位可以建模为一个由宽带信号激励的时变滤波器，大部分的语音特征都与模型的激励源和滤波器的参数有关。倒频谱是使用最广泛的语音特征抽取技术。

3）说话人识别。说话人识别模型有参数模型、非参数模型两种。参数模型主要是高斯模型和隐马尔可夫模型（HMM），HMM是当前最为流行的说话人识别模型。非参数模型包括参考模式模型和连接模型，参考模式模型将代表说话人的声音模式空间作为模板存储起来，应用矢量量化、最小距离分类器等进行匹配；连接模型包括前馈神经网络和递归神经网络，大多数神经网络都被训练为直接对说话人进行分类的判决模型。

除上述介绍的三种生物识别技术外，常用的生物特征识别技术还有视网膜识别、掌纹识别、步态识别等。

生物特征识别技术在公共安全、金融、社保等诸多安全性要求高的领域得到了实际应用。目前世界公认的最有效的破案手段是利用指纹自动识别系统（Automated Fingerprint Dentification System，AFIS）迅速鉴定犯罪现场的遗留指纹。在美国、西班牙、沙特阿拉伯和南非等国都建立了全国性的 AFIS 网络。在出入境管理、考勤管理中也广泛应用了指纹识别技术。在金融领域，近年来对传统安全措施提出了新要求，人脸识别和指纹识别可以综合运用到 ATM 机上，防止盗刷、冒领现象。在社会保障体系中，系统通过采集参保人员的指纹、照片和签名等个人身份图文信息资料，建立参保人个人信息档案库，通过定期采集参保人指纹等信息，确定其生存状态，防止冒领、骗取养老金等现象的发生。现在移动支付手段众多，已经从最初的数字密码发展到人脸识别支付手段，实现了不带手机都可以消费的安全新方式。

6. 图像识别技术

图像识别是利用计算机对图像进行处理、分析和理解，以识别各种不同模式的目标和对象。图像识别通常是通过对存储的信息与当前的信息进行比较来实现的。图像识别的前提是图像描述。

图像描述用数字或者符号表示图像或景物中各个目标的相关特征，甚至目标之间的关系，最终得到目标特征及它们之间关系的抽象表达。图像识别主要包含下列步骤：

（1）信息的获取

图像信息的获取是通过传感器，将光或声音等信息转化为电信息。信息可以是二维的图像，也可以是一维的波形，如心电图、声波、振动波等。

（2）处理

预处理主要指对图像的去噪、平滑、二值化、变换、增强、恢复、滤波等。

（3）特征提取和选择

特征提取是将原始数据通过变换获得在特征空间最能反映分类特点的特征。特征选择是从特征集合中挑选出具有统计意义的特征，达到降维。

（4）分类器设计

分类器的主要功能是训练确定判决规则，使按此类判决规则进行分类时的错误率尽可能低。

（5）分类决策

在特征空间中对被识别对象进行分类。图像识别技术是立体视觉、运动分析、数据融合等实用技术的基础，随着高性能的 AI（Artificial Intelligence，人工智能）计算芯片、深度摄像头和优秀的深度学习算法等的发展进步，图像识别技术日趋成熟。图像识别技术除了被广泛应用在机械、冶金、勘探、农业、造林、渔业、天文气象、医务、邮电、交通、公安、财务等传统领域，还在网络搜索、智能家居、电子商务、安防监控、娱乐监管、机器人、自动驾驶、工业自动化、食品安全检测、在线教育、网络直播等新兴领域有不同程度的应用。图像识别技术将成为打开科技与万物互联大门的钥匙。

7. 机器视觉技术

（1）机器视觉概述

机器视觉是通过光学装置和非接触传感器自动地接收和处理真实物体的图像，以获取所需信息或用于控制机器人运动的装置。通俗地说，机器视觉就是用机器模拟生物宏观视觉功能，代替人眼来做测量和判断。

从应用层面看，机器视觉研究包括工件的自动检测与识别、产品质量的自动检测、食品的自动分类、智能车的自主导航与辅助驾驶、签名的自动验证、目标跟踪与制导、交通流量的监测等。从处理过程看，机器视觉分为低层视觉和高层视觉两个阶段。低层视觉包括边缘检测、特征提取、图像分割等，高层视觉包括特征匹配、三维建模、形状分析与识别、景物分析与理解等。从方法层面看，有被动视觉与主动视觉之分，又有基于特征的方法与基于模型的方法之分。

机器视觉技术涉及数字图像处理、模式识别、自动控制、光源和光学成像知识、模拟与数字视频技术、计算机软硬件和人机接口等多学科理论和技术。

（2）机器视觉系统基本组成

机器视觉系统的典型结构如图 3-16 所示。

机器视觉检测系统利用相机将被检测目标的像素分布、亮度、颜色等信息转换为数字信号传递给视觉处理软件，视觉处理软件对这些信号进行各种运算来抽取目标的特征，例如大小、数量、长度、位置

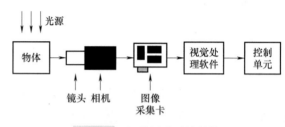

图 3-16　机器视觉系统结构

等；再根据预设的允许度来实现自动识别尺寸、数量等，并做出相应的判断，然后根据识别结果控制机器人的动作。典型的机器视觉系统可以分为图像采集部分、图像处理部分、运动控制部分，具体由以下几部分组成：

1）光源。光源是影响机器视觉系统输入的重要因素，直接影响输入数据的质量和处理效果。由于没有通用的机器视觉照明设备，因此，针对特定的应用场景需要选择相应的照明设备，以达到最佳效果。光源分为可见光和不可见光。常用的可见光源有白炽灯、日光灯、LED 灯、荧光灯、卤素灯等。在对物体照相时，环境光有可能对图像质量产生影响，所以可以采取加防护屏的方法来减少环境光对图像质量的影响。

2）镜头和相机。镜头和相机属于成像器械。通常视觉系统由一套或者多套这样的成像系统组成，如果有多路相机，可以用图像卡切换来获得图像数据。根据应用，相机可以输出标准的单色视频（RS-170/CCIR）、复合信号（Y/C）、RGB（红绿蓝三基色）信号，也可以是非标准的逐行扫描信号、高分辨率信号等。

3）图像采集卡。图像采集卡是一个非常重要的部件，通常以插入卡的形式安装在计算机中，图像采集卡决定了相机的接口：黑白、彩色、模拟、数字等。它将来自相机的模拟或者数字信号转换成一定格式的图像数据流，也可以控制相机的一些参数，例如触发信号、曝光时间、快门速度等。不同类型的相机图像采集卡有不同的硬件结构，同时也有不同的总线形式，例如 PCI（外设部件互连标准）、PCI64、ISA（工业标准体系结构）等。

4）视觉处理软件。视觉处理软件主要用来处理输入的图像数据，然后通过一定的运算得出结果。常见的机器视觉软件主要以 C/C++图像库、ActiveX 控件、图形式编程环境等形式出现。

5）控制单元。控制单元包含输入/输出、运动控制、电平转化单元等，视觉处理软件完成图像分析之后，接着需要和外界单元进行通信，完成对生产过程的控制。复杂的逻辑或运动控制需要依靠可编程逻辑控制单元或运动控制卡来完成。

（3）机器视觉系统工作过程

1）工件定位检测器探测到物体已经运动至接近摄像系统视野中心的位置，随后向图像采集单元发送触发脉冲。

2）图像采集单元按照事先设定的程序和延时，分别向摄像头和照明系统发送触发脉冲。

3）停止目前的扫描，重新开始新一帧的扫描，或者摄像头在触发脉冲来到之前处于等待状态，触发脉冲到来后启动一帧扫描。

4）开始新的一帧扫描之前打开曝光机构，曝光时间可以事先设定。

5）曝光后，正式开始一帧图像的扫描和输出。

6）图像采集单元接收模拟视频信号，并通过 A/D 转换将其数字化，或者直接接收摄像头数字化后的数字视频数据。

7）图像采集单元将数字图像存放在处理器或计算机的内存中。

8）处理器对图像进行处理、分析、识别，获得处理结果。

9）根据处理结果，系统可以控制生产流水线的动作、进行定位、纠正运动误差等。

8. 其他技术

（1）定位技术

定位技术中有传统卫星定位系统，如全球定位系统、北斗定位系统，在室外空旷环境拥有较高的定位精度，但是受制于信号强度，卫星定位信号很容易受到遮挡或干扰，导致卫星定位系统在城市、峡谷及室内环境定位不准甚至无法定位。为了解决室内环境下的定位问题，近年来出现了很多室内定位技术，如基站定位、无线局域网定位等。对室内定位相关理论方法的研究已经成为定位导航领域的热点问题之一。

（2）物联网安全

物联网除了具有传统网络同样的安全问题，还会产生新的安全问题。例如，对物体进行交互和感知的数据应具备的保密性、可靠性和完整性，未经授权不允许进行身份识别和跟踪等。

与其他传统网络相比，物联网感知节点大都部署在无人监控的场景中，具有能力弱、资源受限等特点。此外，在物联网的感知末端和接入网中，大部分采用了无线传输技术，很容易被偷听，同时物联网末梢设备的能源和处理能力有限，不能采用复杂的安全机制。这些都导致很难直接将传统计算机网络的安全算法和协议应用于物联网，从而导致物联网的安全问题比较突出。

3.2 人工智能方法

人工智能是在计算机科学、控制论、信息论、神经心理学、哲学、语言学等多学科研究的基础上发展起来的综合性很强的交叉学科，是一门新思想、新观念、新理论、新技术不断出现的新兴学科，也是正在迅速发展的前沿学科。自 1956 年正式提出"人工智能"这个术语并把它作为一门新兴学科的名称以来，人工智能获得了迅速的发展，并取得惊人的成就，引起了人们的高度重视，受到了很高的评价。它与空间技术、原子能技术一起被誉为"20世纪三大科学技术成就"。有人称它为继三次工业革命后的又一次革命，认为前三次工业革命主要是扩展人手的功能，把人类从繁重的体力劳动中解放出来，而人工智能则是扩展人脑的功能，实现脑力劳动的自动化。

本节将主要介绍智慧应急中所应用的人工智能技术与算法，包括机器学习算法、深度学习算法、强化学习算法、启发式算法、聚类分类算法及其他算法，以开阔读者的视野，使读者对人工智能在智慧应急方面的研究与应用有总体的了解。

3.2.1 机器学习算法

1. 产生与发展

机器学习是当前解决人工智能问题的主要技术，在整个人工智能体系中处于基础与核心地位。机器学习是现阶段实现人工智能应用的主要方法，它广泛地应用于机器视觉、语音识别、自然语言处理、数据挖掘等领域。

机器学习（Machine Learning）是人工智能的一个分支，也是一种实现方法，它根据样本数据学习模型，用模型对数据进行预测与决策，也称为推理（Inference）。机器学习是让计算机算法具有类似人的学习能力，像人一样能够从实例中学到经验和知识，从而具备判断和预测的能力。这里的实例可以是图像、声音，也可以是数字、文字。

人工智能机器学习算法是当今科技领域的核心驱动力之一。这些算法通过利用数据和数学模型，使计算机系统能够自动学习和改进，而无须显式编程指令。监督学习算法依赖于已标记的数据集进行训练，用于预测新数据的结果或分类。相比之下，无监督学习算法则处理未标记的数据，发现数据中的模式和群组，例如聚类分析或关联规则学习。强化学习算法则通过试错过程来优化决策策略，适用于需要与环境进行互动和学习的场景。

在算法种类方面，神经网络以其复杂的神经元网络结构和深层次的学习能力，广泛应用于图像识别和自然语言处理领域。决策树及其集成算法（如随机森林）则通过树形结构进行数据分类和回归分析，适用于需要逐步决策和解释的问题。支持向量机（SVM）通过寻找最优的超平面实现数据分离，用于处理高维数据和复杂的分类任务。聚类算法（如 k 均值）和层次聚类能够发现数据集中的内在结构和群组，为数据分析和信息发现提供支持。

这些算法在医疗保健、金融服务、电子商务及自然语言处理等多个领域展示了强大的应用潜力。例如，在医疗领域，可以帮助医生进行影像诊断和个性化治疗方案的制定；在金融领域，可以用于风险管理和市场预测；在电子商务中，通过个性化推荐系统和广告优化提升用户体验和销售效率；在自然语言处理领域，用于语音识别、智能翻译和智能客服系统等。随着数据的不断增加和算法性能的提升，人工智能机器学习算法将继续推动科技进步和社会发展，为各行业带来更高效、精确和创新的解决方案，促进社会向智能化和自动化迈进。

机器学习的本质是模型的选择及模型参数的确定。抽象来看，在大多数情况下机器学习算法是要确定一个映射函数 f 及函数的参数 θ，建立如下映射关系：

$$y = f(x; \theta) \tag{3-1}$$

式中，x 为函数的输入值，一般是一个向量；y 为函数的输出值，是一个向量或标量。当映射函数和它的参数确定之后，给定一个输入就可以产生一个输出。映射函数的选择并没有特定的限制。上面的例子使用了最简单的线性函数，一般地，需要根据问题和数据的特点选择合适的函数。用映射函数的输出值可以实现人们需要的推理或决策，例如，判断邮件是否为垃圾邮件，判断病人是阳性还是阴性，预测股票的价格等。

虽然机器学习的历史可以追溯到 1950 年之前，但作为一个独立的研究方向，是在 20 世纪 80 年代才形成的。在 20 世纪 90 年代和 21 世纪初机器学习得到快速发展，出现了大量的算法和理论，在这一研究方向共诞生了两位图灵奖得主。随着 2012 年深度学习技术的兴起，机器学习的应用领域也迅速扩展，成为现阶段解决很多人工智能问题的主要途径。

2. 决策树算法

决策树算法是通过对训练数据集进行归纳和学习而形成一系列规则集合，再根据所生成的规则将影像数据归类的方法。决策树是一棵树，其中，每个分支节点代表多个备选方案之间的选择，每个叶节点代表一个决策。它是一种监督学习算法，主要用于分类问题，适用于分类和连续输入、输出变量。决策树从给定的例子中学习和训练数据，并预测不可见的情况，是归纳推理最广泛使用和实用的方法之一（归纳推理是从具体例子中得出一般结论的过程）。

决策树算法作为一种基于空间数据挖掘和知识发现的监督分类方法，杜绝了以前分类结果因人而异的缺点，通过对训练样本之间的相互关系及光谱信息进行数据挖掘，更客观地获取地物信息。而且决策树算法属于非参数分类器，不需要训练样本服从正态分布，可以更方便地利用多种辅助信息改善分类精度。正由于这些优点的存在，决策树算法从出生的那天起就在模式识别和机器学习领域一直占据非常重要的地位。

（1）决策树算法概述

决策树（Decision Tree）是一种树状的结构，它的每个内部节点都表示一个属性上的测试，每个分支代表一个测试输出，每个叶节点代表一种类别。

决策树是以树的形式输出的，在解决分类问题时，决策树方法的应用较为广泛。而且它对噪声数据具有较好的适应性。决策树结构与流程图非常相似，树上的每个非叶结点均是对一个属性的测试，而测试输出的就是树的每一个分支，类分布或者类就是每个叶结点。人们的研究通常都集中在如何有效地构建一棵决策树，使它在规模最小的情况下，达到最高的分类精度。

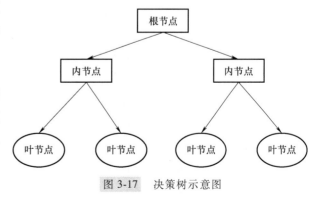

图 3-17 决策树示意图

图 3-17 为决策树示意图。图中，每个非叶子结点都表示训练集的属性，Attribute Value 代表属性所对应的值，叶子结点代表目标类别属性的值。

决策树又称为判定树，它是一种类似于二叉树的结构。它是依据某种属性值划分样本空间的过程进行建树的，每一次划分之后都会生成若干个子样本集，而每一个子样本集都会产生一个新的节点，然后对此节点重复上述过程，直到所有的样本都属于某个新节点中的同一个类，其中，属性划分的选择是依照着某种算法进行的，以实现分类效果最大化为目的。最初的根节点是全体训练样本集，算法选择以某种属性度量为准，合理地选择属性是建立决策树的重要标志。在建立决策树时，将原始样本集划分为若干个新的样本集，然后对每个新样本集重复递归上述过程，这样，将自上而下形成一棵树状结构的分类模型，即产生决策树。值得注意的是，从根到结点的每一条路径都对应着一条合取规则，整个决策树就是若干个分类规则的集合。

决策树算法主要包括训练与分类两个过程。决策树学习过程是通过训练样本进行归纳学习，生成以决策树形式表示的分类规则的过程；而分类过程则是使用得到的分类规则对全部数据进行分类，并评价其精度的过程。从本质上讲，决策树学习是从一些无规则的例子中挖掘出规则，并以决策树形式表示；决策树分类则是使用决策树形式的规则对未知样本集中的样本进行归类。

决策树分类一般都需要经过以下步骤：

1）根据实际需求和数据特性，预处理训练样本集。

2）根据不同的决策树各自的特点，部分或全部选择属性集作为候选属性集。

3）挑选测试属性，即在候选属性集中选择分类能力最强的属性。

4）按照不同的测试属性阈值，训练样本集分裂为不同的子集，对每一个子集，重复以上步骤，直至子集中的样本满足以下条件之一：子集已经纯净，即所有样本都是同类；已经遍历候选属性集；样本不属于同一类，但是所有候选属性值都相等，无法继续分裂。

5）确定类别。对满足条件的叶节点，直接读取样本的类别来标识，对满足条件的叶节点，选择最有代表性的特征来标识，一般情况下按照投票法选择最有代表性的特征。

6）提取决策树规则。按照上面生成的决策树，可以逐条提取相关的决策树规则，由于决策树的特点，提取规则是非常方便的。

（2）常见的决策树算法

1）信息论概述。决策树的实现是以信息论为基础的，信息论是香农（Shannon）于1948年建立的解决信息传递的不确定性的一系列理论，在这些理论中他提出了一系列概念：

信息熵：在信息论中用熵（Entropy）来度量信息的不确定性。信息熵在信息论中称为平均信息量，是对被传送的信息进行度量的一种平均值。

自信息量：以 $X_1, \cdots, X_i$ 表示信源所发出去的信号，在收到 X_i 之前，收到信息的人对信源发出的信号有不确定性，由此定义为自信息量 $I(X_i)$。$I(X_i) = -\log_2 P(X_i)$，其中，$P(X_i)$表示信源所发出 X_i 的概率。

信息熵：自信息量反映的是收到信息的人对信号的不确定性，而信息熵则可度量整个信息源 X 整体的不确定性，定义为：

$$H(X) = -\sum_{i=1}^{n} P(X_i) \log P(X_i) \tag{3-2}$$

式中，i 是信源 X 所有可能的符号数，$i=1,2,\cdots,n$。即每次用信源发出一个信号后，用信息熵来定义其提供的平均自信息量。

条件熵：若信源 X 与收信息的人所收到的信息 Y 之间是不相互独立的，X、Y 为随机变量，那么收信息的人在收到 Y 之后，如果仍然对 X 存在着许多的不确定性，则可用条件熵 $H(X/Y)$ 来度量。设 X 对应的信源符号为 X_i，Y 对应的信源符号为 Y_j，那么 $P(X_i/Y_j)$ 为当 Y 为 Y_j、X 为 X_i 的概率，则有：

$$H(X/Y) = -\sum_{i=1}^{n}\sum_{j=1}^{m}P(X_i/Y_j)\log P(X_i/Y_j) \tag{3-3}$$

式中，$i=1,2,\cdots n$；$j=1,2,\cdots,m$。

平均互信息量：平均互信息量表示信号 Y 所能提供的关于 X 的信息量的大小，用 $I(X/Y)$ 表示：

$$I(X/Y) = H(X) - H(X/Y) \tag{3-4}$$

在决策树形成的过程中，最重要的部分是选择分裂属性。比较常见的一种方法是计算其信息增益（Information Gain）。信息增益的计算原理来自于信息论。决策树形成的方式就是递归地对每个节点进行分裂，直到所有节点所在的类别都是同一类，或者没有其他属性对训练集进行划分。

2）ID3 算法。ID3 算法是决策树分类算法中最常见、最具影响力的算法。它是在 1979 年由 Quinlan 提出的，其核心思想是在建立决策树时，以信息增益作为属性选择标准。信息增益越大，属性选择的可能性也就越大。通过选择信息增益最大的属性作为样本划分的测试属性，达到以最小信息量、最大限度对测试数据集进行分类的目的。

假设 S 是 s 个数据样本的集合，有 m 个不同的类标号属性值，定义 n 个不同类 $C_i(i=1,2,\cdots,n)$。设 s_i 是类 C_i 中的样本数。下面公式是某特定样本的期望信息，其中，I 表示信息熵。

$$I(s_1,s_2,\cdots,s_m) = -\sum_{i=1}^{m}p_i\log_2(P_i) \tag{3-5}$$

式中，P_i 是任意样本 C_i 的概率，并用 s_i/S 表示。

假定属性 A 具有 ν 个不同值 $\{a_1,a_2,\cdots,a_\nu\}$，则属性 A 将 S 划分为 ν 个子集 $\{S_1,S_2,\cdots,S_\nu\}$。其中，S_j 中的样本在属性 A 上的取值为 a_i，设 s_{ij} 是子集 s_i 中类 C_i 的样本数，则属性 A 的熵为：

$$E(A) = \sum_{j=1}^{\nu}\frac{s_{1j}+\cdots+s_{mj}}{S}I(s_{1j},s_{2j},\cdots,s_{mj}) \tag{3-6}$$

式中，项 $\dfrac{s_{1j}+\cdots+s_{mj}}{S}$ 是第 j 个子集的权；$I(s_{1j},s_{2j},\cdots,s_{mj})$ 是属性的第 j 个子集中关于不同类别 C_i 的信息熵。

对于给定的子集 S_j，有

$$I(s_{1j},\cdots s_{mj}) = -\sum_{i=1}^{m}p_{ij}\log_2(P_{ij}) \tag{3-7}$$

式中，$P_{ij}=s_{ij}/s_i$ 是 S_j 中样本属于 C_i 的概率。

属性 A 上的信息增益为

$$Gain(A) = I(s_1, s_2, \cdots, s_m) - E(A) \tag{3-8}$$

有了以上理论基础，下面将给出 ID3 算法的伪代码，假设 T 为当前样本集，T_Attributelist 为当前候选属性集。

创建根节点 N；IF T 都属于同一类 C，则返回 N 为叶节点，将此标记为类 C；IF T_Attributelist 为空，或者 T 中所剩余的样本数比某个给定值的值少，则需要返回 N 为叶节点，标记为 T 中出现最多的类；对于每个 T_Attributelist 中的属性，计算它们的信息增益；N 的测试属性（Test Attribute = T_Attributelist）中具有信息增益最高的属性；对每个由节点 N 长出的新叶节点：如果该叶节点所对应的子集 T' 为空，则对该叶节点进行分裂，然后生成一个新叶节点，标记这个节点为 T 中出现最多的类；否则，继续对该节点执行 ID3Tree(T, T_Attributelist)，继续进行分裂；对于每个节点，计算分类错误，然后进行树剪枝。

决策树是一种常见且强大的机器学习算法，被广泛应用于分类和回归任务中。它的主要优势之一是可解释性强，易于理解和解释生成的模型。决策树的优点包括易于理解和解释生成的模型、能够处理数值型和类别型数据、不需要大量的数据预处理、能够处理缺失值等。然而，决策树也容易过拟合训练数据，特别是当树的深度很大或者树没有剪枝时。为了解决这一问题，可以采用剪枝技术、限制树的最大深度、增加节点分裂的最小样本数等方法来控制模型的复杂度。

3.2.2 深度学习算法

1. 产生与发展

深度学习是神经网络编程中相对较新的进展，它代表了一种训练深度神经网络的方法。本质上，任何具有两层以上的神经网络都是深度神经网络。自从 Pitts（1943）引入多层感知机（Multilayer Perceptron）以来，就已经具备了创建深度神经网络的能力。但是，直到 Hinton（1984）成为第一个成功训练这些复杂神经网络的研究者，才真正实现了有效训练神经网络的可能性。

深度学习以数据的原始形态（Raw Data）作为算法输入，经过算法层层抽象将原始数据逐层抽象为自身任务所需的最终特征表示，最后以特征到任务目标的映射（Mapping）作为结束，从原始数据到最终任务目标，"一气呵成"并无夹杂任何人为操作。相比传统机器学习算法仅学得模型这一单一"任务模块"而言，深度学习除了模型学习，还有特征学习、特征抽象等任务模块的参与，借助多层任务模块完成最终学习任务，故被称为"深度"学习。深度学习中的一类代表算法是神经网络算法，包括深度置信网络（Deep Belief Network）、递归神经网络（Recurrent Neural Network）和卷积神经网络（Convolution Neural Network）等。特别是卷积神经网络，目前在计算机视觉、自然语言处理、医学图像处理等领域发挥着重要作用。

2. 反向传播神经网络及其算法

（1）反向传播神经网络的结构

反向传播（Back Propagation，BP）神经网络算法作为一种重要的监督学习技术，被广泛应用于解决复杂的模式识别和预测问题。该算法特别适用于多层神经网络的训练，通过反向传播误差信号来调整网络中的权重和偏置，以最小化输出与实际目标之间的差异。

BP 神经网络（Back Propagation Neural Network）就是多层前向网络，其结构如图 3-18 所示。

设 BP 神经网络具有 m 层。第一层称为输入层，最后一层称为输出层，中间各层称为隐层。标上 "+1" 的圆圈称为偏置节点。没有其他单元连向偏置单元（Bias Units）。偏置单元没有输入，它的输出总是 +1。输入层起缓冲存储器的作用，把数据源加到网络上，因此，输入层的神经元的输入与输出关系一般是线性函数。隐层中各个神经元的输入与输出关系一般为非线性函数。隐层 k 与输出层中各个神经元的非线性输入与输出关系记为 $f_k(k = 2, 3, \cdots, m)$。由第 $k-1$ 层的第 i 个神经元到第 k 层的第 i 个神经元的连接权值为 w_{ij}^k。设第 k 层第 i 个神经元输入的总和为 u_i^k，输出为 y_i^k，n_{k-1} 表示第 $k-1$ 层的神经元数量，则各变量之间的关系为

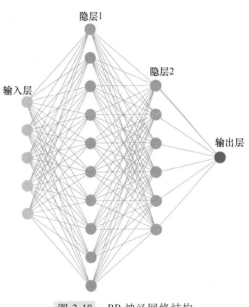

图 3-18　BP 神经网络结构

$$y_i^k = f_k(u_i^k) \tag{3-9}$$

$$u_i^k = \sum_{j=1}^{n_{k-1}} w_{ij}^{k-1} y_j^{k-1}, k = 2, \cdots, m \tag{3-10}$$

当 BP 神经网络输入数据 $\boldsymbol{X} = [x_1, x_2, \cdots, x_{p_1}]^\mathrm{T}$（设输入层有 p_1 个神经元），从输入层依次经过各隐层结点，可得到输出数据 $\boldsymbol{Y} = [y_1^m, y_2^m, \cdots, y_{p_m}^m]^\mathrm{T}$（设输出层有 p_m 个神经元）。因此，可以把 BP 神经网络看成是一个从输入到输出的非线性映射。

给定 N 组输入输出样本为 $\{X_{si}, Y_{si}\}$，其中 $i = 1, 2, \cdots, N$。如何调整 BP 神经网络的权值，使 BP 神经网络输入为样本 X_{si} 时，神经网络的输出为样本 Y_{si}。这就是 BP 神经网络的学习问题。可见，BP 学习算法是一种有监督学习。

要解决 BP 神经网络的学习问题，关键在于以下两个问题：

第一，是否存在一个 BP 神经网络能够逼近给定的样本或者函数。下述定理可以回答这个问题。

Kolmogorov（柯尔莫哥洛夫）定理：给定任意 $\varepsilon > 0$，对于任意的连续函数，存在一个三层 BP 神经网络，其输入层有 p_1 个神经元，中间层有 $2p+1$ 个神经元，输出层有 p_m 个神经元，它可以在任意 e 平方误差精度内逼近 f。

上述定理不仅证明了映射网络的存在，而且说明了映射网络的结构，即存在一个结构为 $p_1 \times (2p_1 + 1) \times p_m$ 的三层前向神经网络能够精确地逼近任意的连续函数。但对多层 BP 神经网络，如何合理地选取 BP 网络的隐层数及隐层的结点数，目前还没有有效的理论和方法。

第二，如何调整 BP 神经网络的权值，使 BP 神经网络的输入与输出之间的关系与给定的样本相同。BP 学习算法给出了具体的调整算法。

（2）BP 神经网络的算法

BP 学习算法最早由 Werbos 在 1974 年提出。Rumelhart 等于 1985 年发展了 BP 学习算法，实现了 Minsky 多层感知器的设想。

BP 学习算法是通过反向学习过程使误差最小，因此选择目标函数为

$$\min J = \frac{1}{2} \sum_{j=1}^{P_m} (y_j^m - y_{sj})^2 \tag{3-11}$$

即选择神经网络权值，使期望输出 y_{sj} 与神经网络实际输出 y_j^m 之差的平方和最小。

这种学习算法实际上是求目标函数 J 的极小值，可以利用非线性规划中的"最快下降法"，使权值沿目标函数的负梯度方向改变，其中，i 表示第 k 层的神经元索引，j 为第 $k-1$ 层的神经元数量。因此，神经网络权值的修正量为

$$\Delta w_{ij}^{k-1} = -\varepsilon \frac{\partial J}{\partial w_{ij}^{k-1}} (\varepsilon > 0) \tag{3-12}$$

式中，ε 为学习步长，一般小于 0.5。

下面推导 BP 学习算法。先求 $\frac{\partial J}{\partial w_{ij}^{k-1}}$，其计算公式如下：

$$\frac{\partial J}{\partial w_{ij}^{k-1}} = \frac{\partial J}{\partial u_i^k} \frac{\partial u_i^k}{\partial w_{ij}^{k-1}} = \frac{\partial J}{\partial u_i^k} \frac{\partial}{\partial w_{ij}^{k-1}} \left(\sum_{j=1}^{n_{k-1}} w_{ij}^{k-1} y_j^{k-1} \right) = \frac{\partial J}{\partial u_i^k} y_j^{k-1} \tag{3-13}$$

记为

$$d_i^k = \frac{\partial J}{\partial u_i^k}, k = 2, 3, \cdots, m \tag{3-14}$$

则有

$$\Delta w_{ij}^{k-1} = -\varepsilon d_i^k y_j^{k-1}, k = 2, 3, \cdots, m \tag{3-15}$$

下面推导计算 d_i^k 的公式：

$$d_i^k = \frac{\partial J}{\partial u_i^k} = \frac{\partial J}{\partial y_i^k} \frac{\partial y_i^k}{\partial u_i^k} = \frac{\partial J}{\partial y_i^k} f_k'(u_i^k) \tag{3-16}$$

下面分两种情况求 $\frac{\partial J}{\partial y_i^k}$：

1）对输出层（第 m 层）的神经元，即 $k = m$，$y_i^k = y_i^m$，由误差定义得：

$$\frac{\partial J}{\partial y_i^k} = \frac{\partial J}{\partial y_i^m} = y_i^m - y_{si} \tag{3-17}$$

则

$$d_i^m = (y_i^m - y_{si}) f_m'(u_i^m) \tag{3-18}$$

2）若 i 为隐单元层，则有：

$$\frac{\partial J}{\partial y_i^k} = \sum_{l=1}^{n_{k+1}} \frac{\partial J}{\partial u_l^{k+1}} \frac{\partial u_l^{k+1}}{\partial y_i^k} = \sum_{l=1}^{n_{k+1}} d_l^{k+1} w_{li}^k \tag{3-19}$$

式中，l 为第 $k+1$ 层的神经元索引。

通过推导可得

$$d_i^k = f_k'(u_i^k) \sum_{l=1}^{n_{k+1}} d_l^{k+1} w_{li}^k \qquad (3\text{-}20)$$

综上所述，BP 学习算法可归纳为

$$\Delta w_{ij}^{k-1} = -\varepsilon d_i^k y_j^{k-1} \qquad (3\text{-}21)$$

$$d_i^m = (y_i^m - y_{si}) f_m'(u_i^m) \qquad (3\text{-}22)$$

$$d_i^k = f_k'(u_i^k) \sum_i d_i^{k+1} w_{ii}^k, k = m-1, m, \cdots, 2 \qquad (3\text{-}23)$$

从以上公式可以看出，求第 k 层的误差信号 d_i^k，需要上一层的 d_l^{k+1}。因此，误差函数的求取是一个始于输出层的反向传播的递归过程，所以称为反向传播（BP）学习算法。通过多个样本的学习，修改权值，不断减少偏差，最后达到满意的结果。

例如，考虑一个简单的案例，如 XOR 函数（XOR 函数是一种逻辑运算，仅当其两个输入值不同时输出为真）的学习。XOR 函数作为经典的非线性问题，需要神经网络能够捕捉输入变量之间的复杂关系，并根据学习到的模式进行准确的分类或预测。在训练过程中，初始权重和偏置通过正向传播计算网络输出，然后利用误差信号通过反向传播调整权重，使网络逐步优化并逼近实际输出。这种方法不仅适用于基本的逻辑函数，还可扩展到更复杂的问题领域，如图像识别、语音识别和自然语言处理等。因此，BP 算法作为一种高效的神经网络训练方法，为人工智能领域的进步提供了坚实的基础和实际应用价值。

3.2.3 强化学习算法

1. 概述

人工智能强化学习算法通过智能体与环境的互动学习来优化决策策略，以达到最大化预期的累积奖励。这种方法不依赖标记的训练数据，而是通过智能体与环境的交互获取经验，并根据环境给出的奖励信号调整其行为。该算法的核心包括状态空间（描述环境的可能状态）、动作空间（智能体可执行的动作集合）、奖励函数（评估动作的即时奖励）及价值函数（评估状态或状态-动作对的长期价值）。智能体根据这些信息制定策略，从而选择在特定状态下的最佳动作。

在算法方面，强化学习涵盖多种方法，如基于值函数的方法（例如 Q-learning 和深度 Q 网络）、基于策略的方法（如策略梯度方法和演员-评论家方法），以及这些方法的结合形式（如深度确定性策略梯度算法）。每种方法都有其适用的场景和优缺点，需要根据具体问题的特性选择最合适的算法进行应用和优化。

强化学习（Reinforcement Learning，RL）包括两个交互对象：智能体（Agent）和环境（Environment）。学习者或者决策者称为智能体，可以是人，也可以是物，表示动作的发出者，其余所有的部分称为环境，负责提供状态和奖励。智能体通过与环境的交互不断获得奖励，环境反馈给智能体的奖励通常用于修正智能未来的行为。强化学习的建模思想为：一个智能体根据当前所处的状态和当前策略选择一个要执行的动作，环境会根据动作执行的结果产生对应的奖励和下一个状态，奖励可以评价动作的好坏，进而被用来优化策略，智能体再根据下一个状态和相对应的被优化的策略选择下一个动作，如此不断循环直至算法结束。

强化学习的本质是要学习到最优的动作选择策略以得到最大的未来累计奖励。RL 问题通常被表述为元组（S，A，R，P，γ）形式的马尔可夫决策过程，其中，S 是所有可能状态的集合，A 是所有状态下的可用动作的集合，R 是奖励函数，P 是转移概率，γ 是折扣因子。具体来说，RL 的主要元素包括：

状态（State）：表示智能体对当前所处环境的描述，可以是连续或离散的，状态空间记作 S，t 时刻环境的状态表示为 $s_t \in S$。

动作（Action）：表示智能体可以执行的动作，可以是连续或离散的，动作空间记作 A，t 时刻的动作表示为 $a_t \in A$。

奖励（Reward）：描述环境对动作好坏的评价，每个时刻被观测到的奖励被称为即时奖励（r_t），与当前状态（s）、当前动作（a）和下一时刻的状态（s'）有关，未被观测到的奖励记作 R_t。

回报（Return）：表示从当前时刻到未来所有时刻的加权累计奖励（Cumulative Future Reward），记作 $U_t = R_t + R_{t+1} + \cdots + R_T$。由于 R_t 与 R_{t+1} 并非同等重要，且未来的奖励比现在的奖励更重要，因此，实际计算中常使用折扣回报（Discounted Return，也被称为 Cumulative Discounted Future Return），即 $U_t = R_t + \gamma R_{t+1} + \gamma^2 R_{t+1} + \cdots + R_T$，其中，$\gamma$ 为折扣率超参数。

策略（Policy）：通常表示为一个概率密度函数，表示对应动作被选择的概率，记作 $\pi(a|s) = P(A=a|S=s)$。智能体在状态 st 的条件下根据策略函数 π 选择要执行的动作 a_t 时，可采取 greedy 策略或者 ε-greedy 策略，其中，$\varepsilon \in [0,1]$，表示智能体有 ε 的概率随机选择动作空间 A 中的任一动作，有 $1-\varepsilon$ 的概率使用贪婪策略选择动作空间 A 中概率最大的动作。

价值函数（Value Function）：可分为动作价值函数（Action-Value Function）$Q(s,a)$ 和状态价值函数（State-Value Function）$V_\pi(s)$。其中，动作价值函数 $Q_\pi(s_t, a_t) = E[U_t | S_t = s_t, A_t = a_t]$ 是 U_t 的条件期望，表示在当前状态 s_t 的条件下，使用当前策略 π，对于动作空间中每个可能被执行的动作，智能体执行每个动作时能得到的分数，虽然 U_t 取决于 $A_t, A_{t+1}, \cdots, S_t, S_{t+1}, \cdots$ 等的值，但在实际计算过程中只涉及 s_t 与 a_t。若当前的策略 π 为最好的策略，那么对对应的动作价值函数被称为最优动作价值函数（Optional Action-Value Function）。状态价值函数 V_π 是 Q_π 的条件期望，用于判断在当前策略 π 的条件下状态 s_t 的好坏，也可以用于判定当前策略 π 的优劣，策略 π 越好，$V_\pi(s)$ 的平均值越大。强化学习就是学习策略函数与价值函数中至少一个函数。

环境的状态转移模型：表示从当前状态 s 转移到下一状态 s' 的概率，通常不可观测，记作 $P(s'|s, a)$。按照真实情况，状态的转移应与之前所有的状态有关，但这在建模过程中非常复杂。因此在建模时应用了状态转化的马尔可夫性，即假设转化到下一个状态 s' 的概率仅与上一个状态 s 有关，与状态 s 之前的其他状态无关。

图 3-19 展示了强化学习中智能体与环境的交互过程。在每个时间步 t，环境会提供状态 s_t 作为智能体的输入，智能体接收到状态 s_t 后根

图 3-19　强化学习中智能体和环境交互示意图

据当前策略 π 选择动作 a_t 作为智能体的输出，环境接收到智能体执行动作 a_t 的结果之后会产生对动作 a_t 的评价，即奖励 r_t 和下一时间步的状态 s_{t+1}，r_t 被用来指导智能体中策略函数 π 的改进，s_{t+1} 则作为新一轮的智能体的输入，之后重复上述流程直至算法结束。

目前已经提出了多种 RL 算法，根据动作空间和状态空间的大小可以大致分为表格法和近似法。在表格法中，由于动作空间和状态空间小，价值函数以表格形式展现，并且以此形式寻找最优价值函数和策略。在近似法中，由于状态空间巨大，因此只能在有限的计算资源约束下找到一个尽可能好的近似解。

动态规划（Dynamic Programming）、蒙特卡罗（Monte Carlo）和时间差分法（Temporal Difference）均属于表格法。其中，动态规划包括策略迭代和值迭代两种，策略迭代算法包括三个步骤：初始化、策略评估和策略改进。

首先，随机选择动作以初始化策略，然后计算和更新状态：

$$V(s) = \sum_{s',r} P(s',r|s,\pi(s))[r + \gamma V(s')] \tag{3-24}$$

式中，$V(s)$ 为当前价值；P 为状态转移概率；s 为当前时刻的状态；s' 为下一时刻的状态；r 为当前时刻的奖励；$\pi(s)$ 为当前策略；γ 为折扣率；$V(s')$ 为预估价值。

最后更新策略：

$$\pi(s) = \arg\max_a \sum_{s',r} P(s',r|s,a)[r + \gamma V(s')] \tag{3-25}$$

策略迭代算法存在每次迭代均需要策略评估的问题，会使得计算复杂。值迭代算法是策略迭代的一种特殊情况，随机选择状态初始化 $V(s)$，然后更新状态：

$$V(s) = \max_a \sum_{s',r} P(s',r|s,a)[r + \gamma V(s')] \tag{3-26}$$

时间差分法是表格法中的另一种经典算法，它将动态规划和蒙特卡洛方法结合起来，不需要对环境进行建模，通过自举（Bootstrap）更新近似值。Q-learning 和 Sarsa 均属于时间差分法。Q-learning 是学习给定状态下动作的价值的无模型离线算法，使用贝尔曼方程（Bellman）进行更新：

$$Q(s_t,a_t) = Q(s_t,a_t) + \alpha[r_{t+1} + \gamma \max_a Q(s_{t+1},a_{t+1}) - Q(s_t,a_t)] \tag{3-27}$$

式中，α 为学习率。

DQN（深度 Q 网络）是一种基于深度学习的强化学习（Deep Reinforcement Learning，DRL）方法。DQN 是卷积神经网络（Convolutional Neural Networks，CNN）和 Q-Learning 的创造性组合。在 DQN 中，Q 网络是对动作价值的近似，通过最小化损失函数进行训练：

$$L_i(\theta_i) = E_{s,a\sim\rho(\cdot)}[(y_i - Q(s,a;\theta_i))^2] \tag{3-28}$$

式中，y_i 为第 i 次迭代的目标，$y_i = E_{s'}[r + \gamma \max_{a'} Q(s',a';\theta_{i-1})|s,a]$；$\rho$ 为从环境中得到的轨迹 (s,a,r,s') 的概率分布。使用随机梯度更新参数 θ，可得

$$\nabla_{\theta_i} L_i(\theta_i) = E_{s,a\sim\rho(\cdot)}[r + \gamma \max_r Q(s',a';\theta_{i-1}) - Q(s,a;\theta_i) \nabla_{\theta_i} Q(s,a;\theta_i)] \tag{3-29}$$

DQN 与 Q-Learning 的区别之一在于 DQN 使用经验回放，智能体将以往时间步中的经验存放在经验池中，在经验池中随机采样用于更新策略；区别之二在于 DQN 使用目标网络冻结，设置两个同构网络，行为网络与环境交互获得轨迹，目标网络负责更新参数，每隔一段

时间目标网络将自身的参数赋值给行为网络；区别之三在于 DQN 规定 TD Error 的值保持在［-1,1］之间。这些改进均有助于提高 DQN 的稳定性。但是 DQN 会高估动作价值，这会使得算法效率低且会导致次优策略问题。因此提出 DDQN 来缓解这一问题。DQN 与 DDQN 的区别在于，DDQN 使用在线训练行为网络，使用目标网络估计价值。关于 DQN 的改进，还有在原 DQN 架构上增加全连接层的 Dueling Network（竞争网络）、可以应用于连续动作空间状态空间的 DDPG（深度确定性策略梯度）、同时建模策略网络和价值网络的 PPO（近端策略优化）、A3C（异步优势行动者评论家算法）等。

在强化学习中，智能体通过与环境交互获取经验，并根据环境提供的奖励信号调整其行为。关键元素包括状态空间描述环境的可能状态、动作空间智能体可执行的动作集合、奖励函数评估动作的即时奖励，以及价值函数评估状态或状态-动作对的长期价值。基于值函数的方法（如 Q-learning 和深度 Q 网络），通过估计动作的价值来更新策略；而基于策略的方法（如策略梯度方法）则直接优化策略以最大化累积奖励。强化学习在自动化控制、游戏智能、金融交易、机器人技术等领域展示了广泛的应用潜力。未来的研究方向包括提高算法的样本效率、处理高维状态空间和连续动作空间的能力，以及在多智能体系统中实现协作与竞争学习的挑战。这些努力将进一步推动强化学习在复杂决策问题中的应用和发展。

2. 马尔可夫决策过程

马尔可夫决策过程（MDP）是强化学习中的一种数学框架，用于描述智能体与环境之间的交互过程。考虑一个离散时间的过程，智能体根据其当前状态采取行动，并与环境进行互动。这个过程具有以下关键特征：

首先，MDP 的状态遵循马尔可夫性质，即未来的状态仅依赖于当前状态和采取的动作，而不受过去历史状态的影响。这意味着在 MDP 中，当前状态包含了所有必要的信息，以决定未来的演变。

其次，智能体在每个状态下可以执行一系列可能的动作。这些动作可以影响智能体进入的下一个状态，以及在状态转移后获得的即时奖励。奖励信号是指导智能体行为的关键因素，它反映了每个动作在长远考虑下的期望效果。

MDP 还包括一个转移概率函数，它描述了在给定状态下执行特定动作后，智能体可能转移到每个可能状态的概率分布。这个概率分布在实际问题中可以是确定性的（即确定状态转移）或概率性的（即根据一定的概率分布转移状态）。

智能体的目标是找到一种策略，即在给定状态下选择最优动作的方法，从而最大化累积奖励的期望值。这可以通过值函数或策略函数来形式化：值函数评估每个状态的长期价值，而策略函数指导智能体如何在每个状态下选择动作。

马尔可夫决策过程一般用一个五元组（S, A, p, r, γ）来表示，其中，S 是状态空间，A 是动作空间，p 是状态转移函数，r 是奖励函数，$\gamma \in [0,1]$ 是折扣率。

在 MDP 中，智能体与环境的交互如图 3-20 所

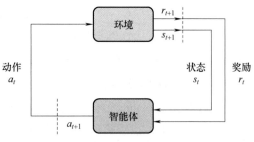

图 3-20　MDP 中智能体与环境的交互

示。对于任意一个时间步 t，如果智能体在状态 $s_t \in S$ 下根据策略 $\pi: S \to A$ 执行动作 $a_t \in S$，智能体将会得到奖励 $r_t = r(s_t, a_t)$，并且以概率 $P(s_{t+1} \mid s_t, a_t)$ 转移到后继状态 s_{t+1}。马尔可夫决策过程有一个特性，即智能体执行动作的效果只与智能体当前的状态有关，与其历史状态和历史动作无关。

在交互过程中，定义时间步 t 的折扣累积回报为 $R_t = \sum_{i=t}^{T} \gamma^{i-t} r(s_t, a_t)$，其中，$T$ 是决策过程中的最大时间步。智能体的期望目标是找到最优策略 π^* 来最大化其折扣累积回报，即 $J(\pi) = E^{\pi}[R_0]$。当 γ 接近 1 时，折扣累积回报中未来奖励的比重增加，智能体也变得更有远见。当 $\gamma = 1$ 时，R_t 为累积回报。为了实现期望目标，定义值函数 $V^{\pi}(s) = E^{\pi}[R_t \mid s_t = s]$ 来表示智能体在策略 π 和状态 s 下的折扣累积回报的期望，定义动作值函数 $Q^{\pi}(s,a) = E^{\pi}[R_t \mid s_t = s, a_t = a]$，来表示智能体在 π 和状态 s 下执行动作 a 的折扣累积回报的期望，动作值函数也被称为 Q 函数。根据 $V^{\pi}(s)$ 和 $Q^{\pi}(s,a)$ 的定义，它们满足如下的贝尔曼方程：

$$
\begin{aligned}
V^{\pi}(s) &= E^{\pi}[R_t \mid s_t = s] \\
&= E_{a \sim \pi}[r(s,a) + \gamma R_{t+1} \mid s_t = s] \\
&= E_{a \sim \pi, s' \sim \rho^{\pi}}[r(s,a) + \gamma V^{\pi}(s')]
\end{aligned}
\tag{3-30}
$$

$$
\begin{aligned}
Q^{\pi}(s,a) &= E^{\pi}[R_t \mid s_t = s, a_t = a] \\
&= E_{a \sim \pi}[r(s,a) + \gamma R_{t+1} \mid s_t = s, a_t = a] \\
&= E_{a' \sim \pi, s' \sim \rho^{\pi}}[r(s,a) + \gamma Q^{\pi}(s',a')]
\end{aligned}
\tag{3-31}
$$

式中，s' 为后继状态；a' 为后继动作；ρ^{π} 为 π 下状态转移概率的分布。

在学习过程中，由于真实的 $V^{\pi}(s)$ 和 $Q^{\pi}(s,a)$ 是未知的，因此用 $V^{\pi}(s)$ 和 $Q^{\pi}(s,a)$ 来估计它们。对于学习过程中的每一个时间步，$V^{\pi}(s)$ 和 $Q^{\pi}(s,a)$ 通过贝尔曼算子 B^{π} 被更新，更新方式如下：

$$
B^{\pi} V(s) = E_{a \sim \pi, s' \sim \rho^{\pi}}[r(s,a) + \gamma V(s')]
\tag{3-32}
$$

$$
B^{\pi} Q(s,a) = E_{a' \sim \pi, s' \sim \rho^{\pi}}[r(s,a) + \gamma Q(s',a')]
\tag{3-33}
$$

对于有限 MDP，贝尔曼算子 B^{π} 是无穷范数下的压缩映射，通过上面的更新方式，$V(s)$ 和 $Q(s,a)$ 最终将分别收敛到唯一的不动点 $V^{\pi}(s)$ 和 $Q^{\pi}(s,a)$。

总体而言，马尔可夫决策过程提供了一个清晰而有效的框架，用于解决强化学习中智能体如何在复杂环境中进行学习和决策的问题。通过 MDP 可以系统地描述智能体与环境的交互过程，其中，智能体根据其当前状态选择动作，而环境则根据动作和状态转移函数决定智能体下一个状态及可能获得的即时奖励。

3.2.4 启发式算法

1. 概念

启发式算法又称进化算法，进化算法是基于自然选择和自然遗传等生物进化机制的一种搜索算法。进化算法是以达尔文的进化论思想为基础，通过模拟生物进化过程与机制的求解问题的自组织、自适应的人工智能技术，是一类借鉴生物界自然选择和自然遗传机制的随机搜索算法。这些方法本质上从不同的角度对达尔文的进化原理进行了不同的运用和阐述，非常适用于处理传统搜索方法难以解决的复杂和非线性优化问题。生物进化是通过繁殖、变异、竞争和选择实现的；而进化算法则主要通过选择、重组和变异这三种操作实现优化问题的求解。

进化算法是一个"算法簇"，包括遗传算法（Genetic Algorithms，GA）、遗传规划（Genetic Programming）、进化策略（Evolution Strategies）和进化规划（Evolution Programming）等。尽管它有很多变化，有不同的遗传基因表达方式、不同的交叉和变异算子、特殊算子的引用，以及不同的再生和选择方法，但它们产生的灵感都来自于大自然的生物进化，进化算法的基本框架是遗传算法所描述的框架。

与普通搜索算法一样，进化算法也是一种迭代算法。不同的是在最优解的搜索过程中，普通搜索算法是从某个单一的初始点开始搜索，而进化算法是从原问题的一组解出发改进到另一组较好的解，再从这组改进的解出发进一步改进。而且，进化算法不是直接对问题的具体参数进行处理，而是要求当原问题的优化模型建立后，还必须对原问题的解进行编码。

进化算法在搜索过程中利用结构化和随机性的信息，使最满足目标的决策获得最大的生存可能，是一种概率型的算法。在进化搜索中，可以用目标函数值的信息，而不必用目标函数的导数信息或与具体问题有关的特殊知识，因而进化算法具有广泛的应用性、高度的非线性、易修改性和可并行性。因此，与传统的基于微积分的方法和穷举法等优化算法相比，进化算法是一种具有高健壮性和广泛适用性的全局优化方法，具有自组织、自适应、自学习的特性，能够不受问题性质的限制，能适应不同的环境和不同的问题，可以有效地处理传统优化算法难以解决的大规模复杂优化问题。

2. 基本遗传算法

对于自然界中生物遗传与进化机理的模仿，针对不同的问题设计了许多不同的编码方法来表示问题的可行解，产生了多种不同的遗传算子来模仿不同环境下的生物遗传特性。这样，由不同的编码方法和不同的遗传算子就构成了各种不同的遗传算法。但这些遗传算法都具有共同的特点，即通过对生物遗传和进化过程中选择、交叉、变异机理的模仿，来完成对问题最优解的自适应搜索过程。基于这个共同的特点，Goldberg 总结出了基本遗传算法（Simple Genetic Algorithms，SGA），只使用选择算子、交叉算子和变异算子三种基本遗传算子，其遗传进化操作过程简单，容易理解，它给各种遗传算法提供了一个基本框架。

（1）基本思想

遗传算法主要借用生物进化中"适者生存"的规律。在遗传算法中，染色体对应的是数据或数组，通常是由一维的串结构数据来表示的。串上各个位置对应基因的基因座，而各位置上所取的值对应基因的等位基因。遗传算法处理的是染色体，或者称为基因型个体。一定数量的个体组成了群体。群体中个体的数量称为种群的大小，也叫种群的规模。各个个体对环境的适应程度叫适应度。适应度大的个体被选择进行遗传操作产生新个体，体现了生物遗传中适者生存的原理。选择两个染色体进行交叉产生一组新的染色体的过程，类似生物遗传中的婚配。编码的某一个分量发生变化的过程，类似生物遗传中的变异。

遗传算法包含两个数据转换操作：一个是从表现型到基因型的转换，将搜索空间中的参数或解转换成遗传空间中的染色体或个体，这个过程称为编码（Coding）；另一个是从基因型到表现型的转换，即将个体转换成搜索空间中的参数，这个过程称为解码（Decode）。

遗传算法在求解问题时从多个解开始，然后通过一定的法则进行逐步迭代以产生新的解。这多个解的集合称为一个种群，记为 $p(t)$。这里 t 表示迭代步，称为演化代。$p(t)$ 中的元素称为个体或染色体，记为 $x_1(t)$，$x_2(t)$，…。一般来说，$p(t)$ 中元素的个数在整个演化过程中是不变的。当进行演化时，要选择当前解进行交叉以产生新解。这些当前解称为新解的父解（Parent），产生的新解称为后代解（Offspring）。

遗传算法中包含了五个基本要素：参数编码、初始群体的设定、适应度函数的设计、遗传操作设计（包含选择、交叉、变异）和控制参数设定。

（2）编码

由于遗传算法不能直接处理问题空间的参数，因此，必须通过编码将要求解的问题表示成遗传空间的染色体或者个体。它们由基因按一定结构组成。由于遗传算法的健壮性，编码的要求并不苛刻。对一个具体的应用问题，如何编码是应用遗传算法的首要问题，也是遗传算法应用的难点。事实上，还不存在一种通用的编码方法，特殊的问题往往采用特殊的方法。

位串编码是一种特定形式的编码，主要用于将数据以二进制形式进行表示和处理，以便计算机系统能够有效地进行操作。将问题空间的参数编码为一维排列的染色体的方法，称为一维染色体编码方法。一维染色体编码中最常用的符号集是二值符号集 {0,1}，即采用二进制编码（Binary Encoding）。

二进制编码是用若干二进制数表示一个个体，将原问题的解空间映射到位串空间 $B = \{0,1\}$ 上，然后在位串空间上进行遗传操作。

优点：二进制编码类似于生物染色体的组成，使算法易于用生物遗传理论来解释，并使得遗传操作（如交叉、变异等）很容易实现。另外，采用二进制编码时，算法处理的模式数最多。

缺点：相邻整数的二进制编码可能具有较大的 Hamming 距离。例如，15 和 16 的二进制编码分别表示为 01111 和 10000，因此，算法要从 15 改进到 16 则必须改变所有的位。这种缺陷造成了 Hamming 悬崖（Hamming Cliffs），将降低遗传算子的搜索效率。

二进制编码时，一般要先给出求解的精度。但求解的精度确定后，就很难在算法执行过程中进行调整，从而使算法缺乏微调（Fine-Tuning）的功能。若在算法一开始就选取较高的精度，那么串长就很大，这样也将降低算法的效率。

在求解高维优化问题时，二进制编码串将非常长，从而使得算法的搜索效率很低。为克服二进制编码的缺点，对问题的变量是实向量的情形，可以直接采用实数编码。实数编码是用若干实数表示一个个体，然后在实数空间上进行遗传操作。

采用实数表达法不必进行数制转换，可直接在解的表现型上进行遗传操作，从而可引入与问题领域相关的启发式信息来增加算法的搜索能力。近年来，遗传算法在求解高维或复杂优化问题时一般使用实数编码。

对于多参数优化问题的遗传算法，常采用多参数级联编码。它的基本思想是把每个参数先进行二进制编码得到子串，再把这些子串连成一个完整的染色体。多参数级联编码中的每个子串对应各自的编码参数，所以，可以有不同的串长度和参数的取值范围。

（3）群体设定

由于遗传算法是对群体进行操作的，所以，必须为遗传操作准备一个由若干初始解组成的初始群体。群体设定主要包括两个方面：初始种群的产生和种群规模的确定。

根据问题固有知识，设法把握最优解所占空间在整个问题空间中的分布范围，然后在此分布范围内设定初始群体。先随机产生一定数目的个体，然后从中挑选出最好的个体加入初始群体中。这种过程不断迭代，直到初始群体中个体数目达到了预先确定的规模。

群体中个体的数量称为种群规模，可将群体规模记为 M。种群规模影响遗传优化的结果和效率。当种群规模太小时，遗传算法的优化性能一般不会太好，容易陷入局部最优解。而当种群规模太大时，则计算复杂。种群规模的确定受遗传操作中选择操作的影响很大。模式定理表明，若种群规模为 M，则遗传操作可从这 M 个个体中生成和检测 M^3 个模式，并在此基础上能够不断形成和优化积木块，直到找到最优解。

显然，种群规模越大，遗传操作所处理的模式就越多，产生有意义的积木块并逐步进化为最优解的机会就越高。种群规模太小，会使遗传算法的搜索空间范围有限，因而搜索有可能停止在未成熟阶段，出现未成熟收敛现象，使算法陷入局部解。因此，必须保持种群的多样性，即种群规模不能太小。

另一方面，种群规模太大会带来若干弊病：一是群体增大，其适应度评估次数增加，从而导致计算量增加，进而影响算法效率；二是群体中个体生存下来的概率大多采用和适应度成比例的方法，当群体中个体非常多时，少量适应度很高的个体会被选择而生存下来，但大多数个体却被淘汰，这会影响配对库的形成，从而影响交叉操作。

（4）适应度函数设计

遗传算法遵循自然界优胜劣汰的原则，在进化搜索中基本上不用外部信息，而是用适应度值表示个体的优劣，作为遗传操作的依据。适应度是评价个体优劣的标准。个体的适应度高，被选择的概率就高，反之则低。适应度函数（Fitness Function）是用来区分群体中个体好坏的标准，是算法演化过程的驱动力，是进行自然选择的唯一依据。改变种群内部结构的操作都是通过适应值加以控制的，因此，对适应度函数的设计非常重要。

在具体应用中，适应度函数的设计要结合求解问题本身的要求而定。一般而言，适应度函数是由目标函数变换得到的。下面讨论将目标函数变换成适应度函数的方法。

最直观的方法是直接将待求解优化问题的目标函数作为适应度函数。

若目标函数为最大化问题，则适应度函数可以取为

$$Fit(f(x)) = f(x) \tag{3-34}$$

若目标函数为最小化问题，则适应度函数可以取为

$$Fit(f(x)) = \frac{1}{f(x)} \tag{3-35}$$

（5）选择

选择操作也称为复制（Reproduction）操作，指的是从当前群体中按照一定概率选出优良的个体，使它们有机会作为父代繁殖下一代子孙。判断个体优良与否的准则是各个个体的

适应度值。显然这一操作借用了达尔文适者生存的进化原则，即个体适应度越高，被选择的机会就越多。需要注意的是：如果总挑选最好的个体，遗传算法就可能变成确定性优化方法，从而导致种群过快地收敛到局部最优解。如果只做随机选择，遗传算法就变成完全随机方法，需要很长时间才能收敛，甚至不收敛。因此，选择方法的关键是找一个策略，既要使得种群较快地收敛，也要维持种群的多样性。

常用的选择方法中，个体选择概率分配方法有适应度比例方法、排序方法；选择个体方法有轮盘赌选择、锦标赛选择方法、最佳个体保存方法。

（6）交叉

当两个生物机体配对或者复制时，它们的染色体会相互混合，产生一个由双方基因组成的全新的染色体组，这一过程称为重组（Recombination）或者交叉（Crossover）。

交叉得到的后代可能继承了上代的优良基因，后代会比它们的父母更加优秀，但也可能继承了上代的不良基因，则后代会比它们的父母更差，难以生存，甚至不能再复制自己。越能适应环境的后代越能继续复制自己并将其基因再传给后代。由此形成一种趋势：每一代总是比其父母一代生存和复制得更好。

遗传算法中起核心作用的是交叉算子，也称为基因重组（Recombination）。采用的交叉方法应能够使父串的特征遗传给子串。子串应能够部分或者全部地继承父串的结构特征和有效基因。其中，基本的交叉算子如下所示：

1）一点交叉（Single-Point Crossover）又称为简单交叉。它的具体操作是：在个体串中随机设定一个交叉点，实行交叉时，该点前或后的两个个体的部分结构进行互换，并生成两个新的个体。

2）两点交叉（Two-point Crossover）的操作与一点交叉类似，只是设置了两个交叉点（仍然是随机设定），将两个交叉点之间的码串相互交换。类似于两点交叉，可以采用多点交叉（Multiple-Point Crossover）。

（7）变异

如果生物繁殖仅仅是上述交叉过程，那么即使经历成千上万代以后，适应能力最强的成员的眼睛尺寸仍然也只能像初始群体中的最大眼睛一样。而通过对自然的观察中可以看到，人类的眼睛尺寸实际存在一代比一代大的趋势。这是因为基因传递给子孙后代的过程中，会有很小的概率发生差错，从而使基因发生微小的改变，这就是基因的变异。发生变异的概率通常都很小，但在经历许多代以后变异就会很明显。一些变异对生物是不利的，另一些对生物的适应性可能没有影响，但也有一些可能会给生物带来一些好处，使它们超过其他同类的生物，那么例如前面的例子，变异可能会产生眼睛更大的生物，那么当经历许多代以后，眼睛会越来越大。

进化机制除了能够改进已有的特征，也能够产生新的特征。例如，可以设想某个时期的动物没有眼睛，而是靠嗅觉和触觉来躲避捕食它们的动物。然而，两个动物有次交配时，一个基因突变发生在它们后代的头部皮肤上，发育出了一个具有光敏效应的细胞。这使它们的后代能够识别周围环境的明暗，使后代能够感知捕食者的到来，能够区分白天还是夜晚及地上还是地下等信息，从而有利于它的生存。这个光敏细胞会进一步突变，逐渐形成为一个区域，从而成为眼睛。在遗传算法中，变异是将个体编码中的一些位进行随机变化。变异的主要目的是维持群体的多样性，为选择、交叉过程中可能丢失的某些遗传基因进行修复和补充。变异算子的基本内容是对群体中个体串的某些基因座上的基因值进行变动。变异操作是按位进行的，即把某一位的内容进行变异。变异概率是在一个染色体中按位进行变化的概率。

（8）控制参数设定

遗传算法中的控制参数设定主要包括种群规模、迭代次数、交叉概率、变异概率等关键参数的确定，这些参数共同决定了算法的运行机制与性能表现。其中，种群规模（通常设为 50~500）需在个体多样性和计算效率间平衡，过小易导致早熟，过大则增加计算成本，具体操作应结合问题复杂度调整；迭代次数作为算法终止条件，需避免过早终止导致未找到最优解或过晚终止造成资源浪费，可结合收敛情况动态设定（如连续多代适应度无提升时终止）；交叉概率（常取 0.8~1.0）控制父代基因重组的频率，高概率虽促进搜索但可能破坏优秀个体，低概率则可能导致进化缓慢；变异概率（通常为 0.001~0.1）用于引入新遗传多样性，一般取较低值以避免破坏优质个体，且需根据编码类型调整（如离散问题常用低概率、连续问题可适当提高）。此外，选择压力（由选择操作参数如锦标赛选择的 k 值决定）和精英保留数量（通常为种群规模的 1%~5%）也需合理设定，前者影响对精英个体的倾向性，后者确保最优解不被破坏，整体上需通过参数间的协同调整，平衡算法探索新解的"搜索能力"与优化现有解的"开发能力"，以适应具体问题特性。

3.2.5 聚类和分类算法

1. 概述

监督学习的训练样本是带有标记信息的，监督学习的目的是对带有标记的数据集进行模型学习，从而便于对新的样本进行分类。而无监督学习中，训练样本的标记信息是未知的，目标是通过对无标记训练样本的学习来揭示数据的内在性质及规律，为进一步的数据分析提供基础。对于无监督学习，应用最广的便是"聚类"。

聚类算法试图将数据集中的样本划分为若干个通常是不相交的子集，每个子集称为一个"簇"，通过这样的划分，每个簇可能对应于一些潜在的概念或类别。简单来说，聚类算法的样本集都是没有标签的，那就需要根据样本的特征，对样本数据集进行聚类。

人工智能中的聚类和分类算法是两个核心的机器学习技术，它们在数据分析和模式识别中起着重要作用。聚类算法主要用于将数据样本分组成具有相似特征的集合，而不需要预先标记类别信息。这些算法旨在通过测量数据点之间的相似性来发现隐藏结构，常用的包括 k 均值聚类、层次聚类和密度聚类。例如，k 均值聚类通过将数据点划分为预先指定的 k 个类别，并迭代调整聚类中心来优化聚类结果。

相比之下，分类算法则侧重于预测数据点所属的预定义类别。这些算法依赖于已标记的训练数据集，通过学习输入特征与输出标签之间的映射关系来进行预测。常见的分类算法包括逻辑回归、决策树、支持向量机和神经网络。例如，逻辑回归是一种用于二分类问题的算法，它通过对输入特征进行线性组合，然后将线性组合的结果通过 sigmoid 函数进行非线性变换，从而得到属于某一类别的概率估计。

聚类和分类算法在应用中具有不同的优势和适用场景。聚类算法适用于数据探索和无监督学习任务，如市场分割和社交网络分析，能够揭示数据内在的结构和模式。而分类算法则更适用于有明确类别标签的问题，如垃圾邮件识别和疾病预测，能够精确地预测新数据点的类别。

聚类和分类算法在人工智能领域中各自发挥着重要作用，它们通过不同的方法解决数据分析和预测问题。它们的选择取决于具体问题的需求、数据的特征和可用的标记信息。

2. k-means 算法

k-means 算法，又称为 k 均值聚类算法。k-means 算法中的 k 表示的是聚类为 k 个簇，means 代表取每一个聚类中数据值的均值作为该簇的中心，或者称为质心，即用每一个类的质心对该簇进行描述。

k-means 算法接受参数 k；然后将样本数据集划分为 k 个聚类。获得的聚类需要满足：同一个聚类中的样本数据集相似度较高；而不同聚类中的样本数据集相似度较小。

k-means 算法思想是，以空间中 k 个点为中心进行聚类（即先从样本集中随机选取 k 个样本作为簇中心），对最靠近它们的对象归类（对于每一个样本，计算所有样本与这 k 个"簇中心"的距离，并将其划分到与其距离最近的"簇中心"所在的簇中）。通过迭代的方法，逐次更新各聚类中心的值，直至得到最好的聚类结果。

k-means 算法是一种常用的无监督学习算法，用于将数据点聚类成具有相似特征的群集。它的主要目标是将数据点划分为 k 个互不重叠的簇，使得每个数据点都属于与其最近的簇的中心点。算法的基本思想是通过迭代优化，不断更新簇的中心点和数据点的分配，直到满足收敛条件。

具体来说，k-means 算法包括以下几个步骤：

1）初始化：首先选择 k 个初始的簇中心点。这些中心点可以随机选择数据集中的点，或者通过一些启发式方法（如 k-means++）来选取，以确保更好的初始簇的质量。

2）分配数据点：对于每个数据点，根据其与 k 个中心点的距离，将其分配到最近的簇中心点所属的簇。

3）更新簇中心：对每个簇，计算其所有成员数据点的平均值（即新的中心点），更新该簇的中心位置。

4）迭代：重复步骤 2）和步骤 3），直到满足停止条件。停止条件通常是簇中心点不再发生显著变化，或者分配给每个簇的数据点不再改变。

3. 输出结果

算法收敛后，每个数据点将被分配到一个簇中，形成 k 个簇。

k-means 算法实现过程如图 3-21 所示。

图 3-21　k-means 算法实现过程

k-means 算法的优点包括简单易实现、计算效率高、适用于大型数据集。然而，它也有一些限制，如对初始中心点的选择敏感，可能会陷入局部最优解，对于非凸形状的簇分布效果不佳等。为了克服这些问题，通常可以采用多次运行算法并选取最优结果、使用更复杂的聚类算法（如层次聚类）等。

总体而言，k-means 算法是一种强大的聚类方法，广泛应用于数据挖掘、图像处理、市场分析等领域，为数据分析和模式识别提供了有力的工具。

除了 k-means 算法外，还有一系列其他聚类算法。层次聚类是一种根据数据点之间的相似性构建层次结构的方法，它可以是自下而上的聚合法或自上而下的分裂法。这种方法不需要预先指定聚类的数量，因此适用于小数据集和具有明显层次结构的数据。而 DBSCAN 算法（基于密度的带噪声的空间聚类算法）则根据数据点周围的密度来聚类，能够有效地识别任意形状的聚类簇，并且能够处理噪声数据。它需要两个参数来定义聚类簇的形状和大小，适用于大数据集和具有复杂形状的数据。高斯混合模型（GMM）假设数据由多个高斯分布混合而成，每个高斯分布代表一个聚类簇。这种方法适用于数据点分布不明确或具有重叠的情况，能够灵活地适应各种数据分布。此外，还有基于密度的其他聚类方法，如 OPTICS（点排序识别聚类结构）和 Mean-Shift（均值漂移），它们通过局部密度来识别聚类簇，特别适用于大数据集和噪声数据。最后，谱聚类利用数据点之间的相似性矩阵的特征向量进行聚类，特别适用于数据集中存在非凸形状的聚类簇或者数据点分布复杂的情况。选择合适的聚类算法取决于数据的特性、聚类簇的形状和数量及计算资源的可用性，每种算法都有其独特的优势和应用场景。

3.2.6 其他算法

除上述算法，还有集成学习、神经网络、支持向量机等不同类型及不同类别的算法。其中，集成学习用途广泛，在智慧应急中扮演着关键角色。集成学习是一种通过结合多个基本学习器的预测结果来改善整体学习结果的技术。它的核心思想是通过组合多个模型的预测能力，来提升泛化能力和预测精度，特别是在处理复杂、高维度数据时表现突出。

集成学习的主要方法包括袋装法（Bagging）、提升法（Boosting）、随机森林（Random Forests）等。袋装法通过并行训练多个基学习器，然后结合它们的预测结果来降低方差，如随机森林就是基于袋装法的一种应用，利用多棵决策树的集成来提高分类或回归的准确性。提升法则是顺序训练一系列基学习器，让每个学习器都专注于修正前序学习器的错误，如 AdaBoost（自适应提升）和 Gradient Boosting（梯度提升）就是著名的提升算法，广泛应用于各种机器学习任务中。

集成学习的优势在于可以克服单个模型的局限性，提升整体的泛化能力和稳定性。它对于处理大规模数据集、高维度特征及噪声数据具有较强的适应性，因此在医疗诊断、金融风险评估、自然语言处理等领域都有广泛的应用。然而，集成学习也面临着模型解释性不强、计算资源消耗较大等挑战，需要在实际应用中进行权衡和调优。下面详细介绍集成学习算法中的 Boosting 算法。

Boosting 算法是一种集成学习算法。集成学习（Ensemble Learning）是一种通过结合多个学习器来完成学习任务的机器学习方法。它的核心思想是通过组合多个模型的预测结果，以提升整体的预测准确度或稳定性。集成学习可以有效地减少单个模型的偏差和方差，从而提高泛化能力，特别是在复杂的数据集和任务中表现突出。常见的集成学习方法包括自举汇聚法（Bagging）、提升法（Boosting）、堆叠法（Stacking）等。

Boosting 算法的分类器（学习器）由多个弱分类器（学习器）组成，预测时用每个弱分类器分别进行预测，然后投票得到结果；训练时依次训练每个弱分类器，在这里采用了与随机森林不同的策略，不是对样本进行独立的随机抽样构造训练集，而是重点关注被前面的弱分类器错分的样本。弱分类器是很简单的分类器，它计算量小且精度要求不太高。

AdaBoost 算法由 Freund 等人提出，是 Boosting 算法的实现版本。最早的版本中，这种方法的弱分类器带有权重，分类器的预测结果为弱分类器预测结果的加权和。训练时训练样本具有权重，并且会在训练过程中动态调整，被前面的弱分类器错分的样本会加大权重，因此算法会更关注难分的样本。2001 年，级联的 AdaBoost 分类器被成功用于人脸检测问题，此后它在很多模式识别问题上得到了应用。

AdaBoost 算法的全称是自适应 Boosting（Adaptive Boosting），是一种用于二分类问题的算法，它用弱分类器的线性组合来构造强分类器。弱分类器的性能不用太好，仅比随机猜测强一些，依靠它们可以构造出一个非常准确的强分类器。强分类器的计算公式为：

$$F(x) = \sum_{t=1}^{T} \alpha_t f_t(x) \tag{3-36}$$

式中，x 为输入向量；$F(x)$ 为强分类器；$f_t(x)$ 为弱分类器；α_t 为弱分类器的权重；T 为弱分类器的数量。

弱分类器的输出值为 $+1$ 或 -1，分别对应正样本和负样本。分类时的判定规则为 $\text{sgn}[F(x)]$。强分类器的输出值也为 $+1$ 或 -1，同样对应于正样本和负样本。弱分类器和它们的权重通过训练算法得到。之所以叫弱分类器是因为它们的精度不用太高，对于二分类问题，只要保证准确率大于 0.5 即可，即比随机猜测强，随机猜测的准确率为 50%。

3.3　智能分析技术

3.3.1　大数据处理技术

1. 物联网与大数据

近年来，随着互联网的发展，大数据逐渐成为产业界和学术界一致关注的热点技术。从定义来看，大数据指的是所涉及的数据量规模巨大，大到无法通过目前的主流软件工具在合理的时间内达到撷取、管理、处理并基于此提供有用信息的目的。相比传统的互联网，在物联网中，对大数据技术具有更高的要求，主要体现在以下几方面：

1）物联网中的数据量更大。物联网的最主要特征之一是节点的海量性，除了人和服务器之外，物品、设备、传感网等都是物联网的组成节点，其数量规模远大于互联网；同时，物联网节点的数据生成频率远高于互联网，如传感器节点多数处于全时工作状态，数据流源源不断。

2）物联网中的数据速率更高。一方面，物联网中数据量较大必然要求骨干网汇聚更多的数据，对数据的传输速率要求更高；另一方面，由于物联网与真实物理世界直接关联，很多情况下需要实时访问、控制相应的节点和设备，因此需要高数据传输速率来支持相应的实时性。

3）物联网中的数据更加多样化。物联网涉及的应用范围广泛，从智慧城市、智慧交通、智慧物流、商品溯源到智能家居、智慧医疗、安防监控等，无一不是物联网应用范畴；在不同领域、不同行业，需要面对不同类型、不同格式的应用数据，因此物联网中数据多样性更为突出。

4）物联网对数据真实性的要求更高。物联网是真实物理世界与虚拟信息世界的结合，它对数据的处理及基于此进行的决策将直接影响物理世界，物联网中数据的真实性显得尤为重要。

结合以上可以看出，大数据是物联网中的关键技术，二者的结合能够为物联网系统和应用的发展带来更好的技术基础。

2. 技术体系

为了从大数据中挖掘出更多的信息，需要应对大数据在容量、数据多样性、处理速度和价值挖掘四个方面的挑战。而云计算技术是大数据技术体系的基石，大数据与云计算发展关系密切，大数据技术是计算技术的延伸和发展。大数据技术涵盖了从数据的海量存储和处理到应用的多方面技术，包括异构数据源融合、海量分布式计算系统、NoSQL（非关系型）数据库、并行计算框架、实时流数据处理及数据挖掘、商业智能和数据可视化等。一个典型的大型处理系统主要包括数据源、数据采集、数据存储、数据处理和分析应用等，一般可以构建适合大数据的 4 层堆栈式技术架构。

（1）基础层

第 1 层作为整个大数据技术架构基础的底层，也是基础层，要实现大数据规模的应用，企业需要一个高度自动化的、可横向扩展的存储和计算平台，这个基础设施需要从以前的存储孤岛发展为具有共享能力的高容量存储池。容量、性能和吞吐量必须可以线性扩展。

（2）管理层

要支持在多源数据上做深层次的分析，大数据技术架构中需要一个管理平台，使结构化和非结构化数据管理为一体，具备实时传送、查询和计算功能。本层既包括数据的存储和管理，也涉及数据的计算。并行化和分布式是大数据管理平台所必须考虑的要素。

（3）分析层

大数据应用需要大数据分析。分析层提供基于统计学的数据挖掘和机器学习算法，用于分析和解释数据集，帮助企业深刻领悟数据价值。可扩展性强、使用灵活的大数据分析平台可成为数据科学家的利器，起到事半功倍的效果。

（4）应用层

大数据的价值体现在帮助企业进行决策和为终端用户提供服务的应用，不同的新型商业需求驱动了大数据的应用。反之，大数据应用为企业提供的竞争优势使得企业更加重视大数据的价值，新型大数据应用对大数据技术不断提出新的要求，大数据技术也因此在不断的发展变化中日趋成熟。

3. 技术基础

2003 年—2004 年，Google 发表了 GFS（Google File System，谷歌文件系统），MapReduce（映射-化简）和 BigTable（分布式数据存储系统）共 3 篇技术论文，提出了一套全新的分布式计算理论。

GFS 是一个大型的分布式文件系统，为 Google 大数据处理系统提供海量存储，并且与 MapReduce 和 BigTable 等技术结合得十分紧密，处于系统的底层。MapReduce 是分布式计算框架，BigTable 是基于 GFS 的数据存储系统，这三大组件组成了 Google 的分布式计算模型。Google 的分布式计算模型相比于传统的分布式计算模型有三大优势：首先，它简化了传统的分布式计算理论，降低了技术实现的难度，可以进行实际的应用；其次，它可以应用在廉价的计算设备上，只需增加计算设备的数量就可以提升整体的计算能力，应用成本十分低廉。最后，它被 Google 应用在 Google 的计算中心，取得了很好的效果，有了实际应用的证明。后来，各家互联网公司开始利用 Google 的分布式计算模型搭建自己的分布式计算系统，Google 的这 3 篇论文也就成了大数据时代的技术核心的体现。

3.3.2　数据挖掘技术

1. 数据挖掘的概念

目前的数据系统可以高效地实现数据的录入、查询、统计等功能。随着数据库技术的迅猛发展和数据库管理系统的广泛应用，人们积累的数量越来越多，激增的数据背后隐藏着许多重要的信息，但缺乏发现大量数据中存在的关系和规则的科学方法和工具，不能根据已有的数据预测未来的发展趋势，即所谓的"数据爆炸但知识贫乏"的现象，使得决策不够科学合理。面对这一挑战，数据挖掘技术便应运而生，逐渐从发现方法转向系统应用，并且与特定的领域相结合，同时注重发现策略和技术的集成及多种学科之间的相互渗透。

数据挖掘（Data Mining）技术是人们长期对数据库技术进行研究和开发的结果，一般是指从大量的数据中自动搜索隐藏于其中的有特殊关系性的信息的过程。起初各种商业数据是存储在计算机的数据库中的，然后发展到可对数据库进行查询和访问，进而发展到对数据库的即时遍历。数据挖掘使数据库技术进入了一个更高级的阶段，它不仅能对过去的数据进行查询和遍历，并且能够找出过去数据之间的潜在联系，从而促进信息的传递。

从技术角度来看，数据挖掘就是从大量的、不完全的、有噪声的、模糊的、随机的实际应用数据中，提取隐含在其中的、人们事先不知道的，但又是潜在有用的信息和知识的过程。这个定义包括好几层含义：数据源必须是真实的、大量的、含噪声的；发现的是用户感兴趣的知识；发现的知识要可接受、可理解、可运用；并不要求发现放之四海而皆准的知识，仅支持特定的发现问题。

2. 数据挖掘的功能

数据挖掘通过预测未来趋势及行为，做出前瞻的、基于知识的决策。数据挖掘的目标是从数据库中发现隐含的、有意义的知识，主要有以下五类功能：

（1）自动预测趋势和行为

在大型数据库中寻找预测性信息，以往需要进行大量手工分析的问题如今可以迅速直接地由数据本身得出结论。一个典型的例子是市场预测问题，数据挖掘使用过去有关促销的数据来寻找未来投资中回报最大的用户，其他可预测的问题包括预报破产及认定对指定事件最可能做出反应的群体等。

（2）关联分析

数据是数据库中存在的一类重要的可被发现的知识。若两个或多个变量的取值之间存在某种规律性，就称为关联，关联可分为简单关联、时序关联、因果关联。关联分析的目的是找出数据库中隐藏的关联网，有时并不知道数据库中数据的关联函数，即使知道也是不确定的，因此关联分析生成的规则带有可信度。

（3）聚类分析

数据库中的记录可被划分为一系列有意义的子集，即聚类。聚类增强了人们对客观现实的认识，是概念描述和偏差分析的先决条件。聚类技术主要包括传统的模式识别方法和数学分类学。20世纪80年代初，Mchalski提出了概念聚类技术及其要点，即在划分对象时不仅要考虑对象之间的距离，还要求划分出的类具有某种内涵描述，从而避免了传统技术的某些片面性。

（4）概念描述

概念描述就是对某类对象的内涵进行描述，并概括这类对象的有关特征。概念描述分为特征性描述和区别性描述，前者描述某类对象的共同特征，后者描述不同类对象之间的区别。生成一个类的特征性描述只涉及该类对象中所有对象的共性，生成区别性描述的方法很多，如决策树方法、遗传算法等。

（5）偏差检测

数据库中的数据常有一些异常记录，从数据库中检测这些偏差很有意义。偏差包括很多潜在的知识，如分类中的反常实例、不满足规则的特例、观测结果与模型预测值的偏差、量值随时间的变化等。偏差检测的基本方法是寻找观测结果与参照值之间有意义的差别。

3. 数据挖掘常用技术

常用的数据挖掘技术包括关联分析、序列分析、分类分析、聚类分析、预测分析及时间序列分析等。

（1）关联分析

关联分析主要用于发现不同事件之间的关联性，即一个事件发生的同时，另一个事件也经常发生。关联分析的重点在于快速发现那些有实用价值的关联发生的事件，其主要依据是事件发生的概率和条件概率应该符合一定的统计意义。

（2）序列分析

序列分析主要用于发现一定时间间隔内接连发生的事件。这些事件构成一个序列，发现的序列应该具有普遍意义，它的依据除了统计上的概率之外，还要加上时间的约束。

（3）分类分析

分类分析通过分析具有类别的样本的特点，得到决定样本属于各种类别的规则或方法。

其主要方法有基于统计学的贝叶斯方法、神经网络方法、决策树方法及支持向量机等。

（4）聚类分析

聚类分析是根据物以类聚的原理，将本身没有类别的样本聚集成不同的组，并且对每一个这样的组进行描述的过程。它的主要依据是聚到同一个组中的样本应该彼此相似，而属于不同组的样本应该足够不相似。

（5）预测分析

预测分析与分类类似，但预测是根据样本的已知特征估算某个连续类型的变量的取值过程，而分类则只是用于判别样本所属的离散类别而已。预测常用的技术是回归分析。

（6）时间序列

时间序列指的是随时间而变化的事件序列，目的是预测未来发展趋势，或者寻找相似发展模式，或者是发现周期性发展规律。

3.3.3　云计算技术

云计算无疑是近年来各大厂商纷纷追逐的对象，如今只要搜索"云计算"就会出现数不尽的信息，可是到底什么是云计算？

中国云计算专家委员会认为：云计算最基本的概念是通过整合、管理、调配分布在网络各处的计算资源，并以统一的界面同时向大量的用户提供服务。借助云计算，网络服务提供者可以在瞬息之间，处理数以千万计甚至数以亿计的信息，实现和超级计算机同样强大的效能；同时，用户可以按需计量地使用这些服务，从而实现让计算成为一种公用设施来按需而用的梦想。

Cloud Camp 的创始人 Reuven Cohen 认为：云计算是一种基于 Web（万维网）的服务，目的是让用户只为自己需要的功能付钱，同时消除传统软件在硬件、软件和专业技能方面的投资。

云计算包括信息基础设施和相关服务，提供给各类资源的网络被称为"云"。"云"中的资源在使用者看来是可以无限扩展的，并可以随时获取，按需伸缩、按需使用、按使用量来计费。相对于传统的计算资源服务模式，"云"服务就像是从单台发电机模式转向集中式供电的模式，它意味着计算能力也可以作为一种公共的资源进行流通，就像气、水、电一样，取用方便，价格低廉。

1. 云计算体系结构

云计算平台是一个强大的"云"网络，连接了大量并发的网络计算和服务，可利用虚拟化技术扩展每一个服务器的能力，将各自的资源通过云计算平台结合起来，提供超级计算和存储能力。

用户可通过云用户端从列表中选择所需的服务，请求通过管理系统调度相应的资源，并通过部署工具分发请求、配置应用。云计算体系结构如图 3-22 所示。

（1）云用户端

云用户端提供云用户请求服务的交互界面，也是用户使用云的入口，用户通过 Web 浏览器可以注册、登录、定制服务、配置和管理用户。打开应用实例与本地操作桌面系统一样。

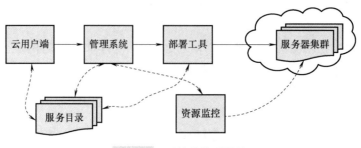

图 3-22　云计算体系结构

（2）服务目录

云用户在取得相应权限（付费或其他限制）后可以选择或定制服务列表，也可以对已有服务进行退订，在云用户端界面生成相应的图标或列表以展示相关的服务。

（3）管理系统和部署工具

提供管理和服务，能管理云用户，能对用户授权、认证、登录进行管理，并可以管理可用计算资源和服务，接收用户发送的请求，根据用户请求转发到相应的程序，动态地部署、配置和回收资源。

（4）资源监控

监控和计量云系统资源的使用情况，以便做出迅速反应，完成节点同步配置、负载均衡配置和资源监控，确保资源能顺利分配给合适的用户。

（5）服务器集群

虚拟的或物理的服务器，由管理系统管理，负责高并发量的用户请求处理、大运算量计算处理、用户 Web 应用服务，云数据存储时采用数据切割算法，而且使用并行方式来上传和下载大容量数据。

2. 云服务

云计算服务的表现形式多种多样，简单的云计算在人们日常网络应用中随处可见，比如微信聊天、淘宝购物、百度搜索等。目前，云计算主要的服务形式有软件即服务（Software as a Service，SaaS）、平台即服务（Platform as a Service，PaaS）、基础建设即服务（Infrastructure as a Service，IaaS）。

（1）软件即服务（SaaS）

SaaS 是指将软件部署到云端，用户通过互联网向厂商订购所需要的应用软件服务，服务提供商根据客户所订购软件的数量、订购软件的时间长短等进行收费。这种服务模式的优势是由服务提供商维护和管理软件，提供软件运行的硬件设施，用户只需要拥有能够接入互联网的终端，即可随时随地使用软件。目前，Google Doc（谷歌文档），Office 365（微软365）等就属于这一类服务。

（2）平台即服务（PaaS）

PaaS 是指把软件开发环境作为一种服务来提供，这是一种分布式平台服务，厂商提供开发环境、服务器平台、硬件资源等给客户，客户可以在厂商提供的平台基础上定制开发自己的应用程序并通过其服务器和互联网传递给其他客户。PaaS 能够给企业或者个人提供程序开发、数据库、应用服务器、实验、托管及应用服务。Google App Engine（谷歌应用引擎）是 PaaS 的代表产品，为开发者提供一体化主机服务器及自动升级的环境。开发者将应用程序部署到 Google 基础架构上就可以为互联网用户提供云服务，Google 提供程序运行及维护所需要的平台资源。

（3）基础建设即服务（IaaS）

IaaS 把厂商由多台服务器组成的"云端"基础设施作为计量服务提供给用户，它将内存、I/O 设备、存储、计算能力整合成一个虚拟的资源池，为整个业界提供所需要的存储资源和虚拟化服务器等服务。通过虚拟化技术，用户可以付费使用一定数量的硬件设施，如内存、CPU、硬盘等。例如，亚马逊云科技（Amazon Web Services，AWS）、微软云平台（Microsoft Azure）等均提供基础设计有偿服务。

以上三者之间也有着较为密切的联系，其中，IaaS 是基础层，PaaS 是平台层，SaaS 是软件层。

3. 云存储

云存储的概念与云计算类似，它是通过网络将大量普通存储设备构成的存储资源池中的存储和数据服务以统一的接口按需提供给授权用户。它通过多种云存储技术的融合，将大量普通 PC 服务器构成的存储集群虚拟化为易扩展、弹性、透明、具有伸缩性的存储资源池，并将存储资源池按需分配给授权用户，授权用户则可以通过网络对存储资源池进行任意的访问和管理。云存储将存储资源集中起来，并通过软件进行自动管理，无须人为参与。用户可以动态使用存储资源，无须考虑数据分布、扩展性、容错性等复杂的大规模存储系统技术细节，从而可以更加专注于自己的业务，有利于提高效率、降低成本和技术创新。云存储具有如下特点：

超大规模：云存储具有相当的规模，单个系统存储的数据可以到达千亿级，甚至万亿级。

高可扩展性：系统本身可以很容易动态增加服务器资源以应对数据增长；系统运维可扩展，随着系统规模的增加，不需要增加太多运维人员。

高可用性和可靠性：通过多副本复制及节点故障自动容错等技术，云存储提供了很高的可用性和可靠性。

安全：云存储内部通过用户鉴权、访问权限控制、安全通信（HTTPS 协议，TLS 协议）等方式保障安全性。

透明服务：云存储以统一的接口，如 RESTful（Representational State Transfer，REST 式的架构方式）接口的形式提供服务，后端存储节点的变化，如增加节点、节点故障对用户是透明的。

自动容错：云存储能够自动处理节点故障，从而实现运维可扩展，保证高可靠性和高可用性。

低成本：低成本是云存储的重要目标。云存储自动容错特性使得云存储可以采用普通的 PC 服务端来构建；云存储的通用性使资源利用率大幅提升；云存储的自动化管理使得运维成本大幅降低；云存储所在的数据中心可以建在电力资源丰富的地区，从而可以大幅降低能源成本。

目前常见的云存储有以下三类：

（1）公共云存储

公共云存储一般以低成本提供大量的文件存储，供应商可以保持每个客户的存储、应用都是独立的、私有的。国内较为突出的公共云存储有百度网盘、华为云盘、360云盘、腾讯微云等。

公共云存储可以划出一部分用作私有云存储，一个公司可以拥有或控制其基础架构及应用的部署，私有云存储可以部署在企业数据中心或相同地点的设施上，可以由公司自己的IT部门管理，也可以由服务供应商管理。

（2）私有云存储

私有云存储只对受限的用户提供相应的存储服务及相应的服务质量（QoS）。使用存储服务的用户不需要了解"云"组成的具体细节，只要知道相应的接口，并提供相应的策略，剩下的工作交由"云"来完成。用户只需将这个存储云看作是一个黑盒资源池，其内部是如何实现、如何配置、采用什么样的技术、使用什么样的平台，用户无须关心。只要用户需要时，这朵"云"就提供存储空间，并且其中的数据可以做到随时访问，就像访问本地的存储一样。在不影响用户的情况下，私有云存储可提供很多的附加功能，使得云成为高效、可靠、安全的存储池。

（3）混合云存储

这种云存储把公共云和私有云/内部云结合在一起，主要用于按客户要求的访问，特别是需要临时配置容量的时候，从公共云上划出一部分容量配置一种私有云或内部云，可以帮助公司面对迅速增长的负载波动，这对高峰时的访问很有帮助。

4. 虚拟化

虚拟化是云计算技术的核心，是把计算机的各种物理资源，如网络、内存及存储等，予以抽象、转换后呈现出来，打破实体结构间的不可切割的障碍，使用户可以用比原本的组态更好的方式来应用这些资源。主要包括以下三个方面：①把一台物理机拆分成多台虚拟机；②把多台物理机组合成一台虚拟机；③动态迁移虚拟机及资源配置。

具体来说虚拟化就指以软件的形式在真实的物理主机上提供应用程序能够赖以运行的虚拟环境。虚拟化技术可以细分为如下几个子类：

（1）全虚拟化

全虚拟化是指虚拟机模拟了完整的底层硬件，包括处理器、物理内存、时钟、外设等，使得为原始硬件设计的操作系统或其他系统软件完全不做任何修改就可以在虚拟机中运行。操作系统与真实硬件之间的交互可以看成是通过一个预先规定的硬件接口进行的，全虚拟化（VMM）以完整模拟硬件的方式提供全部接口，全虚拟化必须完整地模拟该接口执行的全过程。比较著名的全虚拟化包括 Microsoft Virtual PC（微软虚拟化技术）、VMware Workstation（威睿工作站）、Oracle Virtual Box（开源虚拟机软件）、Parallels Desktop for Mac（虚拟化软件）和 QEMU（快速模拟器）。

（2）超虚拟化

超虚拟化是一种通过修改 Guest OS（客户操作系统）部分访问特权状态的代码以便直

接与 VMM 交互的技术。在超虚拟化虚拟机中，部分硬件接口以软件的形式提供给客户机操作系统，这可以通过 Hypercall（超调用，提供给 Guest OS 的直接调用，与系统调用类似）的方式来提供。由于不需要产生额外的异常和模拟部分硬件执行流程，超虚拟化可以大幅度提高性能，比较著名的超虚拟化有 Denali、Xen（开放源代码虚拟机监视器）。

（3）硬件辅助虚拟化

硬件辅助虚拟化是指借助硬件（主要是主机处理器）的支持来实现高效的全虚拟化。例如有了 Intel-VT（英特尔虚拟化）技术的支持，Guest OS 和 VMM 的执行环境自动地完全隔离开来，Guest OS 有自己的"全套寄存器"，可以直接运行在最高级别。Intel-VT 和 AMD-V 是目前 x86 体系结构上可用的两种硬件辅助虚拟化技术。

（4）部分虚拟化

部分虚拟化只模拟部分底层硬件，因此客户机操作系统不做修改是无法在虚拟机中运行的，其他程序可能也需要进行修改。在历史上，部分虚拟化是通往全虚拟化道路上的重要里程碑，最早出现在第一代的 CTSS（兼容分时系统）和 IBMM44/44X（实验性的分页系统）中。

（5）操作系统级虚拟化

操作系统级虚拟化中，所有用户的进程本质上是在同一个操作系统的实例中运行，因此内核或应用程序的缺陷可能会影响到其他进程。操作系统级虚拟化是一种在服务器操作系统中使用的轻量级的虚拟化技术，内核通过创建多个虚拟的操作系统实例（内核和库）来隔离不同的进程，不同实例中的进程完全不了解对方的存在。比较著名的有 Solaris Container、FreeBSD Jail 和 OpenVZ 等。

3.3.4　典型预测技术

最初预测任务数据量小，浅层神经网络训练速度快，但随着数据量的增加和准确度要求的不断提高，浅层神经网络已经远不能满足任务需求。近年来，深度学习引起了各领域研究者的广泛关注，深度学习方法在时间序列预测任务中与传统算法相比表现出了更强劲的性能，得到了长远发展和普遍应用。

深度神经网络与浅层神经网络相比有更好的线性和非线性特征提取能力，能够挖掘出浅层神经网络容易忽略的规律，最终满足高精度的预测任务要求。以下将主要介绍可用于解决时间序列预测问题的三大类深度学习模型。

1. 卷积神经网络 CNN

卷积神经网络（Convolutional Neural Networks，CNN）是一类以卷积和池化操作为核心的深层前馈神经网络，在设计之初，它主要用于解决计算机视觉领域的图片识别问题。

卷积神经网络做时间序列预测的原理是利用卷积核的能力，感受历史数据中一段时间的变化情况，根据这段历史数据的变化情况做出预测。池化操作可以保留关键信息，减少信息的冗余，卷积神经网络可以有效减少以往算法提取特征的人力资源消耗，同时避免了人为误差的产生。卷积神经网络所需的样本输入量巨大，多用于预测具备空间特性的数据集，它的网络结构一般有五层，具体结构如图 3-23 所示。

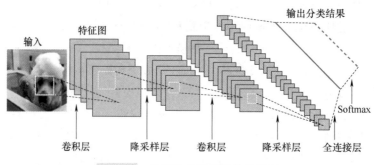

图 3-23　卷积神经网络结构示意图

2017 年，Li 等通过将时间序列的数值按一定规律排列并转化为图像进行处理，使用 CNN 模型将输入数据进行聚类，再将天气数据等外部影响因素考虑其中，进行电力负荷预测。

（1）WaveNet-CNN

2017 年，Borovykh 等受 WaveNet（波网）这种语音序列生成模型的启发，使用 ReLU（修正线性单元）激活函数并采用参数化跳过连接，在结构上进行了简化，改进了 CNN 模型。WaveNet-CNN 在金融分析任务中实现了高性能，证明了卷积网络不仅更简单更容易训练，同时在有噪声的预测任务上也能有优异的表现。

（2）k-means-CNN

随着数据集规模越来越大，CNN 在处理大数据集中表现不佳。2017 年，Dong 等选择将可以学习更多有用特征的 CNN 和分割数据的 k 均值聚类算法结合，得到 k-means-CNN 模型，通过将大数据集中的相似样本聚类，分成多个小样本来训练，在百万级大规模电力负荷数据集中表现良好。

（3）TCN

2018 年，Bai 等基于 CNN 提出了一种内存消耗更低而且可并行的时间卷积网络架构（Temporal Convolutional Networks，TCN）。TCN 引入因果卷积，保证了未来信息在训练时不会被提前获取到，它的反向传播路径与时间方向不同，避免了梯度消失和梯度爆炸问题。为解决 CNN 在层数过多时导致的信息丢失问题，TCN 引入残差连接使得信息在网络间传递时可以跨层传递。

2. 循环神经网络 RNN

循环神经网络（Recurrent Neural Networks，RNN）是由 Jordan 在 1990 年提出的用于学习时间维度特征的深度学习模型。

RNN 的各单元以长链的形式连接在一起，按序列发展的方向进行递归，模型的输入是序列数据，可用于处理自然语言处理的各种任务（如文本情感分类、机器翻译等）。RNN 同 CNN 一样，参数是共享的，因此在处理时间序列数据、语音数据时能体现出较强的学习能力，通过识别数据的顺序特征并使用先前的模式来预测，具体结构如图 3-24 所示。

图 3-24 中 x_t 表示 t 时刻的输入向量，h_t 表示 t 时刻的隐藏向量，可以看到传统 RNN 神经元会接受上一时刻的隐藏状态 h_{t-1} 和当前输入 x_t。

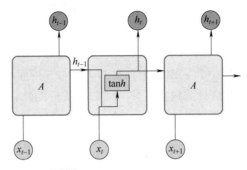

图 3-24 循环神经网络结构示意图

使用 RNN 训练容易出现很严重的梯度消失问题或者梯度爆炸问题。梯度消失问题主要是因为在神经网络模型中位于最前面层的网络权重无法及时进行有效的更新，训练失败；梯度爆炸问题是指由于迭代参数的改变幅度太过剧烈，学习过程不平衡。随着数据长度的提升，该问题越加明显，导致 RNN 只能有效捕捉短期规律，即仅具有短期记忆。

1997 年，Schuster 等将常规循环神经网络 RNN 扩展到双向循环神经网络（Bidirectional Recurrent Neural Networks，Bi-RNN）。Bi-RNN 通过同时在前向和后向上训练，不受限制地使用输入信息，直到预设的未来帧，可同时获得过去和未来的特征信息。在人工数据的回归预测实验中，Bi-RNN 与 RNN 训练时间大致相同并取得了更好的预测效果。

（1）长短期记忆网络

长短期记忆网络（Long Short-Term Memory，LSTM）于 1997 年由 Hochreiter 提出，用于解决 RNN 模型的诸多问题。LSTM 循环单元结构如图 3-25 所示。

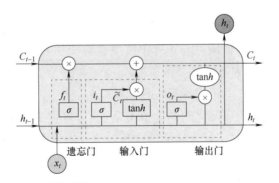

图 3-25 LSTM 循环单元结构示意图

LSTM 的神经元在 RNN 的基础上还增加了一个 cell 状态 C_{t-1}，与 RNN 中 h 的作用相似，都是用来保存历史状态信息的。LSTM 采用三个门来选择忘记和记住一些关键信息。

遗忘门和输入门都作用于单元的内部状态，分别控制遗忘多少前一个时间步内部状态的信息和吸收多少当前时刻的输入信息。若门的值为 0，即不遗忘和完全不吸收；若门的值为 1，即完全遗忘和全部吸收。输出门在隐层 h_t 发挥作用，主要决定该单元的内部状态对系统整体状态的影响程度。

王鑫等提出了一种基于 LSTM 的单变量故障时间序列预测算法，应用于航空领域的飞机数据案例，对比多元线性回归模型、支持向量回归等多个模型，最终 LSTM 模型表现出更好的性能。

2005 年，Grave 等提出了双向长短期记忆网络（Bidirectional Long Short-Term Memory，Bi-LSTM）结构，类似于 Bi-RNN，它由两个独立的 LSTM 拼接而成。Bi-LSTM 的模型设计初衷是克服 LSTM 无法利用未来信息的缺点，使 t 时刻所获得的特征数据同时拥有过去和将来的信息。由于 Bi-LSTM 能利用额外的上下文，而不必记住以前的输入，因此处理较长时间延迟的数据时表现出更强大的能力。经实验表明，没有时间延迟的 LSTM 几乎返回同样的结果，这代表着在部分时间序列数据中向前训练和向后训练两个方向上的上下文同样重要，Bi-LSTM 的特征提取能力明显高于 LSTM。

（2）门控循环单元

门控循环单元（Gated Recurrent Unit，GRU）是由 Cho 等 2014 年通过改进 LSTM 模型提出的，GRU 循环单元结构如图 3-26 所示。

GRU 相较于 LSTM 简化了结构，图 3-26 中的 γ_t 和 z_t 分别表示 GRU 仅有的重置门和更新门。重置门决定前一状态的信息传入候选状态的比例。更新门是将 LSTM 的遗忘门和输出门的功能组合在一起，用于控制前一状态的信息 h_{t-1} 有多少保留到新状态 h_t 中。GRU 的门的计算方式和 LSTM 类似，因此参数比 LSTM 少得多，从而训练时间更少，而且在多个数据集中的表现证明，GRU 有不亚于 LSTM 的准确度表现。

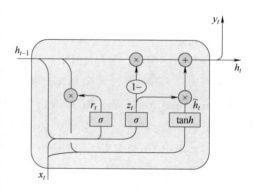

图 3-26　GRU 循环单元结构示意图

将 GRU 应用于交通流量预测并与 LSTM 模型做对比进行实验，在 MAE 评价指标下，GRU 的 MAE 评价指标比 LSTM 模型低 5% 左右。

对于电子商务中广泛存在的促销活动销售预测任务，Qi 等提出了一种基于 GRU 的算法来明确建模目标产品与其替代产品之间的竞争关系。Xin 等提出了另一项工作将异构信息融合到修改后的 GRU 单元中，以了解促销活动前预售阶段的状态。

3. Transformer 类模型

介绍 Transformer（变换器）模型之前先要介绍一下注意力机制，人类眼睛的视角广阔，但局限于视觉资源，往往重点关注视线中的特定部分，注意力机制就是以此为灵感提出的，重点关注数据中更有价值的部分。

（1）Transformer

Vaswani 等提出了 Transformer 这种与以往的 CNN 或者 RNN 结构不同的新的深度学习框架。Transformer 所采用的自注意力机制所解决的是：神经网络的输入是很多大小不一的向量，不同时刻的向量存在着某种潜在联系，实际训练的时候往往无法充分捕捉输入之间的潜在联系而导致模型训练结果较差。

Transformer 的核心是自注意力模块，它可以被视为一个完全连接层，其权重是基于输入模式的成对相似性而动态生成的。它的参数数量少，同条件下所需计算量更少，这使其适合建模长期依赖关系。

相较于 RNN 模型，使用 LSTM 和 GRU 也不能避免梯度消失和梯度爆炸的问题：随着网络越往后训练，梯度越来越小，要走 $n-1$ 步才能到第 n 个词，而 Tansformer 的最长路径仅为 1，解决了长期困扰 RNN 的问题。Transformer 捕捉长期依赖和彼此交互的突出能力对于时间序列建模任务有巨大吸引力，能在各种时间序列任务中表现出高性能。

（2）BERT

2018 年 10 月，Google 的 BERT（Bidirectional Encoder Representation from Transformers，基于变换器的双向编码器）模型横空出世，并横扫自然语言处理领域 11 项任务的最佳成绩，随后 Transformer 模型应用于各大人工智能领域。

2021 年，Jin 等为克服交通流量预测所需道路天气数据繁杂、通用性差和应用局限等缺点，提出了 TrafficBERT 这种适用于各种道路的模型。该模型通过多头自注意力来代替预测任务常用的 RNN 来捕获时间序列信息，还通过分解嵌入参数化来更有效地确定每个时间步之前和之后状态之间的自相关性，只需要有关交通速度和一周内几天的道路信息，不需要当前时刻相邻道路的流量信息，应用局限性小。

（3）AST

2020 年，Wu 等应用生成对抗思想在 Sparse Transformers（稀疏 Transformer）的基础上提出了对抗稀疏 Transformer（Ad-Versarial Sparse Transformer，AST）。

大多数点预测模型只能预测每个时间步的准确值，缺乏灵活性，难以捕捉数据的随机性，在推理过程中常常被网络自身的一步超前输出代替，导致推理过程中的误差累积，由于误差累积，它们可能无法预测长时间范围内的时间序列。大多数时间序列预测模型会优化特定目标，例如最小化似然损失函数或分位数损失函数，然而这种做法会强制执行步级精度。

精确损失函数无法处理时间序列中的真实随机性，从而导致性能下降。AST 模型通过对抗训练和编码器-解码器结构可以更好地表示时间序列，在序列级别以更高的保真度预测时间序列的多个未来步骤来缓解上述问题，并使用鉴别器来提高序列级别的预测性能。实验表明，时间序列步骤之间的依赖关系具有一定的稀疏性，AST 采用的对抗训练可以从全局角度改善时间序列预测，基于编码器-解码器的 Transformer 的性能优于仅采用自回归解码器的 Transformer。

（4）Aliformer

电子商务中，产品的趋势和周期性变化很大，促销活动严重影响销售导致预测难度较大，对算法要求更高。

2021 年，阿里巴巴的 Qi 等为解决电子商务中准确的时间序列销售预测问题，提出基于双向 Transformer 的 Aliformer，利用历史信息、当前因素和未来知识来预测未来的数值。Aliformer 设计了一个知识引导的自注意力层，使用已知知识的一致性来指导时序信息的传输，并且提出未来强调训练策略，使模型更加注重对未来知识的利用。

对四个公共基准数据集（ETTh1、ETTm1、ECL2、Kaggle-M5）和一个大规模的天猫商品销售数据集（TMS）进行的广泛实验表明，Aliformer 在销售预测问题中可以比最先进的时间序列预测方法表现得更好。

（5）Pyraformer

2022 年，Liu 等提出 Pyraformer，这是一种基于金字塔注意力的新型模型，可以有效地描述短期和长期时间的依赖关系，且时间和空间复杂度较低。

Pyraformer 首先利用更粗尺度的构造模块（Coarser Scale Construction Module，CSCM）构造多分辨率的 C 叉树，然后设计金字塔注意模块以跨尺度和尺度内的方式传递消息。当序列长度 L 增加时，通过调整 C 和固定其他参数，Pyraformer 可以达到理论复杂度 $O(L)$ 和最大信号遍历路径长度 $O(1)$。实验结果表明，Pyraformer 模型在单步预测任务和多步预测任务中都优于最先进的模型，而且计算时间和内存成本更少。

（6）Conformer

2023 年，Li 等为解决有明显周期性的长序列预测任务的效率和稳定性问题，提出了一种针对多元长周期时序预测的 Conformer 模型。

该模型采用快速傅里叶变换对多元时间做处理，以此来提取多元变量的相关性特征，完成了多个变量之间关系的建模，以及月、周、天、小时等不同频率下规律性的提取。为了提升长周期预测的运行效率，Conformer 模型采用了滑动窗口的方法，即每个位置只和附近一个窗口内的邻居节点结算 attention（注意力机制），牺牲了全局信息提取和复杂序列模型建模能力，从而将时间复杂度降低到 $O(L)$。Conformer 模型又设置了静止和即时循环网络模块，使用 GRU 编码输入时间序列，来提取全局信息弥补滑动窗口方法造成的全局信息损失。

为解决高位多元时间序列联合建模所形成的分布复杂的问题，Conformer 采用标准化流操作，即用 GRU 产出的全局信息和解码器信息进行标准化流的初始化，然后进行一系列映射得到目标分布后进行预测。

3.3.5　其他技术

1. 雾计算

相比于云计算的高高在上和遥不可及，雾计算更为贴近地面。将数据从云端导入和导出实际上比人们想象的要更为复杂，由于接入设备越来越多，在传输数据、获取信息时，带宽就显得不够用了，这就为雾计算的产生提供了空间。

雾计算的概念在 2011 年被提出，它由胜能较弱、更为分散的各种功能计算机组成，渗入了电器、工厂、汽车、街灯及人们生活中的各种物品。雾计算是介于云计算和个人计算之间的、半虚拟化的服务计算架构模型，强调数量，不管单个计算节点能力多么弱都要发挥作用。

雾计算有几个明显特征：低延时、位置感知、广泛的地理分布，适应移动性的应用，支持更多的边缘节点，这些特征使得移动业务部署更加方便，满足更广泛的节点接入。

与云计算相比，雾计算所采用的架构呈分布式，更接近网络边缘。雾计算将数据、数据处理和应用程序集中在网络边缘的设备中，而不像云计算那样将它们几乎全部保存在云中，数据的存储及处理更依赖本地设备，而非服务器。所以，云计算是新一代的集中式计算，而雾计算是新一代的分布式计算，符合互联网的"去中心化"特征。

2. 边缘计算

边缘计算指在靠近物或数据源头的网络边缘侧，融合网络、计算、存储、应用核心能力的开放平台，就近提供边缘智能服务，满足行业数字化在敏捷连接、实时业务、数据优化、应用智能、安全与隐私保护等方面的关键需求。

一般而言，雾计算和边缘计算的区别在于，雾计算更具有层次性和平坦的架构，而边缘计算依赖于不构成网络的单独节点。雾计算在节点之间具有广泛的对等互联能力，边缘计算在孤岛中运行，其节点需要通过云实现对等流量传输。

边缘计算和云计算都是处理大数据的计算运行方式。但不同的是，边缘计算中数据在边缘侧就能解决，而不用再传到遥远的云端，更适合实时的数据分析和智能化处理，也更加高效而且安全。

如果说物联网的核心是让每个物体智能连接、运行，那么边缘计算就是通过数据分析处理，实现物与物之间的传感、交互和控制。边缘计算作为一种将计算、网络、存储能力从云延伸到物联网网络边缘的架构，遵循"业务应用在边缘，管理在云端"的模式。

3. 智能决策

所有物理空间的对象，无论是智能的物体还是非智能的物体，都可以参与到物联网的感知、通信和计算过程之中，计算机在获取海量数据的基础上，通过对物理空间的建模和数据挖掘，提取对人类处理物理世界的执行设备，实现对物理世界的智能处理。这种从感知物理世界的原始数据信息，到人类处理物理世界问题的智能行为，形成了一个从感知、通信、计算、挖掘、智能决策到智能控制的闭环过程。

3.4 其他相关技术

3.4.1 知识图谱技术

1. 知识图谱技术的相关概念及基本功能

知识图谱是把关联数据集等作为基础，对数据资源进行语义标注，明确不同知识资源的关联，由此开展语义分析及挖掘，根据语义处理能力、开放互联能力等为用户提供浏览检索等多项服务。就本质意义上而言，知识图谱是一种特殊化的语义网络结构，也是语义网络技术的一个成果体现。最近几年，Web 资源数量显著增多，并且 RDF 数据被发布与共享，在这些因素的共同影响之下，互联网架构及知识内容也产生了重大变化，即由涵盖网页间超链接的文档万维网转变为对不同实体间关系进行精准描述的万维网，经过该方面转化之后，为知识的探索、挖掘、利用等提供了重要路径。

知识图谱是知识工程在当前人工智能、大数据技术快速发展时期的新形态与新产物，现在正与其他新兴信息交叉融合发展。中国中文信息学会语言与知识计算专委会对知识工程四十年以来的发展历程进行了回顾，发现知识工程由五个标志性的阶段组成：前知识工程时期、专家系统时期、万维网 1.0 时期、群体智能时期及知识图谱时期。其中，知识图谱发展历程中有几个关键事件与概念，可以以此为关键特征描述知识图谱的技术发展历程。

1）专家系统概念的提出——知识图谱技术的萌芽时期。人工智能的符号主义学派认为人的认知过程是在符号表示上的一种运算，倡导计算机模拟人类思维活动、通过逻辑表达方式实现计算机智能。1965 年，斯坦福大学的 Edward Feigenbaum 提出专家系统（Expert System）的概念，原理是在领域知识库的基础上通过推理机机制解决问题，此时的知识库是知识图谱的最早雏形。

2）知识工程概念的提出——知识图谱技术的工程化时期。1977 年，美国斯坦福大学计算机科学家 EdwardFei genbaum 在举办的第五届国际人工智能会议上提出知识工程的概念，希望将特定领域专家的知识集成到计算机系统，让计算机系统依据知识库、知识规则完成领域专家才能完成的推理、问答等复杂任务，进而辅助普通用户能以领域专家的水准完成任务。此外，知识工程概念的提出使人们从系统化的视角思考与建设知识图谱。

3）知识本体概念的提出——知识图谱技术的形式化时期。1991 年，Niches 提出知识本体的概念将领域知识形式化。1993 年，Gruber 定义知识本体（Ontology）是概念体系的明确规范。研究者通过捕获相关领域的知识并从不同层次对其进行规范化描述，使其具有明确定义、可被计算机处理、能实现群体共享。知识本体概念的提出与应用，为知识图谱技术从理论研究走向大规模工程实践奠定了基础。

4）语义网与专家知识系统发展——知识图谱技术的互联网时期。1998 年，万维网（World Wide Web，WWW）的发明者 Tim Berners-Lee 在万维网发展 10 年后提出语义网（Semantic Web，SW）概念，期望将传统人工智能的发展与万维网结合，以资源描述框架（Resource Description Frame-work，RDF）为基础在万维网中应用知识表示与推理方法，因此出现了大规模的专家知识系统。例如，第一代专家系统 DENRAL 识别分子结构系统、第二代专家系统 MYCIN 医疗诊断系统等。此时，知识图谱技术开始与互联网技术结合开展应用，知识图谱走向网络化。

5）知识图谱概念提出——知识图谱技术的快速发展时期。2012 年，Google 正式提出知识图谱（Knowledge Graph）概念，构建了用于增强搜索引擎功能的知识库，开启了现代知识图谱序章。此时，知识图谱在搜索引擎、电商、医疗、安防、金融、教育等领域开始应用，例如 Facebook、百度、阿里巴巴、腾讯等互联网企业构建的商业领域知识图谱及 eduKG、MQQCCube 等典型的教育领域知识图谱等。其中，知识图谱与其他技术融合发展，尤其是人工智能、大数据技术，使其构建走向半自动化、自动化阶段，在智能系统中的作用逐步向向上支持各类复杂服务，向下统摄各类数据发展。

知识图谱的基本功能包含三个方面：第一，可以为广大用户提供智能化的检索服务，并从本质上规避语言的歧义性；第二，通过信息元侧边栏可以对知识进行归纳、梳理，以便更加职能、高效、全面地展现给用户；第三，通过信息推荐，可以为广大用户提供范围更广、涉及内容更多的知识。

2. 知识图谱关键技术

知识图谱关键技术主要涉及知识表示与建模技术、知识推理技术、命名实体识别技术、关系抽取技术、实体链接技术及多任务联合学习技术等。下面对这几种技术的相关工作进行简要介绍。

（1）知识表示与建模技术

知识表示与建模是知识图谱构建和应用的基础，是现实世界的可计算模型。知识的表示学习技术在上一节中进行了详细的介绍，这里简单介绍知识表示与建模的相关工作。早期的知识表示技术主要是采用框架语言和产生式规则等方法（早期的专家系统），但是这些方法没有形式化的语义定义，缺少严格的理论模型，因此，研究者们转向研究以描述逻辑语言（本体语言 OWL 的理论基础）为代表的知识表示框架。语义网（Semantic Web）提出了数据模型 RDF（资源描述框架），该模型采用三元组 (h, r, t) 作为基本单元，也是知识图谱表示模型的基础，现代知识图谱的知识表示模型大多是在该模型的基础上进行扩展的。例如，有知识图谱通过增加时间信息来提高表达能力，采用四元组 (h, r, t, τ)，其中 τ 表示时间。MDATA（Multidimensional Data Association and in Telligent Analysis，多维数据关联与智能分析）模型包括关联表示、关联构造和关联计算三部分，关联表示考虑时间特性和空间特性，形成一张超语义图，从而有效解决已有知识表示模型对时空特性表示能力弱的问题。

（2）知识推理技术

知识推理技术是根据已有知识，在给定三元组中两个元素的基础上推断另一个元素的技术，是知识图谱应用和验证的技术。知识推理技术包括基于逻辑规则的知识推理、基于模式归纳的知识推理和基于实体关系学习的知识推理。其中，基于逻辑规则的知识推理一般基于一阶谓词逻辑和缺省逻辑等，通过规则从已有知识图谱中推理新的关系，并验证是否存在冲突情况；而基于模式归纳的知识推理主要是在知识图谱本体的模式层中学习约束、公理等来挖掘概念的关系。基于实体关系学习的知识推理是目前的主流研究方法，该类方法包括基于分布式表示学习的方法、基于复杂神经网络的方法和基于混合模型的推理方法。

（3）命名实体识别技术

实体是知识图谱的最基本元素，命名实体识别（Named Entity Recognition，NER）技术是从文本中抽取有特定意义的实体及其类别，主要包括人名、地名、机构名等。命名实体识别技术在 20 世纪 80 年代的 MUC（消息理解系列会议）任务中被提出，早期的方法依赖于基于规则和字典的方法。自 20 世纪 90 年代开始，随着传统机器学习方法的发展，一些统计模型，如最大熵分类模型、隐马尔可夫模型（Hidden Markov Model，HMM）、条件随机场模型（Conditional Random Field，CRF），被用于此任务，取得了一定的成效。其中，CRF 将实体识别任务转化为序列标注任务，是实体识别技术中最为常用的模型。但是相较于深度学习模型，这些模型对于文本特征的挖掘不够深入，一些模型还依赖于人工来定义特征，效果、性能不够理想。

采用深度学习模型的命名实体识别技术主要可以分为两大类：一类仍采用序列标注的方法，结合 CRF 模型与深度神经网络，如 RNN 和 CNN 等，通过标签分类的方法进行实体识别；另一类利用 Span（跨度）的方法，枚举句子中所有可能为实体的词组（N-Gram），通过语言模型或者其他神经网络的方法计算每个词组的表示，利用分类的方法进行实体识别。当前命名实体识别在公开数据集 ACE2003 上的准确率已经能达到 94.3% 了。

（4）关系抽取技术

关系抽取技术是对给定命名实体的文本，自动抽取其中每两个实体之间存在的语义关系的技术，目标是得到实体关系三元组（h,r,t）。关系抽取是知识图谱构建中的关键步骤，同时也为知识图谱应用提供重要支持。关系抽取技术根据是否预先给定关系种类，分为两大类：限定关系抽取技术已知所有关系的集合，将关系抽取转化为分类问题，该技术一般采用有监督或者半/弱监督的方法；开放式关系抽取不预先定义关系类别，而是由系统自动从文本中发现关系类型并进行抽取，一般采用无监督的方法展开研究。

无监督方法一般通过对无标注语料中实体关系特征的学习进行聚类，然后依据聚类的结果给定关系。但是受限于聚类结果本身难以规则化和低频率实例召回率低等问题，抽取效果一般较差，且难以直接拿来构建知识图谱。半监督方法处理只有少量标注的情况，利用Bootstrapping（自助法）及远程监督学习的方法，根据已有的标注信息抽取新实例来丰富训练数据。该方法不需要人工标注，但是需要依赖已有知识图谱，并且语料汇总噪声较多。有监督方法依赖于高质量的标注好的数据语料，采用分类方法解决。目前针对有监督方法的关系抽取方法是研究最为广泛充分的，该类方法对于高质量数据的标注的准确率（F1 值）能达到90%以上，但是这类方法只能抽取固定的关系类别，模型迁移性较差。

（5）实体链接技术

实体链接技术是将给定文本的实体提及（mention，又称为实体指称）映射到知识图谱上对应的实体中，以消除提及歧义性和模糊性的技术。实体链接技术一般包括候选实体生成和候选实体排序（实体消歧）两部分，相关工作的研究主要集中在实体消歧的部分。候选实体生成方法多综合利用百科知识库构建字典的方法，然后在此基础上利用一些规则启发式的生成候选实体。在此基础上，也有研究利用简单的网络模型对候选实体进行进一步缩减。此外，候选实体生成方法还有利用信息检索的方法，该类方法相对简单，适用范围广，但是召回率相较于字典的方法较差。实体消歧方法可以分为基于概率统计模型的方法、基于图模型的方法和基于深度学习的方法等。

除了上述的通用实体链接技术，面向应用需求，实体链接技术还发展出很多扩展技术，如跨语言的实体链接技术，低资源、无标签的实体链接技术和面向特定领域的实体链接技术等。

（6）多任务联合学习技术

多任务联合学习技术（Multi-task Joint Learning）一般是对有密切联系的两个或多个任务进行联合学习的技术，如早期在自然语言处理领域的命名实体识别和实体标准化的联合学习及文本分词和词性标注的联合学习等。多任务联合学习技术是与流水线（Pipelined Method）技术相对应的，流水线技术在训练时为每个任务分别采用对应技术来训练独立的模型，在预测（应用）时顺序运行每个模型，前序模型的输出作为后序模型的输入，最后输出整体结果。流水线技术的优势是可以直接调用每类技术中研究效果较好的方法，方法简单，某一技术有突破可以直接进行更新；缺点在于各任务独立训练，需要训练并保存多个模型，训练数据和预测数据不一致，误差会累积。多任务联合学习技术多是面向应用设计的，其优势在于，具体方法是端到端的，可以充分利用任务的内在联系提升方法效果；缺点在于，模型设计较为复杂且当前大多数模型仍然是基于模型参数共享，而非彻底的联合。

在知识图谱中，常用的多任务联合学习技术为实体识别链接技术和实体关系联合抽取技术。实体识别链接技术又称为端到端的实体链接技术，目标是对于给定文本，识别其中的实体并返回实体对应的知识库实体。实体关系联合抽取技术的目标是对于给定文本，同时抽取其中的实体和关系，返回文本中包含的三元组。随着深度学习的发展，实体识别链接技术由基于特征工程的方法，逐渐发展到利用神经网络的方法进行实现，实体关系联合抽取技术也利用神经网络的方法取得了相当的进步。

3. 知识图谱技术实现流程

知识图谱技术的实现流程包含五部分，即知识获取、知识融合、知识存储、知识检索和可视化展现结果。

（1）知识获取

为了对知识进行丰富、完善，进一步提高知识服务质量，以便为广大用户提供高质量的答案，知识图谱中不仅需要包含多领域的常识性知识，同时还应当对知识内容进行动态化更新、完善。知识图谱的服务范围、服务深度等会受到多方面因素的直接影响，比如知识数量、知识质量等，因此在构建知识图谱时，要将全面、丰富的知识内容作为支撑。通常情况下，不同领域的常识性知识源自多个方面，如百科类站点、垂直站点中的结构化数据等，但是不同站点中的知识也是不断更新的，所以知识图谱也需要做好知识获取工作，以便丰富知识内容。

新时代环境下，用户交互的频率日益提升，由此而形成的用户交互内容不断增多，越来越多的用户开始参加网络信息创建、网络信息组织、网络信息传播等多方面活动，在此过程中也会形成海量的信息数据，该方面也是知识图谱必须要进行整合的知识内容。与此同时，知识图谱需要根据用户的兴趣爱好，为用户推荐一些专业化、丰富化，并且具备较强针对性的知识，若想实现该方面目标，还需要对用户的行为数据进行抽取、整合，例如表明用户个人身份的信息、用户访问日志数据等。再比如，可以对用户查询内容进行提取、整合，然后在此基础上剖析用户的兴趣爱好，再根据用户点击的链接、用户搜索时的停留时间等信息评判用户关于所搜寻答案的满意度，从而获取用户的行为数据，以便后期为用户提供针对性的知识服务。

当在获取知识时需要应用多项技术，例如语言处理技术、机器学习技术等，尤其是大数据技术、人工智能技术水平持续提升，对智能化数据进行整合、提取、挖掘和利用是开展分析工作的基础，也是信息数据价值的一种重要体系，知识资源实质上为知识推理、数据分析等多项工作提供了至关重要的参考。

（2）知识融合

由于知识图谱中的信息数据是从不同站点、不同领域获取整合而得，所以知识质量良莠不齐，并且还存在重视交叉重叠、知识关联度较弱等一系列问题，不利于为客户提供高质量服务，所以要立足于知识图谱的发展和用户需求以促进知识融合。知识融合属于一种层次较高的知识组织，可以在同一个框架中对源自不同层面的知识进行异构数据整合、利用，从而提高重要度计算的精准性及推理验证工作的合理性，对数据、信息、经验和思想等内容进行高效化整合利用。就严格意义上来讲，对于知识图谱构建关系的过程而言，实质上就是对有关实体进行挖掘，即找出用户查询过程中的共享实体，或者在查询同一个链接时曾被多次提及的其他实体，并在此基础上整合链接、统计链接，积极开展用户查询日志分析工作，明确查询主题的分布状况，并利用科学化的方法验证分析同一主题中的实体类型，从而让多个主体构建密切关联。

对于实体重要度而言，一般情况下是通过 PageRank（页面排序算法）等算法进行计算，实体重要度计算结果会受到多方面因素的影响，比如实体属性与实体间的逻辑关系、不同实体与语义关系的流行度等，所以在计算分析的过程中要对这两个方面进行综合性考量。如果用户查询过程中的实体被识别，客户将可以立体化、形象化、直观化地查看该实体的结构化摘要，若具体查询时涵盖多个实体，则应当选取与查询存在直接关联的实体，并利用恰当的方法对更为重要的实体进行展现。例如，当查询"张伟"这一姓名时，会显示 1000 多个同名实体，而此时要根据重要度结论对这 1000 多个实体进行排序，然后再展现给用户。

（3）知识存储

在知识图谱中，知识存储在知识库中，而该知识库属于一个关联集合，涵盖的内容非常多。其中对于一些比较杂乱、烦琐的信息数据，应当在前期利用科学化的方法进行融合处理，由此使其形成一个规范、有序的知识体系，并按照知识类别存储知识，将知识存放在各知识模块中，最后再在此基础上编制索引，确保用户在知识检索时可以获得精准化、高效化的结果，对知识数据进行深度挖掘及高效化利用。

在对知识图谱中涵盖的知识数据进行存储、利用的过程中，要选择恰当的存储介质和存储形式，并且还要确保知识快速可读，不会影响系统运行效率及数据操作管理水平等。当更新、完善、修订知识库中的知识时，需要遵循相关性准则，找出新旧知识之间的关联度，使新旧知识保持较高的连贯性，不会产生新旧知识冲突的问题，从而丰富知识库内容，为用户展现更加丰富的知识服务。

（4）知识检索

知识检索是将传统的知识组织体系作为参考，实现知识关联、概念语义检索等目标，进而为用户提供智能化检索服务。其中，在知识图谱之中，知识检索包括两类核心，一类是从知识库中找出的与之表现为对应关系的实体；另一类是根据实体类别、实体关系等找出的关联实体。

用户的查询式是指在语义分析理解的基础上，对自动生成的标准查询语句进行整合、利用，然后通过检索系统进行解析，并把解析结果与知识库中存在的知识进行匹配，最后再开展统计分析、推理排序、预测判断等工作。与此同时，系统也会参照查询词语表达的基本概念、语义内涵等内容，检索此词语的同义词、近义词等相关内容，由此对相关概念内容进行丰富、扩充，避免产生漏检问题。

（5）可视化展现结果

知识图谱可视化展现结果能够为用户带来直观化、智能化、高效化的体验感，即利用可视化技术把原本知识库中所存在的枯燥、静态的数据转变为形象化、立体化的内容，以便用户进行分析理解。一般是将内容放置于一个信息栏之中，用户可以直观、形象地找出自身所需的知识，解答个人疑惑。同时，丰富的可视化展现形式还可以为用户提供图片、列表等信息内容展现形式，丰富用户交互元素，使用户获得优良的体验感，例如试听、图片浏览等，可以使用户通过丰富化的形式获取知识。比如，当搜索"开国将领"时，所呈现的内容不但包含文字介绍，并且还附列有每一位将帅的照片及视频资料等；再比如，当搜索"张艺谋导演的电影作品"时，所展现的信息栏中不但列出了张艺谋导演的所有电影，而且还可以根据时间、观众好评度、地区等进行精准化搜索，以便帮助用户对目标进行快速锁定。

在知识图谱可视化展现方面，一方面要确保所展现答案的全面性、精准性，另一方面还应当基于可视化展现要求，合理规划知识模块位置、精准把控内容粒度等。在可视化展现过程中，应当应用多项技术，例如 Web 客户端技术、可视化技术等，确保用户可以在最短时间范围内获取知识及答案。

3.4.2　区块链技术

1. 区块链技术的概念、构成及主要特征

区块链在 2018 年作为比特币的底层技术引入，Nakamoto 把区块链定义为"一个由有序区块组成的分布式数据库"。区块链是分布式数据储存、点对点传输、共识机制、加密算法等计算机技术的新型应用模式。本质上，它是一个去中心化的数据库，所有交易均由该网络中的用户验证和记录，并带有连接到前一个块的按时间排序的时间戳，一旦添加到网络中就不可逆转。区块链的组织形式包括链式和环式两种类型，如图 3-27 所示。在链式数据结构中，区块由区块头和区块体组成，所有的区块根据散列值形成一条链状结构，以链状单向的方式进行延展。而环式结构的节点代表数据块，有向边表示父子数据块之间的验证关系，所谓环型链，是由多个区块沿同一环绕方向顺序链接后而成的，并且环形链的首端区块中存储有环形链的末端区块，其中的数据是经不可逆算法计算得到的校验值。总体上，这两种形式的数据结构均能保证所有节点在不涉及中心化角色或第三方的情况下就数据达成一致。

区块链技术的发展历程可分为四个阶段：1.0 阶段的数字货币应用，2.0 阶段的智能合约应用，3.0 阶段的可编程区块链，4.0 阶段的人工智能和区块链技术的融合，如图 3-28 所示。区块链 1.0 专注于在与货币现金相关的应用中部署加密货币，如货币转移、汇款和数字支付系统。区块链 2.0 是区块链 1.0 的扩展，包括隐私、智能合约和非本地资产区块链代币和功能的出现，如以太坊。区块链 3.0 则通过整合去中心化应用程序，使后端代码在分散的点对点网络上运行，直接连接用户和提供者，使用加密令牌在分散的区块链上实现，具有灵活、透明、分布式、弹性和清晰的激励结构，创建去中心化存储和去中心化计算的模式，从而为平台提供了更大的可扩展性。区块链 4.0 涉及联合使用人工智能与区块链技术解决复杂问题，这是因为人工智能做出的决策存储在区块链中，最后会反馈给人工智能，以帮助其进行分析并改进决策，尤其适用于对可追溯性和不变性要求较高的情境。

区块链主要由分布式账本、加密技术、智能合约三大技术构成，通过分布式记账实现点对点的价值传输，保证信息的可追溯，使用加密技术和共识机制保证数据的真实性和安全性。其中，智能合约是一个帮助执行合同的小型计算机程序，通过提供高安全性和降低交易成本，取代了通常的合同需求。智能合约被编码为包括规则、处罚和行动的条件，这些条件适用于交易中涉及的各方，通过自动执行合同，帮助使用区块链的主体建立一个去中心化的生态环境。区块链技术主要具有以下特征：

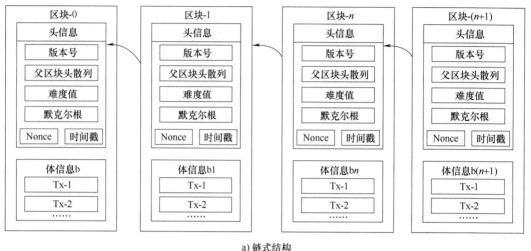

a) 链式结构

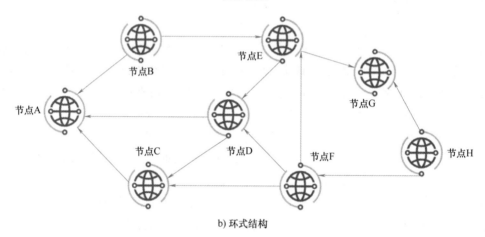

b) 环式结构

图 3-27 区块链结构图

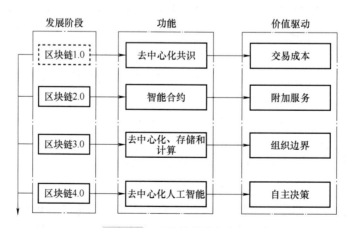

图 3-28 区块链技术的发展

（1）去中心化与不变性

去中心化是区块链技术的关键特征之一，由于使用分布式核算和存储，区块链系统不存在中心化的硬件或管理机构,任意节点的权利和义务平等,数据可以在多个系统上访问、监控、存储和更新,任何合格的区块全部能够在参与者协议中经过验证。去中心化的特征保证了稳健性,同时消除了多对一的流量,能够避免延迟和单点故障。不变性也称不可篡改或不可伪造性,意味着一旦数据被添加到区块链中就无法进行篡改。区块链结合共识和加密算法,提供时间戳来控制不变性。每个区块均采用带有时间戳的哈希算法进行加密,只有在全系统多数节点形成共识时,数据输入才具有永久性且防篡改。任何被授权的访问者均可在任何时间进行访问,并且一旦被认证加入区块中,它们将不能被修改或者删除,从而变得不可逆转且不可变。

(2)开放性与透明度

区块链技术基础是开源的,除了交易各方的私有信息被加密外,数据对所有人开放。所有验证后的数据均被记录到区块链系统上,参与人可以方便地获取含有详细交易流程、全生命周期可见和可溯源的信息。整个信息系统是高度透明的,因为所有网络节点均可参与区块链网络数据记录和维护,且每一个参与者均能够查询区块链上的记录。

(3)可追溯性与匿名性

区块链本身是一个块链式数据结构,它利用时间戳对每一笔交易进行识别和记录,允许节点保持交易的顺序并使数据可追溯,既能保证数据原创性,又降低了交易溯源的成本。区块链为所有交易提供了加密的编码记录,应用于数据加密和数字签名两方面,通过参与者的身份验证保证了交易数据的安全。同时,在区块链交易中采用公钥与私钥相结合的方式,在允许第三方进行身份验证的情况下,可选择维护匿名来保护隐私,从而实现对交易的隐私进行维护与保护。

2. 区块链关键技术

(1)区块链的分类

根据用途和属性,区块链可分为公有链、联盟链和私有链三种类别,见表3-4。公有链是指系统参与者无需任何许可即可加入网络。公有链通常是完全去中心化的,参与者可以参与共识过程,读取和发送交易,维护共享账本,其中公有链的共识机制为 PoW(工作量证明)/PoS(权益证明)/DPoS(股份授权证明)。联盟链介于公有链和私有链之间,仅允许受邀和受信任的参与者加入和维护网络。与私有链相比,这种类型的区块链虽然共识过程较慢,但能以更安全的方式处理信息。私有链只有经过授权许可的参与者才能加入网络,具有更高的安全性,隐私保护更好,操作更简单,但私有链中节点不是匿名的。联盟链和私有链的共识机制都是分布式一致性算法。因此,公有链更适用于对可信度、安全性要求高,但对交易速度要求不高的场景,私有链和联盟链更适用于对隐私保护、交易速度和监管要求较高的场景。

表 3-4　三种类型的区块链对比

类型	公有链	联盟链	私有链
参与者	所有人均可	联盟	个体或组织内部
记账权	所有参与者	协商确定	自定义

（续）

类型	公有链	联盟链	私有链
共识机制	Pow/PoS/DPoS	分布式一致性算法	分布式一致性算法
激励机制	需要	可选	不需要
中心化程度	去中心化	去中心化	去中心化
优点	权力下放快	交易速度	交易速度快
	透明度	交易成本低	可扩展性强
	访问门槛低	安全性高	安全性高
	数据防篡改	隐私性强	吞吐量高
缺点	吞吐量低	权力易集中	易攻击
	交易速度慢	节点性能要求高	权力易集中

区块链中参与通信的各方在没有第三方干预的情况下执行不同交易，这些事务和通信的验证与确认由特殊类型的节点执行。有效事务包含在称为块的数据结构中，当前事务的执行取决于先前提交的事务，有助于避免和限制加密货币系统中的双重支出。区块链的架构描述了区块结构及其链接方式，其中块链是由前一个块的哈希所创建的。块分为块标头和交易记录列表，块标头由三个组件组成：第一个组件是前一个块的哈希码，它将当前块与前一个链接起来；第二个组件用于创建块挖掘统计信息；最后一个组件是当前块的哈希代码，是验证块中所有事务完整性的基础。为了生成当前块的哈希码，还要使用上一个块的哈希代码。因此，如果攻击者试图修改块内容，必须修改链的其余部分的哈希代码。交易的授权和认证是通过非对称加密来完成的，交易一旦包含在链中，就不能删除或更改。区块通过包含上一个块的哈希值而被链接在一起，从而形成一个区块链。如果区块有效并且具有工作量证明（PoW），则将在链中被接受，这是由挖掘过程生成计算的哈希。它有一种安全散列技术，安全散列指针指向前一个散列，如果修改了任何块，则必须重新计算后续所有块。

（2）区块链的架构

区块链的体系架构目前在学术上还没有明确的定义，以下介绍将其从下到上分为数据层、网络层、共识层和合约层。

1）数据层。默克尔树（Merkle Tree），又称哈希树，由 Ralph Merkle 提出，用做快速归纳和校验大规模数据完整性的树形数据结构。它具有以下特点：大多数是二叉树，也可以是多叉树，具有树结构的所有特点；叶子节点存储的是数据块的哈希值；而非叶子节点则记录其左右子节点内容的哈希值。

存储的叶子节点数据有任何的变动，都会逐级向上影响到相应的父节点，最终使 Merkle 根节点的哈希值发生变化。比特币（Bitcoin）中采用的是最简单的二叉 Merkle 树。

帕特里夏树（Merkle Patricia Tree，MPT）简称 MPT 树，是以太坊中用来组织和管理用户状态、交易等重要数据的一种加密数据结构，融合了 Merkle 树和 Trie 树两种数据结构的优点。其中，Trie 树又称 Radix 树，键（Key）代表从树根到对应值（Value）的一条真实路径。优点是前缀键（Key）越相同值（Value）在树中的位置就越靠近，并且一个键只对应一个值。缺点则是树不平衡，即前缀键越长，树越深，遍历和存储效率相对就越低。

相对于 Bitcoin 中相对静止的 Merkle 树，以太坊中尤其是状态树需要经常的更新和查询，因此 Merkle Patricia Tree 具有如下特点：MPT 在插入、更新、删除节点后，可以快速计算得到树根；MPT 树的深度有限，方便查询和更新；MPT 树的根植只取决于数据，与节点更新的顺序无关。在后文所提出的晶格区块链模型中，由于账户需要不断更新，所以晶格区块链模型中的账户以 MPT 的形式组织在创世头块中。

2）网络层。区块链的网络层是一个 P2P 拓扑结构，在后文所提出的晶格区块链模型中节点之间通过 Gossip 协议进行相互通信。在 Gossip 过程中，当种子节点（消息始发节点）有状态需要更新到网络中的其他节点时，它会随机地选择周围几个节点散播消息，收到消息的节点也会重复该过程，直至最终网络中所有节点都收到消息。Gossip 具有如下特点：

扩展性：网络可以允许节点的任意增加和减少，新增加的节点的状态最终会与其他节点一致。

容错：网络中任何节点的宕机和重启不会影响消息的传播。

去中心化：不需要中心节点，所有节点对等，任何一个节点无须知道整个网络状况，只要网络是连通的，任意一个节点就可以把消息散播到全网。

一致性收敛：不能保证某个时刻所有节点都收到消息，但是消息会以指数级的速度在网络中快速传播，理论上最终所有节点都会收到消息，因此，它是一个最终一致性协议，消息传播速度达到了 $O(\log(N))$。

3）共识层。共识层是区块链系统的核心，而共识算法则是区块链的精髓。共识算法是区块链系统中的各节点间根据某一事先协商好的规则来确定分布式账本的记账流程，以此使不同节点对交易数据达成共识，从而保障分布式账本的一致性和真实性。其本质是不同节点采用分布式共识机制对区块链的结构达成一致，这也是区块链系统的核心。共识过程包括选举、提议、验证、上链。即由所有节点选举出主节点来主导共识；选举出主节点负责提议新的区块；其他节点负责验证提议的区块，如果大多数节点验证通过，该提议区块可被更新至主链；所有节点将新区块添加到主链，从而完成一个完整的共识流程。从比特币中最早采用的基于链状结构的 PoW 算法，到现在基于有向无循环图的共识算法，共识算法及共识算法所作用的区块链结构不断演进。

4）合约层。智能合约是运用计算机程序语言编写的可以在区块链上自动执行的合同条款，类似于脚本程序，其代码和数据被分布式地存储在区块链网络中的所有节点上，并可以同时运行在全网的所有节点中，因此具有区块链的一般特性，如去中心化、不可篡改、透明可信等。任何节点发生故障都不会影响合约程序的运行，并且任何机构和个人都无法将其强行停止或者篡改智能合约的代码，以及智能合约执行的结构可以被全网的所有节点所验证。外部应用以交易的形式调用链上的智能合约，并按照合约预先定义了交易的逻辑和状态数据的访问规则去执行交易和访问状态数据。2014 年，Vitalik Buterin 提出了基于以太坊虚拟机（Ethereum Virtual Machine，EVM）图灵完备的智能合约，允许开发人员使用类似 JavaScript 的高级语言 Solidityf 进行智能合约的开发。随后，小蚁链（NEO）也提出了基于其 NeoVM 的智能合约，而量子链（QTUM）则是基于比特币 UTXO（未花费的交易输出）模型，融合了权益证明（PoS）机制，并且兼容以太坊虚拟机（EVM）的智能合约。

3.4.3　数字孪生技术

1. 数字孪生技术发展背景及概念

（1）数字孪生发展背景

"孪生"的概念起源于美国国家航空航天局的"阿波罗计划"，即构建两个相同的航天飞行器，其中一个发射到太空执行任务，另一个留在地球上用于反映太空中航天器在任务期间的工作状态，从而辅助工程师分析处理太空中出现的紧急事件。当然，这里的两个航天器都是真实存在的物理实体。

2003 年前后，关于数字孪生（Digital Twin）的设想首次出现于 Grieves 教授在美国密歇根大学的产品全生命周期管理课程上。但是，当时"Digital Twin"一词还没有被正式提出，Grieves 将这一设想称为"Conceptual Ideal for PLM（Product Lifecycle Management，产品生命周期管理）"。尽管如此，在该设想中数字孪生的基本思想已经有所体现，即在虚拟空间构建的数字模型与物理实体交互映射，忠实地描述物理实体全生命周期的运行轨迹。

直到 2010 年，"Digital Twin"一词在 NASA 的技术报告中被正式提出，并被定义为"集成了多物理量、多尺度、多概率的系统或飞行器仿真过程"。2011 年，美国空军探索了数字孪生在飞行器健康管理中的应用，并详细探讨了实施数字孪生的技术挑战。2012 年，美国国家航空航天局与美国空军联合发表了关于数字孪生的论文，指出数字孪生是驱动未来飞行器发展的关键技术之一。在接下来的几年中，越来越多的研究将数字孪生应用于航空航天领域，包括机身设计与维修、飞行器能力评估、飞行器故障预测等。

近年来，数字孪生得到越来越广泛的传播。同时，得益于物联网、大数据、云计算、人工智能等新一代信息技术的发展，数字孪生的实施已逐渐成为可能。现阶段，除了航空航天领域，数字孪生还被应用于电力、船舶、城市管理、农业、建筑、制造、石油天然气、健康医疗、环境保护等行业。特别是在智能制造领域，数字孪生被认为是一种实现制造信息世界与物理世界交互融合的有效手段。许多著名企业（如空客、洛克希德马丁、西门子等）与组织（如 Gartner、德勤、中国科协智能制造协会）对数字孪生给予了高度重视，并且开始探索基于数字孪生的智能生产新模式。

（2）数字孪生技术的概念

标准化组织中的定义：数字孪生是具有数据连接的特定物理实体或过程的数字化表达，该数据连接可以保证物理状态和虚拟状态之间的同速率收敛，并提供物理实体或流程过程的整个生命周期的集成视图，有助于优化整体性能。

学术界的定义：数字孪生是以数字化方式创建物理实体的虚拟实体，借助历史数据、实时数据及算法模型等，模拟、验证、预测、控制物理实体全生命周期过程的技术手段。

从根本上讲，数字孪生可以定义为有助于优化业务绩效的物理对象或过程的历史和当前行为的不断发展的数字资料。数字孪生模型基于跨一系列维度的大规模、累积、实时、真实世界的数据测量。

企业的定义：数字孪生是资产和流程的软件表示，用于理解、预测和优化绩效以实现改善的业务成果。数字孪生由三部分组成：数据模型、一组分析或算法、知识。

数字孪生公司早已在行业中立足，它在整个价值链中革新了流程。作为产品、生产过程或性能的虚拟表示，它使各个过程阶段得以无缝链接。这可以持续提高效率，最大限度地降低故障率，缩短开发周期，并开辟新的商机。换句话说，它可以创造持久的竞争优势。

从数字孪生的定义可以看出，数字孪生具有以下几个典型特点：

互操作性：数字孪生中的物理对象和数字空间能够双向映射、动态交互和实时连接，因此，数字孪生具备以多样的数字模型映射物理实体的能力，具有能够在不同数字模型之间转换、合并和建立"表达"的等同性。

可扩展性：数字孪生技术具备集成、添加和替换数字模型的能力，能够针对多尺度、多物理、多层级的模型内容进行扩展。

实时性：数字孪生技术要求数字化，即以一种计算机可识别和处理的方式管理数据以对随时间轴变化的物理实体进行表征。表征的对象包括外观、状态、属性、内在机理，从而形成物理实体实时状态的数字虚体映射。

保真性：数字孪生的保真性指描述数字虚体模型和物理实体的接近性。要求虚体和实体不仅要保持几何结构的高度仿真，在状态、相态和时态上也要仿真。值得一提的是在不同的数字孪生场景下，同一数字虚体的仿真程度可能不同。例如工况场景中可能只要求描述虚体的物理性质，而并不需要关注化学结构细节。

闭环性：数字孪生中的数字虚体，用于描述物理实体的可视化模型和内在机理，以便于对物理实体的状态数据进行监视、分析推理，并优化工艺参数和运行参数，实现决策功能，即赋予数字虚体和物理实体一个大脑。因此，数字孪生具有闭环性。

2. 数字孪生相关技术

（1）数字孪生技术架构概述

数字孪生以数字化方式拷贝物理对象，模拟对象在现实环境中的行为，对产品、制造过程乃至整个工厂进行虚拟仿真，目的是了解资产的状态，响应变化，改善业务运营和增加价值。在万物互联时代，这种软件设计模式的重要性尤为突出，为了实现物理实体与数字实体之间的互动，需要经历诸多过程，也需要很多基础的支撑技术作为依托，更需要经历很多阶段的演进才能很好地实现物理实体在数字世界中的塑造。

首先需要构建物理实体在数字世界中对应的实体模型，因此需要利用知识机理、数字化等技术构建一个数字模型，然后需要结合行业特性对构建的数字模型做出评分，确定其是否可以在商业中投入使用；有了模型还需要利用物联网技术，将真实世界中的物理实体元信息采集、传输、同步、增强之后，得到业务中可以使用的通用数据；通过这些数据可以仿真分析得到数字世界中的虚拟模型，在此基础之上可以利用 AR（增强现实技术）、VR（虚拟现实技术）、MR（混合现实技术）、GIS（地理信息系统）等技术在数字世界完整复现出来，人们才能更友好地与物理实体交互；在这个基础之上可以结合人工智能、大数据、云计算等技术做数字孪生体的描述、诊断、预警/预测及智能决策等共性应用，从而赋能给各垂直行业。

（2）数字孪生关键技术

1）模型构建层。建模"数字化"是对物理世界数字化的过程。这个过程需要将物理对象表达为计算机和网络所能识别的数字模型。建模的目的是将对物理世界或问题的理解进行简化和模型化。而数字孪生的目的或本质是通过数字化和模型化，用信息换能量，以更少的能量消除各种物理实体，特别是复杂系统的不确定性。所以，建立物理实体的数字化模型或信息建模技术是创建数字孪生、实现数字孪生的源头和核心技术，也是"数字化"阶段的核心。

① 概念模型和模型实现方法。数字孪生模型构建的内容主要涉及概念模型和模型实现方法。其中，概念模型从宏观角度描述数字孪生系统的架构，具有一定的普适性；而模型实现方法研究主要涉及建模语言和模型开发工具等，关注如何从技术上实现数字孪生模型。在模型实现方法上，相关技术方法和工具呈多元化发展趋势。当前，数字孪生建模语言主要有AutomationML（自动化标记语言）、UML（统一建模语言）、SysML（系统建模语言）及XML（可扩展标记语言）等。一些模型采用通用建模工具（如CAD等）开发，更多模型的开发是基于专用建模工具（如FlexSim仿真软件和Qfsm等）的。目前业界已提出多种概念模型。

数字孪生信息模型的建立以实现业务功能为目标，按照信息模型建立方法及模型属性信息要求进行。数字孪生信息模型库包括以人员、设备设施、物料材料、场地环境等信息为主要内容的对象模型库和以生产信息规则模型库、产品信息规则模型库、技术知识规则模型库为主要内容的规则模型库。

② 模型业务功能。模型业务功能按照产品生命周期的四个主要阶段展开：

设计仿真基于产品原型库、设计机理库等设计基础信息，建立产品的虚拟模型。在设计仿真阶段，还应将产品的虚拟模型在包括设备生产能力、设备生产环境的虚拟工厂运行环境中进行模拟生产，测试产品设计的合理性、可靠性，提升产品研发效率。

工艺流程规划基于工艺知识库、设备布局信息、仓储情况等工艺流程规划基础信息，完成产品工艺流程规划。在工艺流程规划阶段，还应将包括工艺信息的产品虚拟模型在虚拟工厂的生产规划中进行流程模拟，测试产品工艺规划和流程规划的合理性、可靠性，提升工艺流程规划效率。

生产测试基于设备布局信息、设备运行信息等基础信息及包括工艺信息和生产信息的产品虚拟模型，对产品的生产环节进行模拟测试，测试产品设计、工艺规划及生产流程的合理性和可靠性，提升产品设计成功率和测试效率。

产品交付分为实体产品交付和产品虚拟模型交付两部分。其中，产品虚拟模型应包括产品的外观信息、功能信息、工艺信息等内容，可适当提前于实体产品提供给用户，以满足用户提前进行模拟测试的需求。

③ 对象模型库与规则模型库。对象模型库是一个集中存储和管理与数字孪生相关的各种对象模型的资源库。对象模型库包含人员模型、设备设施模型、物料材料模型、场地环境模型及其相对应的模型关系。模型元素的属性信息划分为静态信息和动态信息两部分，其中，静态信息包括身份信息、属性信息、计划信息和静态关系信息，动态信息包括状态信息、位置信息、过程信息及动态关系信息。

规则模型库是一个存储了与数字孪生相关的各种规则和逻辑的集合。规则模型库包含生产工艺规则模型库、生产管理规则模型库、产品信息规则模型库、生产物流规则模型库与技术知识规则模型库等。

a. 生产工艺规则模型库包含工艺基础信息、工艺清单、工艺路线、工艺要求、工艺参数、生产节拍、标准作业等规则模型信息及相关逻辑规则。

b. 生产管理规则模型库包含生产计划信息、排产规则信息、生产班组信息、生产线产能信息、生产进度信息、生产排程约束信息、生产设备效率信息之间的逻辑规则。

c. 产品信息规则模型库包含产品主数据、物料清单、产品生产规则、资源清单之间的信息共享与信息交换。

d. 生产物流规则模型库包含物料需求、物流路径、输送方式、配送节拍、在制品转运方式、完成品入库、出库管理等与生产物流相关的规则。

e. 技术知识规则模型库包含工艺原理、操作经验、仿真模型、软件算法等。

④ 信息模型组合。不同的信息模型组件可根据需要进行组合，以形成系统、产线等集成组合。按照应用层所提供业务功能的不同要求，信息模型组件间的组合可采用层级组合、关联组合、对等组合等方式。

a. 层级组合用以描述不同系统层级的信息模型按照层级关系依次组合的信息模型关系。在层级组合关系的描述下，可将具有从属关系的不同信息模型结合，作为整体进行功能实现。

b. 关联组合用以描述不同信息模型之间存在的相互关联关系。在关联组合关系的描述下，可将非从属关系但相互耦合的信息模型建立关系，作为整体进行功能实现。

c. 对等组合用以描述不同信息模型之间存在的非耦合关系。在对等关系的描述下，可在独立的非耦合信息模型之间建立关系，作为整体进行功能实现。

2）数据互动层。物联网"数字化"的另一层意思是物理世界本身的状态可以被计算机和网络所能感知、识别和分析，这些状态包括位置、属性、性能、健康状态等，物联网技术为原子化向比特化的转变提供了完整的解决方案。同时，物联网为物理对象和数字对象之间的"互动"提供了通道。"互动"是数字孪生的一个重要特征，主要指物理对象和数字对象之间的动态互动，当然也隐含了物理对象之间的互动及数字对象之间的互动。前者通过物联网实现，而后者则是通过数字线程实现。能够实现多视图模型数据融合的机制或引擎是数字线程技术的核心。

3）仿真分析层。仿真预测是指对物理世界的动态预测。这需要数字对象不仅表达物理世界的几何形状，更需要在数字模型中融入物理规律和机理，这是仿真世界的特长。仿真技术不仅要建立物理对象的数字化模型，还要根据当前状态，通过物理学规律和机理来计算、分析和预测物理对象的未来状态。

物理对象的当前状态则通过物联网和数字线程获得。这种仿真不是对一个阶段或一种现象的仿真，而是全周期和全领域的动态仿真，譬如产品仿真、虚拟试验、制造仿真、生产仿真、工厂仿真、物流仿真、运维仿真、组织仿真、流程仿真、城市仿真、交通仿真、人群仿真、战场仿真等。

4）共性应用层。数字孪生的映射关系是双向的，一方面，基于丰富的历史数据、实时数据及先进的算法模型，可以高效地在数字世界对物理对象的状态和行为进行反映；另一方面，通过在数字世界中的模拟试验和分析预测，可为实体对象的指令下达、流程体系的进一步优化提供决策依据，大幅提升分析决策效率。数字孪生可以为实际业务决策提供依据，可视化决策系统是最具有实际应用意义的，是可以帮助用户建立现实世界的数字孪生。

基于既有海量数据信息，通过数据可视化建立一系列业务决策模型，能够实现对当前状态的评估、对过去发生问题的诊断及对未来趋势的预测，为业务决策提供全面、精准的决策依据。从而形成"感知-预测-行动"的智能决策支持系统。首先，智能决策支持系统利用传感器数据或来自其他系统的数据，确定目标系统的当前状态；其次，系统采用模型来预测在各种策略下可能产生的结果；最后，决策支持系统使用一个分析平台寻找可实现预期目标的最佳策略。

数字孪生技术真正改变了智能决策支持系统的部署方式。数字孪生是对基础设施的数字化表示，借此了解基础设施如何工作。将决策支持系统与数字孪生相结合，产出的是独特的、一个能够不断学习和不断适应的决策支持系统，将这种新的模式转变称为"智能决策"。通过以下的多种智能决策技术，可以在数字孪生中结合过去某实体的运营历史来进行经营，当新事件发生时，系统会学习更多，从而运行得更准确。对于不同的应用场景，数字孪生技术可以进行更细化的应用延伸，介绍如下。

① 三维空间分析技术：基于三维模型的空间布局和关系，在场景的地形或模型数据表面，相对于某个观察点，基于一定的水平视角、垂直视角及指定范围半径，分析该区域内所有通视点的集合。分析结果用不同颜色表示在观察点处可见或不可见。

② 动态单体仿真技术：群体仿真数据、调参权限、高精空间分析，帮助推算群里动线的结果更加准确，令专业的算法分析结果更加直观，降低决策者对算法解决和应用的门槛。以人流疏散为例，原始数据的计算是算法系统进行计算的。系统会生成人流拥堵热力图并进行单位面积断面人流量统计。摄像头监测盲区、巡更监测区、拥堵人群会影响安防监测等状态评估及智能决策。

③ 空间流体分析：通过栅格化体数据（水体或气体），形成数千万级别的三维网格，同步导入监测数据后，赋予所有数据时间与空间信息，便于了解填充物（例如污染物等）扩散、暗点、露点的分布状态，为业务部门巡查提供定位依据及智能决策分析。

④ 事件处置流程仿真技术：通过接入传感器数据，使系统在异常事件发生时能够快速定位，并自动计算周围关联人员的位置关系，联动通知系统进行处理。以十字路口车辆刮蹭为例，摄像头接收信息后报警，系统自动定位，并能调用周围最近的其他摄像头进行多角度的核实。同时，调用周围的温度传感器判断有无火点。必要时，选出周围巡逻人员联络前往，并通过通知系统圈定接收信号的范围，让公众离开。这样便打通了多套系统，提高了决策效率。

（3）支撑技术

支撑技术包括大数据、云计算、AI及区块链的技术应用。例如，数字孪生中的孪生数据集成了物理感知数据、模型生成数据、虚实融合数据等高速产生的多来源、多种类、多结构的全要素/全业务/全流程的海量数据。大数据能够从数字孪生高速产生的海量数据中提取更多有价值的信息，以解释和预测现实事件的结果和过程；数字孪生的规模弹性很大，单元级数字孪生可能在本地服务器即可满足计算与运行需求，而系统级和复杂系统级数字孪生则需要更大的计算与存储能力。

云计算按需使用与分布式共享的模式可使数字孪生使用庞大的云计算资源与数据中心，从而动态地满足数字孪生的不同计算、存储与运行需求。数字孪生凭借其准确、可靠、高保真的虚拟模型，多源、海量、可信的孪生数据，以及实时动态的虚实交互为用户提供了仿真模拟、诊断预测、可视监控、优化控制等应用服务。

AI 通过智能匹配最佳算法，可在没有数据专家参与的情况下，自动执行数据准备、分析、融合，对孪生数据进行深度知识挖掘，从而生成各类型服务。数字孪生有了 AI 的加持，可大幅提升数据的价值及各项服务的响应能力和服务准确性。

区块链可对数字孪生的安全性提供可靠保证，可确保孪生数据不可篡改、全程留痕、可跟踪、可追溯等。独立性、不可变和安全性的区块链技术，可防止数字孪生被篡改而出现错误和偏差，以保持数字孪生的安全，从而鼓励更好的创新。此外，通过区块链建立起的信任机制可以确保服务交易的安全，从而让用户安心使用数字孪生提供的各种服务。

复　习　题

1. 简述人工智能方法中常见的算法。
2. 智能分析平台的主要技术有哪些?
3. 简述智慧应急技术与方法。

第4章

智慧应急的应用

4.1 智慧应急在自然灾害应急管理中的应用

4.1.1 问题描述

1. 常见自然灾害

自然灾害是指由自然界中的地质、气象、水文等引发的灾害事件，通常具有突发性、广泛性和严重性。常见的自然灾害包括地震、洪水、台风、山火、滑坡等。这些灾害往往会对人类社会造成巨大的人员伤亡和财产损失，给社会经济和生态环境带来严重的影响。

（1）地震

地震是地壳快速释放能量引发地震波，造成地表振动和破坏性的地质现象。地震不仅会造成建筑物的倒塌和基础设施的损毁，还可能引发次生灾害，如海啸、滑坡、泥石流等。历史上，许多大地震造成了大量人员伤亡和巨大的经济损失。例如，2008年的我国汶川地震，造成了超过8万人死亡，数百万人受灾，直接经济损失达数千亿元。

（2）洪水

洪水是因降雨量过大、河道堵塞或水库泄洪等，导致河流水位上涨，水流漫溢，淹没周围土地和建筑物的一种灾害。洪水不仅会造成房屋和农田被淹没，还可能污染水源，引发传染病等次生灾害。全球范围内，洪水是最常见的自然灾害之一，每年都造成大量人员伤亡和财产损失。例如，2010年的巴基斯坦洪水，影响了2000多万人，造成近2000人死亡，经济损失超过100亿美元。

（3）台风

台风是发生在热带和亚热带海洋上的强烈风暴，伴随着大风、暴雨和风暴潮，对沿海地区造成严重破坏。台风不仅会导致房屋倒塌、电力中断和交通瘫痪，还可能引发洪水、山体滑坡等次生灾害。例如，2013年的菲律宾海燕台风，造成超过6000人死亡，数百万人受灾，经济损失超过140亿美元。

（4）山火

山火是由自然或人为因素引发的森林或草原火灾，具有快速蔓延和难以控制的特点。山火不仅会直接烧毁森林和植被，还会对空气质量、生态环境和生物多样性造成严重影响。此外，山火还可能威胁到人类居住区，造成人员伤亡和财产损失。例如，2019—2020 年的澳大利亚山火，烧毁了超过 1800 万 hm^2 土地，造成 33 人死亡，数千栋房屋被毁，数百万动物丧生。

（5）滑坡

滑坡是在重力作用下，岩石、泥土等沿着山坡或斜坡滑落的一种地质灾害。滑坡通常发生在暴雨、地震、火山活动等自然现象之后，破坏性强且难以预防。滑坡不仅会直接造成建筑物和道路的损毁，还可能堵塞河道，引发洪水等次生灾害。例如，2017 年的四川茂县山体滑坡，造成超过 100 人遇难，数十栋房屋被掩埋，损失惨重。

2. 传统自然灾害应急管理模式的问题

在应对自然灾害的过程中，传统的应急管理模式存在诸多问题和挑战，难以满足现代社会对应急管理高效、精准、科学的需求，具体问题描述如下：

（1）信息采集与共享不足

自然灾害发生时，快速准确地获取灾害现场的信息至关重要。然而，传统的应急管理模式依赖人工报告和分散的监测系统，因此信息采集不及时、不全面，导致决策者难以及时了解灾害的真实情况。此外，不同部门和地区之间的信息共享机制不健全，信息孤岛现象严重，难以实现协同应对。

在传统的应急管理模式中，信息采集通常依赖灾害发生后的人工报告和现场调查，这种方式存在信息传递滞后、数据不完整和主观性强等问题。例如，在地震灾害发生后，救援人员需要到现场进行勘察和信息收集，这不仅耗时费力，而且可能错过最佳救援时机。同时，由于信息采集渠道分散，不同部门和地区之间的信息共享存在障碍，导致信息孤岛现象严重，难以形成全面准确的灾害态势评估。

（2）风险评估与预警能力有限

传统的风险评估和预警体系主要依靠历史数据和专家经验，缺乏对大数据和先进算法的应用，导致风险评估和灾害预测的准确性和时效性不足。尤其在面对复杂多变的气象和地质条件时，传统预警系统往往无法及时提供有效的预警信息。

传统的风险评估主要依赖过去的灾害数据和专家的经验判断，这种方法在应对新的和复杂的灾害情景时往往显得不足。由于缺乏对大数据和先进算法的应用，传统的风险评估无法充分利用海量数据进行精准分析和预测。例如，在台风预警中，传统方法可能无法准确预测台风的路径和强度，导致预警信息的滞后和不准确。此外，复杂多变的气象和地质条件进一步增加了灾害预测的难度，因而传统的预警系统难以提供及时有效的预警信息。

（3）应急资源调度不合理

应急资源的调度和配置在自然灾害应对中至关重要。然而，传统的应急管理模式中，资源调度依赖人为判断和分散的管理系统，难以做到快速、精准、高效。而应急物资和救援力量的调度不合理，可能导致资源浪费或救援滞后，从而影响应急响应的效果。

传统的应急资源调度通常依赖人工判断和经验决策，缺乏科学的数据支持和智能化的调度系统。这种方式在面对突发性强、规模大的自然灾害时，往往难以及时准确地调配资源。例如，地震救援缺乏实时的数据支持，救援力量和物资可能无法迅速到达灾害现场，从而延误救援时机。此外，分散的管理系统也导致了资源的浪费和调度的不合理，例如，同一地区可能有多个部门重复调配资源，而其他受灾严重的地区却可能得不到及时救援。

（4）应急决策支持不足

自然灾害发生时，应急决策需要综合考虑多方面的信息和因素，决策过程复杂且时间紧迫。传统的应急决策主要依赖决策者的经验和简单的信息汇总，缺乏科学的决策支持系统，容易导致决策失误或延误。应急决策需要综合考虑灾害的类型、规模、影响范围、资源状况等多方面因素。例如，洪灾发生时，决策者需要迅速评估洪水的影响范围、受灾人口、救援需求等多方面信息，做出快速而准确的决策。然而，缺乏科学的决策支持系统，决策者往往难以在短时间内做出全面准确的判断，这可能导致决策失误或延误，从而影响应急响应的效果。

（5）灾后恢复与重建困难

自然灾害过后，如何科学高效地进行灾后恢复和重建，是应急管理的重要任务。传统的灾后恢复和重建主要依赖人工评估和分散管理，缺乏系统性和科学性，往往难以快速恢复生产生活秩序，并且存在资源浪费和管理混乱的现象。灾后恢复和重建需要对受灾情况进行全面评估，制定科学的恢复和重建方案。例如，在地震灾后，重建工作需要评估受损建筑物的结构安全，规划重建方案，协调各方资源进行恢复和重建。然而，人工评估的效率低下，可能导致恢复和重建工作进展缓慢。此外，分散的管理模式也导致了资源浪费和管理混乱，不同部门之间缺乏协调，从而造成资源分配不均和重复建设等现象。

3. 当前应对自然灾害的应急政策

（1）法律法规

法律法规是应急管理的基石，为应急管理工作的各个环节提供法律支持和保障。许多国家和地区制定了完善的法律法规体系，以确保在应对自然灾害时有章可循。2007年，我国颁布了《中华人民共和国突发事件应对法》，这是应急管理领域的基础性法律，明确了突发事件的分级标准、应急预案的制定和实施、应急响应制度及各级政府和部门的职责等内容。此外，我国还制定了《中华人民共和国防震减灾法》《中华人民共和国防洪法》《中华人民共和国森林法》等专项法律法规，为具体类型的自然灾害应对提供法律依据。例如，《中华人民共和国防震减灾法》明确了地震监测预报、地震应急、震后救灾与重建等方面的具体要求。美国通过《斯塔福德法案》（Stafford Act）来规范自然灾害应急管理工作。该法案赋予联邦政府在重大灾害发生时提供援助的权力，并规定了联邦、州和地方政府的职责分工。此外，美国还制定了一系列配套法规和指导文件，如《国家应急响应框架》（NRF）、《国家应急管理系统》（NIMS）等，为应急管理工作提供指导。

（2）应急预案

应急预案是应急管理的重要工具，它明确了灾害发生时的响应措施、组织结构和职责分工，确保了应急响应的有序和高效。我国制定的《国家突发公共事件总体应急预案》，涵盖了自然灾害、事故灾难、公共卫生事件和社会安全事件四大类突发事件，该预案明确了应急预案的组织体系、运行机制、应急保障、监督管理等内容。此外，我国还制定了地震、洪水、台风等各类专项应急预案，如《国家地震应急预案》《国家自然灾害救助应急预案》等。美国联邦应急管理署（FEMA）制定了《国家应急响应框架》（NRF），这是应急管理的核心文件，涵盖了从灾害预防、准备、响应到恢复的全过程。NRF 明确了联邦、州和地方政府及非政府组织和私营部门的职责和协作机制。此外，各州和地方政府也根据 NRF 的指导制定了各自的应急预案，确保在灾害发生时能够迅速应急。

（3）应急组织体系

建立健全的应急组织体系是确保应急管理工作高效运行的关键。应急组织体系包括指挥机构、协调机制和执行机构等多个层级和部门。我国建立了国家、省、市、县四级应急管理体系，各级政府设立了应急管理办公室或应急指挥中心，负责突发事件的指挥和协调。在国家层面，国务院设立国家减灾委员会，统筹协调全国的减灾救灾工作；在地方层面，各省、市、县也设立了相应的应急管理机构，确保应急管理工作的纵向联动和横向协调。美国的应急管理体系以联邦、州和地方政府为核心，强调各级政府之间的协作和联动。联邦层面，安全部下属的联邦应急管理署（FEMA）是主要的应急管理机构，负责统筹协调全国的应急响应和救援工作；在州和地方层面，各州设有应急管理办公室，地方政府设有应急管理局，确保应急管理工作在各个层级都能得到落实。

（4）应急资源保障

应急资源保障是应急管理的重要环节，确保在灾害发生时能够迅速调集和合理配置资源。我国建立了国家和地方两级应急物资储备体系，储备的应急物资包括食品、饮用水、药品、帐篷等基本生活物资及救援装备、通信设备等。在国家层面设立国家应急物资储备库，在各省、市设立地方应急物资储备库，确保应急物资的充足供应和快速调配。此外，我国还组建了各类专业应急救援团队，如地震救援队、消防救援队、医疗救援队等，确保在灾害发生时能够迅速展开救援行动。美国通过 FEMA 和各州应急管理机构建立了完善的应急物资储备和调配体系。FEMA 设有多个应急物资储备中心，储备各类应急物资和设备，确保在灾害发生时能够迅速提供支援。州和地方政府也设有应急物资储备库，确保本地应急物资的充足。此外，美国还通过联邦、州和地方政府之间的合作，以及与非政府组织和私营部门的协作，建立了应急资源的快速调配和补充机制。

（5）应急演练与培训

应急演练和培训是提高应急能力的重要手段，通过模拟灾害情景和应急响应，检验和完善应急预案，提升应急人员和公众的应急意识和技能。我国各级政府和部门定期组织应急演练和培训，覆盖地震、洪水、台风等多种自然灾害情景。国家应急管理部定期组织全国性的大规模应急演练，模拟重大自然灾害的应急响应，检验各级应急预案的可行性和各部门的协同能力；地方政府和部门也开展了形式多样的应急演练和培训活动，提高应急人员的实战能力和公众的应急意识。美国 FEMA 每年组织多次全国性和地区性的应急演练，模拟各种自然灾害和突发事件的应急响应。这些演练涵盖了从预警、应急响应到灾后恢复的全过程，旨在检验和完善应急预案，提升应急管理人员的技能。此外，FEMA 还通过在线或线下等多种方式，提供应急管理相关的教育和培训，帮助应急管理人员和公众提高应急能力。

（6）公众参与和宣传教育

公众的参与和宣传教育是提高社会整体应急能力的重要方面，通过提高公众的防灾减灾意识和自救互救能力，减少灾害造成的人员伤亡和财产损失。我国通过多种途径开展应急宣传教育活动，提高公众的应急意识和能力。例如，每年 5 月 12 日的"全国防灾减灾日"，各地政府和部门开展防灾减灾知识宣传、应急演练和体验活动，提高公众的防灾意识和自救互救能力；学校也将防灾减灾教育纳入课程体系，通过课堂教学和实地演练，帮助学生掌握应急知识和技能。日本高度重视公众的防灾教育，通过学校教育、社区活动和媒体宣传等多种方式普及防灾知识。例如，日本的学校从小学到高中都开设防灾教育课程，教授学生如何应对地震、火灾等突发事件；社区则定期组织防灾演练，帮助居民掌握应急避难技能；政府通过电视、广播、互联网等媒体平台，向公众传递防灾减灾信息，提升全社会的防灾意识。

这些应急政策和措施为应对自然灾害提供了坚实的基础和保障。然而，随着自然灾害频发和复杂性的增加，传统应急管理模式面临诸多挑战，需要不断进行创新和升级。智慧应急管理的兴起为应急管理提供了新的思路和手段，通过应用先进技术提升应急管理的科学性和效率，全面提高应对自然灾害的能力。

4.1.2　方法应用

1. 人工智能在自然灾害应急管理中的应用

（1）自然灾害风险感知处理技术

使用卷积神经网络技术可对城市汛期洪涝风险进行自动监测，主要通过卫星、多普勒天气雷达等监测系统获取最新数据，并结合城市易积水风险点位（如城市铁路桥涵、下凹式立交桥、地铁站出入口、施工工地、深基坑等）的基础数据进行仿真建模训练，提升城市汛期应对能力。

（2）城市建筑应灾智能分析技术

主要利用图像识别技术及决策树算法对城市建筑群的主体结构、建筑材料、建筑位置等要素进行深度分析，形成建筑质量应灾风险评估图，并结合当地气象、孕灾环境等历史数据分析，对受灾后易损性较高的房屋进行识别，降低城市应灾脆弱性。

（3）应急辅助决策技术

主要基于 NLP（自然语言处理）和数据收集技术，可用于提取和分析灾中、灾后全过程的社会媒体信息，及时了解灾难事件的发展趋势（如受灾人员需求、应急避难场所承载能力、医院收治实况等），为应急管理决策者提供实时信息，以实现高效的应急响应及救援。

2. 人工智能技术在城市自然灾害不同阶段的应用需求

得益于图像识别、机器学习、语言处理、数据挖掘等高精尖技术的快速发展与进步，人工智能技术已逐渐被运用在自然灾害应急管理工作中。人工智能技术的高效利用离不开海量数据的支撑，这些数据的获取主要来源于政府的不同部门，如气象、水利、自然资源、交通、应急、公安、卫生、环保、城管、住建、旅游等部门，跨部门特征明显，存在一定的

"数据壁垒"问题。利用现有信息化技术建立城市安全大数据平台，通过使用先进的人工智能技术和方法，将与灾前监测预警、灾中应急响应与救援、灾后恢复与重建工作相关的信息数据进行多重收集、动态网络分析、交换、学习与融合，对增强城市防灾、减灾、救灾能力及提升城市应急管理过程的整体效率具有深远意义。因此，在自然灾害应急管理中，实时了解灾害的动态情况，对城市有效地备灾、应灾及恢复重建至关重要。

3. 人工智能技术在城市防灾减灾救灾中的实践探索

（1）人工智能技术可用于地震灾前的预防准备工作

地震是制约城市安全运行较大的自然灾害之一，预测地震可能对城市建筑群造成的破坏，对提高城市整体建筑群的抗震韧性非常关键。但是，以往对城市建筑群易损性的评估，普遍的方法是安排大量的专业人员进驻现场进行量测与校准，然后将获取的数据进行后期测算与分析，耗费的人力、物力、财力与时间较多。利用图像识别技术及深度学习算法，可从卫星图像、街景图像、无人机图像中提取建筑结构、建筑材料等建筑脆弱性的物理因素，再结合区域历史地震震动参数、土壤、气象等数据信息进行建模，识别地震中可能发生坍塌风险的建筑物区域，估算出建筑物的损毁程度，并对其进行加固改造，进而能够提升城市建筑群在地震灾害中的抗震能力。

（2）人工智能技术可用于洪涝灾中的救灾应急响应

近年来，"城市看海"现象在我国许多城市频频发生。面对降雨总量大、大雨暴雨场次多、突发险情重、过程历时长等严峻形势，城市管理者可利用人工智能技术，提升灾中的应急响应能力。一是通过自然语言处理技术，在灾害信息沟通方面，对海量社交媒体信息进行"关键字（如积水、滞水、渗漏、淹泡、倒灌、洪水等）"解读并快速处理分析，形成包含雨情、水情、工情相关信息的可视化地图，为城市应急响应提供数据支持；二是通过深度学习技术，在灾害疏散策略制定方面，通过观测、深度学习与预测三个步骤，提出针对每个地区特征和需求的疏散措施，有效帮助决策者做出明智的疏散决策；三是借助卷积神经网络监测卫星图像变化技术，通过比较灾前、灾后卫星图片的分割掩码，从卫星图像中识别出损毁道路和建筑物的特征，以便快速找到受灾害影响最严重的地区，在灾害影响区域辨识方面，为应急救援工作提供技术参考。

（3）人工智能技术可用于灾后恢复重建工作

自然灾害发生后，如何高质量修复城市生命线损毁设施、尽快恢复市民正常生产生活秩序是受灾城市亟需解决的现实问题。因此，城市管理者可以利用无人机航拍、自然语言处理和机器学习算法技术，将灾后城市所有的实体建筑损毁数据、人员伤亡情况、医疗救治承载力、民众灾后心理疏导等信息进行集成分析，并结合城市行政区划、地形、气候、水文、轨道交通等历史信息，通过计算机深度学习算法和图学技术进行灾后"新城"场景建模，为城市的恢复重建工作提供高效的技术支持。

4. 遥感技术在自然灾害应急管理中的应用

（1）遥感技术在预防和准备阶段的应用

应急管理的预防和准备阶段主要是针对灾害发生前，通过制定预防性措施和应急预案等方式，在灾害发生前做好应急响应准备工作。对灾害的监测和预警是以获取一定信息为基础的，遥感技术在这一过程中的主要作用是快速获取信息，通过监测周围环境、地形地貌、气象、水文信息进行风险评估和灾害预警。

在自然灾害中，预防和准备阶段应用遥感技术较多的是洪水灾害。从遥感技术兴起到目前遥感技术的不断发展完善，其在洪水灾害的预防和准备阶段的应用一直是重要的研究方向。遥感技术在洪水灾害中的应用经历了不同的发展阶段，虽然在不同发展阶段中应用的遥感技术与方法不同，但在预防和准备阶段，具体的应用情况总体上可以分为三类：

1）一是根据图像预防和监测。图像分割技术应用于遥感图像以确定水的波动水平，结合空间分析工具对洪水进行预测，本质上是利用遥感技术进行水体的提取。近几年来，多借助人工智能的机器学习方法研究水体的提取。

2）二是通过建立模型进行预防和监测。将卫星气象数据、卫星影像图、航天飞机雷达地形模型数据相结合，基于一定的专家知识建立模型，确定洪水易发区分布情况或紧急疏散中心的最佳空间分布。

3）三是结合无人机，形成无人机网络，可以在较短时间内监测到洪水的发生，进行提前预防，减少损失。

对于火山爆发的预测，利用合成孔径雷达干涉成像技术监测火山爆发前的地壳变化，利用卫星热红外仪器监测火山周围的热异常、大气变化，监测火山爆发的前兆现象并进行预报。有时候无法及时预测到火山的异常，可以通过遥感收集喷发中的火山热数据，分析热趋势变化，并对其喷发趋势进行预测。

滑坡是主要的地质灾害之一，气候条件、地层岩性等都会造成滑坡的发生，因此，对滑坡的早期识别与危险性评估尤为重要。利用遥感获取滑坡邻域环境因子，结合地理信息系统对滑坡易发性进行预测，或者利用机载光探测与测距、光学遥感技术和热红外技术进行潜在滑坡范围识别和探测巨型滑坡前兆。另外，在冰川灾害（雪崩）、冰雪灾害（雪灾）和海啸的预防和准备阶段，研究者也开展了遥感技术的应用研究。

遥感技术在自然灾害应急管理的预防和准备阶段的主要应用见表4-1。

表4-1　遥感技术在自然灾害应急管理的预防和准备阶段的主要应用

自然灾害	主要应用
洪水	1. 利用图像分割技术对洪水进行预测 2. 建立模型，预测洪水空间分布，监测洪水
滑坡	结合遥感图像，对滑坡进行早期识别和风险评估
火山爆发	1. 卫星图像监测前兆 2. 以喷发火山热数据为基础，对其喷发趋势进行预测
冰川灾害	使用地形参数、降雪信息等因素构建有关雪崩的地理信息系统环境
冰雪灾害	以已有案例为对象，结合影响雪灾的相关数据，建立雪灾预警模型
海啸	利用遥感技术，绘制海啸淹没区域及确定海啸脆弱性等级

（2）遥感技术在响应阶段的应用

应急管理的响应阶段主要是针对灾害发生中或发生后，相关人员迅速采取救援，进行启动应急预案、减少二次伤害、控制灾情及收集灾情信息等一系列活动。面对灾害进行及时响应并采取行动，才能将损失降到最小。目前，遥感技术在这一过程中发挥着实时监测灾难现场情况、预测灾难后果、获取灾难现场的实时救援和资源需求信息的作用。

在响应阶段，应用遥感技术较多的自然灾害是地震、洪水和滑坡。地震发生后，以最快速度启动应急响应，营救被困人员，并对灾情进行评估，能够较大程度地减少地震带来的损失。地震对房屋与道路的破坏力较大，给救援活动带来了困难，因此可借助遥感技术提取建筑物及道路损坏情况，为救援活动提供帮助。利用改进的卷积神经网络方法对航空影像中的受损建筑群进行分类，有效提取受损建筑物的位置及有效指示被困人员的位置。借助遥感数据对震后建筑物进行分类后，可按照损坏程度对建筑物排序，识别严重受损的不安全建筑，减少余震带来的二次伤害。

在洪水灾害应急响应阶段，高分辨率合成孔径雷达经常用于获取洪水淹没区域，通过对影像分析或利用机器学习算法可以实现对洪水影响区域的实时监测。在对影像分析的基础上，借助社交媒体数据、地理信息系统对灾害情况进行快速统计，提供有关灾害区域的宏观信息，及时提供救援。

滑坡大多发生在恶劣天气，滑坡发生后，现场情况复杂，滑坡体不稳定，应急救援难度大。此时将多源遥感数据相结合，可以实时监测滑坡动态，如融合边坡雷达、无人机、三维激光扫描仪技术，快速定位危险区域，确定相对安全的区域与时间段，便于救援人员开展救援。另外，利用高分辨率、多光谱卫星数据和光学数据获取火山熔岩流变化信息，用于火山喷发强度的监测，可为火山灾害的应急响应提供支持。遥感技术在自然灾害应急管理的响应阶段的主要应用见表 4-2。

表 4-2　遥感技术在自然灾害应急管理的响应阶段的主要应用

自然灾害	主要应用
地震	遥感图像中提取受损建筑、不安全建筑、受损道路的信息，快速获取灾情
洪水	借助遥感技术获取灾害区域（涉及城市、农村居民区、农田等），快速统计灾情
滑坡	与多源遥感数据结合，实时监控滑坡动态
火山爆发	火山爆发后，利用遥感图像监测火山爆发的强度，预测出可能受火山影响的地区

（3）遥感技术在恢复阶段的应用

应急管理的恢复阶段是指在突发事件的威胁和危害得到控制或者消除后所采取的处置工作，分为短期恢复和长期恢复，涉及现场清理、事故原因调查、灾后重建等内容，在这一过程中，遥感技术可以帮助应急管理部门更好地管理灾害区域中的资源，帮助更好地了解灾害的影响，制定更加科学和有效的恢复计划，从而减少灾害带来的损失。

发生灾害后，对受灾情况进行评估，在较短时间内对受灾区域进行恢复重建，有利于社会稳定与经济的发展，遥感技术在恢复阶段应用较多，最主要的应用是地震灾害。面对震后的恢复重建，利用卫星图像，结合基础地理数据和统计数据，得到受灾要素的灾前信息，使用无人机遥感数据获取灾后信息，使用 GIS 对受灾前后的信息进行分析，识别建筑物、道路、基础设施、农业用地等的受损情况，为灾区的恢复和重建提供帮助，并为规划和减轻未来灾害提供基础信息。同时，可以利用遥感图像对灾区多年的环境恢复和重建的进程进行监测。火山爆发会产生各种危险，借助遥感技术，对火山灾害进行绘图，可以有效评估火山爆发带来的损失，利用卫星图像绘制灾难前后火山爆发图，对地形和地貌图进行分析，研究火山爆发对环境和土地利用的影响。除研究火山灰、火山爆发后的沉积物等对人体健康、环境及土地利用的影响外，其他一些研究集中在监测火山二氧化硫的排放以减轻对航空的危害上。

利用遥感数据获取居民区、植被、农作物的覆盖情况，结合气象数据计算风速、降雨量等信息，准确提取灾害前后受灾地区的道路、建筑、基础设施等的受损情况，并确定具体位置，将受灾前后影像图进行对比，为灾后的规划重建活动提供指导建议，是当前遥感技术在台风、洪水及海啸恢复阶段的主要应用。冰雪灾害会对森林生态系统造成影响，利用遥感可以获取森林地区的地形、坡度信息，再结合增强植被指数和实地调查数据，可以分析冰雪灾害后森林不同树种恢复情况。遥感技术在自然灾害应急管理的恢复阶段的主要应用见表 4-3。

表 4-3　遥感技术在自然灾害应急管理的恢复阶段的主要应用

自然灾害	主要应用
地震	1. 将受灾前后影像图进行对比，识别受损建筑物、道路、基础设施等的具体位置与受损程度，进行灾后重建 2. 利用遥感技术对灾区多年的动态变化进行评估，结合夜间灯光数据，分析震后灾区恢复情况
台风（飓风）	通过遥感技术获取受损区域数据（居民区、植被、农作物），为恢复和减灾战略提供信息
洪水	基于遥感数据，结合一定算法识别受灾前后区域变化情况，并监测灾后恢复进程
火山爆发	通过遥感数据，评估火山爆发带来的损失，研究火山碎屑沉积物对环境和土地利用带来的影响
海啸	利用遥感数据，获取海啸影响区损失信息，为恢复重建提供帮助。
冰雪灾害（冰灾）	实地调查数据和遥感数据进行结合，分析冰灾后森林不同树种的恢复情况。

（4）遥感在应急管理系统中的应用

当前遥感技术发展迅速，运用越来越普遍，一些研究将遥感技术贯穿于应急管理的全过程，建立起一个监测、预报、响应、恢复为一体的综合应急管理系统。

水污染问题包含内容较多，涉及海洋污染、河流污染、地下水污染，且污染源不同，造成的污染程度也不同，在水污染问题上，需要针对具体的水体和具体的污染源采取不同的遥感技术，目前运用遥感技术的相关研究主要集中在湖泊河流及海洋水质的监测中，通过建立一定系统或程序，结合遥感技术对一定区域水体进行实时连续监测，及时报告水的质量，在水污染物浓度值高于一定值时，系统发出警报，并突出污染位置，可以及时响应，为后续工作提供帮助。除了水污染，洪水、海啸、冰灾等也都有有关遥感技术在应急管理全过程中应用的研究。以洪水灾害为例，在洪水灾害的应急管理全过程中，可借助卫星遥感、载人航空遥感和无人机遥感建立空天地监测系统对一个区域的降水进行监测预报，在一定时间段内对洪水的发生进行预测，实时观测降水量、水位、受灾范围等信息，并对灾害损失进行评估。

5. 新媒体在自然灾害应急管理中的应用

自然灾害等突发事件发生后，在传统媒体时代，一般的处理流程是，首先地方政府对突发事件展开全面而深入的调查，完全弄清事件发生的原因和责任所在以后，召开新闻发布会，由报纸、电视、广播等传统媒体向公众传递相关信息。在此过程中，政府承担的职能就是接受发生突发事件主体的信息汇报，并监督指导突发事件主体的调查工作及相关调查结果的媒体发布工作。这样的突发事件处理过程，在突发事件主体和公众之间仅仅是一种从政府到公众单方向的信息传递过程，公众和社会的态度如何，不做调研就难以及时把握。

新媒体的横空出世对自然灾害等突发事件的应急管理提出了新的要求。一是突发事件主体很难采用在传统媒体时代比较常见的掩盖事实，或大事化小、小事化了的做法，突发事件的信息在新媒体时代是多源、多元、异构、实时、网络化的。二是突发事件的利益相关者之间的关系发生了蜕变。公众不再是信息的被动受众，而是信息的生产者、推送者、传递者、监督者和提问者，甚至共同参与突发事件的发生原因及其应对措施的调研。因此，在新媒体时代，自然灾害等突发事件发生后的应急管理流程就需要进行调整，根据自然灾害等突发事件的发展进程，大致分为三个阶段：发生初期、处置阶段和平息阶段。

第一阶段：自然灾害等突发事件发生初期。由于新媒体传播信息量大、传播途径多、传播速度快、传播范围广、传播实时性强，自然灾害等突发事件发生后，地方政府或突发事件发生单位应立即启动对突发事件的初步调查程序，并尽早召开第一次新闻发布会，及时通报突发事件所造成的损失的基本情况及其原因的初步判断，尽可能坦诚地与公众形成良好的、平等的初步互动。信息发布要尽可能简洁明了、准确及时、实事求是、开诚布公，这样社会舆论会形成一条围绕突发事件发生的前因后果的脉络，有助于社会舆情趋于平息。信息发布要竭力避免唯我独尊、遮遮掩掩、欲言又止、吞吞吐吐等情况，否则会逐渐失去调查的公信力，进而加剧对突发事件调查的质疑舆情。

第二阶段：自然灾害等突发事件处置阶段。在这一阶段，一方面要对突发事件进行深入而全面的调查，不论是否取得突破性调查进展，都应定时、按时、及时向社会报告调查进展情况，将突发事件发生的前因后果准确、清晰地展示在公众面前，稳定民心。另一方面，公众也可以监督，甚至直接参与突发事件的调查工作，当然也可以通过各种途径提供突发事件的相关信息。这一系列的工作，有助于社会对突发事件的关注和理解。如果公众仍然质疑，则要进一步加大对突发事件的调查力度，进一步提升突发事件信息公开的透明度，直至平息大众舆论。

第三阶段：自然灾害等突发事件平息阶段。突发事件平息后，并不一定意味着调查工作的结束，而是应该在当地政府的支持和监督下，毫不松懈地继续调查，整理编撰全过程、全领域、全方位、综合性的权威调查报告，并广为公开发布。

4.1.3　结果呈现

本节介绍美国西海岸新区防汛抗旱监测智慧平台等应用实例。

1. 美国西海岸新区防汛抗旱监测智慧平台

美国西海岸新区应急管理局基于建设防汛抗旱感知网的思路，通过视频监控、AI算法及物联感知设备等完善基础能力，建设防汛抗旱监测指挥平台，集成气象、水利、城管等

10 余类实时监测数据，接入 3 万余路防汛抗旱感知网，对全区 600 余处易积水点、地下商超、山洪灾害村、46 条河道、201 座水库进行 7×24h 全周期、全方位布控，48 支应急团队、151 处物资储备点等详细信息和数据通过形象的"张图"展现，提供从事前预警、事中指挥调度到事后统计分析的全流程支撑。平台自使用以来，共产生预警 64 件，其中，智能发现 44 件，人工巡检 20 件，有效增强了决策者对复杂情况的快速把握能力，提高了防汛抗旱工作的系统性和有效性。

西海岸新区防汛抗旱监测智慧平台是一个集成现代信息技术、数据分析、物联网和大数据处理等技术的综合性应急管理系统，该平台的建设和运行体现了现代科技在应急管理中的广泛应用，为西海岸新区的防汛抗旱工作提供了坚实的技术支撑。该平台可实现以下功能：

（1）实时监测与预警

西海岸新区防汛抗旱监测智慧平台通过安装在河流、湖泊、水库等关键位置的传感器，实时监测水位、水量、流速等数据。同时，平台还利用气象站和卫星遥感技术，获取降雨量、风速、温度等气象数据。地质监测方面，平台通过地质传感器监测土壤湿度、地表移动等情况，预防地质灾害的发生。这些实时监测数据不仅能够提供准确的灾害预警信息，还能为后续的应急决策提供重要参考。

（2）数据分析与处理

西海岸新区防汛抗旱监测智慧平台利用大数据分析技术整合和分析多源数据，识别潜在风险，提供科学决策支持。同时，平台还利用数学模型和机器学习算法，进行洪水和干旱的预测和模拟，提前制定应对措施。通过对历史数据和实时数据的综合分析，该平台能够准确评估灾害的影响范围和严重程度，为应急管理工作提供科学依据。

（3）应急指挥与调度

在应急指挥与调度方面，平台具备强大的应急响应和资源调度功能。在灾害发生时，平台能够自动生成应急预案，协调各部门应急响应。通过实时数据的支持，平台可以优化救援物资、人员和设备的调度，提高救援效率。例如，在洪水来临时，平台可以及时调度防洪物资和救援力量，确保救援工作的高效开展。

（4）信息发布与公众参与

通过手机应用、网站、短信等多种渠道，平台能够向公众发布实时灾害信息和自救指南，提高公众的应急意识和自救能力。同时，公众也可以通过平台报告灾情，提供现场信息，辅助应急决策。这样不仅提高了公众的参与度，还增强了应急管理的透明度和互动性。

（5）技术支持

通过在关键位置部署大量传感器，可以实现对环境数据的实时采集和传输。大数据与云计算技术则负责对海量数据进行存储和处理，保证系统的高效运行。人工智能与机器学习技术则通过智能分析和自动化决策，提高应急响应的科学性和准确性。

2. 胶州市森林防灭火监测预警系统

胶州市应急管理局采用分层架构设计，依托胶州城市云脑、青岛城市数据底座，采用 AI 视频、卫星遥感、大数据分析等技术建设胶州森林防火监测预警专题。系统依托算法模型进行蔓延分析，使用 GIS 调度救援团队及物资，为林火处置调度提供智能支撑。自 2023

年上线以来，通过卫星遥感、视频识别共发现火灾 30 余起，提前通过融合通信手段向火点所属镇街、联动部门进行通知核实，并通过系统内置的蔓延分析算法、力量调派算法和物资调拨算法提高处置效率，实现风险早发现、早处置。该预警系统可实现以下功能：

（1）实时监测

胶州市森林防灭火监测预警系统在森林区域内布置了多种环境监测传感器，包括温度、湿度、风速和风向传感器。这些传感器能够实时采集环境数据，监测森林火灾的潜在风险因素。通过精准的环境监测，系统可以在火灾初期阶段及时发现异常，进行预警和防范。此外，系统还配备了高灵敏度的烟雾传感器，能够快速检测到烟雾的存在，并通过无线网络将数据传输到中央监控中心，实现实时监测和预警。烟雾传感器的应用使得系统能够更早地发现火情，提高了火灾预警的准确性。

为了确保全天候监控，系统在关键区域安装了高清摄像头。这些摄像头配备了红外成像技术，因此能够在夜间和恶劣天气条件下正常工作，以确保森林区域的实时监控。通过视频监控，系统能够直观地掌握森林内部的情况，及时发现火灾苗头并采取措施。

（2）数据分析与预警

在数据分析与预警方面，系统通过整合环境监测数据、历史火灾数据和气象数据，利用大数据分析技术识别火灾的潜在风险区域和高发时段。通过数据挖掘和模式识别，系统能够提前预测火灾的发生概率，为防火决策提供科学依据。通过分析环境因素、历史数据和实时监测数据，系统可以生成风险评估报告，为防火决策提供科学依据。一旦系统检测到火灾的潜在风险或发现异常情况，会立即发出预警。预警信息通过短信、手机应用和电子邮件等方式迅速传达给相关部门和人员，确保及时采取防范措施。

（3）应急响应

系统内置多种应急预案，包括火灾扑救、人员疏散和资源调度等。一旦发生火灾，系统能够根据火情自动生成应急预案，指导应急响应工作。通过实时监控和数据分析，系统能够优化应急资源的调度和分配，提高救援效率。应急预案不仅包括火灾扑救的具体步骤，还涵盖了人员疏散和资源调度的详细计划。系统利用地理信息系统（GIS），直观地展示火灾现场的情况，帮助指挥人员快速做出决策。在火灾发生时，系统能够根据实时数据，动态调整救援方案，确保救援工作的高效开展。

（4）信息发布与公众参与

信息发布与公众参与是系统的重要组成部分。通过手机应用、网站、短信等多种渠道，系统能够向公众发布森林防火信息和火灾预警，提高公众的防火意识和自救能力。公众可以随时获取最新的防火信息和安全提示，做好预防措施。此外，系统还鼓励公众通过手机应用报告火情和安全隐患，提供现场信息，辅助应急决策。

（5）技术支持

物联网技术通过在关键位置部署大量传感器，实现对环境数据的实时采集和传输。利用无线网络和云计算技术，系统能够高效地处理海量数据，确保监测和预警的实时性和准确性。人工智能与机器学习技术则通过智能分析和自动化决策，提高系统应急响应的科学性和准确性。

4.2 智慧应急在工业生产安全管理中的应用

4.2.1 问题描述

安全生产是工业化过程中必然遇到的问题，现代工业化企业的生产投入非常大，工序复杂、安全生产影响因素多，事故风险也就相对较高。常见的化工、建筑施工、机械电气、冶金、矿业等行业生产安全事故频发，包括瓦斯煤尘爆炸、矿井火灾、化工厂爆炸、油气泄漏等，这些事故往往造成重大人员伤亡和财产损失。

1. 工业生产安全事故的基本特征

（1）化工厂生产安全事故

1）化学品爆炸事故：化工厂使用的大量危险化学品具有爆炸性，若操作不当或设备故障极易引发爆炸。预兆包括设备异常响声、气体泄漏、温度异常等。

2）化学品泄漏事故：化学品泄漏可能对人体、环境造成严重危害。预兆包括有色气体或液体跑冒滴漏现象、怪味出现、人员不适等。

3）化工厂火灾事故：火灾事故在化工厂中也较为常见，可能由设备故障、操作失误或外部火源引起。预兆包括烟雾增多、温度升高、报警系统触发等。

（2）建筑施工生产安全事故

1）脚手架坍塌事故：脚手架在搭设不当或承载超负荷时，可能发生坍塌。预兆包括脚手架晃动、变形、结构连接不牢固等。

2）机械伤害事故：施工现场使用的机械设备，如挖掘机、起重机等，若操作不当或设备故障，可能导致人员受伤。预兆包括设备运行异常、操作人员操作不规范等。

（3）机械、电气生产安全事故

1）电气设备故障：如变压器爆炸、电缆起火等。预兆包括设备过热、异响等。

2）机械伤害事故：操作机械设备时，若未按照安全操作规程进行操作，可能导致人员受伤。预兆包括设备异常响声、运行不稳定等。

3）电气火灾事故：电气线路老化或短路可能引发火灾。预兆包括电气设备冒烟、火花等。

（4）冶金行业生产安全事故

1）高温熔融金属溅出事故：在冶炼过程中，高温熔融金属可能因设备故障或操作失误溅出，导致烧伤。预兆包括设备异常响声、温度异常等。

2）煤气中毒事故：冶金过程中产生的煤气泄漏可能导致中毒。预兆包括气味异常、人员出现头晕、恶心等不适症状。

3）爆炸事故：冶金过程中，若气体浓度超标或混合不当，可能引发爆炸。预兆包括设备异常响声、气体泄漏等。

（5）煤矿生产安全事故

1）瓦斯爆炸事故：瓦斯爆炸是煤矿中最为常见和致命的事故之一。瓦斯主要是指甲烷气体，当其含量达到 5% 到 15% 时，遇到火源极易引发爆炸。预兆包括响煤炮声，气体穿过含水裂缝时的吱吱声，因压力突然增大而出现的劈裂折断声等。此外，煤层层理紊乱，煤壁外臌，片帮、冒顶次数多，底臌严重等也是预兆。

2）煤尘爆炸事故：煤尘爆炸常伴随瓦斯爆炸发生，危险性较瓦斯爆炸更高。当空气中的煤尘浓度达到爆炸极限时，遇火源会发生爆炸。煤尘增大、空气气味异常、忽冷忽热等是煤尘爆炸的预兆。

3）矿井火灾事故：矿井火灾分为外因火灾和内因火灾，前者由外界火源引起，后者由煤自燃引起。常见预兆包括温度升高、烟雾增多、空气质量变差等。

4）矿井水灾事故：矿井水灾主要指井下突然涌水，这种涌水可能导致矿井淹没。预兆包括水流声突然增大、巷道湿度升高、地面出现裂缝等。

5）冒顶事故：冒顶事故是指井下空间的顶部塌落。预兆包括顶板裂缝增多、支护变形、矿柱松动等。

（6）石油天然气行业生产安全事故

1）油气泄漏：油气泄漏可能引发火灾和爆炸。预兆包括气味异常、压力变化等。

2）钻井事故：钻井过程中可能发生井喷等事故。预兆包括钻井参数异常、泥浆流失等。

3）储罐爆炸事故：储存油气的储罐可能因超压或设备故障导致爆炸。预兆包括储罐异常响声、压力异常等。

2. 工业生产安全管理中应急响应主要存在的问题

（1）监测与预警系统不足

工业环境中需要高效的监测系统来及时发现潜在的安全风险。然而，许多传统的监测系统由于技术落后、设备老化、维护不力等原因，无法及时、准确地检测到风险。这些不足不仅增加了事故发生的可能性，还会延误应急响应的时间，导致更严重的后果。例如，在化工厂生产中，气体泄漏、温度异常等危险信号需要被实时捕捉和处理。然而，传统的监测系统可能无法灵敏地检测到微小的气体泄漏，或者无法及时发现温度变化，这样的延误可能会导致爆炸或火灾，进而造成巨大的财产损失和人员伤亡。此外，许多监测系统的数据处理能力有限，难以对大量实时数据进行有效分析，从而错过了早期预警的最佳时机。

（2）应急响应时效性不高

工业事故发生后，快速响应是控制事故扩展、减少损失的关键。然而，现有的应急响应机制往往存在反应不及时的问题，这主要源于信息传递速度慢、决策链条长、应急预案不完善等因素。以煤矿瓦斯爆炸事故为例，这类事故发生后，如果不能迅速采取有效的应急措施，可能会引发更大范围的火灾，甚至引发连锁爆炸，造成严重的人员伤亡和经济损失。

（3）跨部门协作不够

在大型工业场所，应急管理涉及多个部门和利益相关者的协调与合作，然而，跨部门的协作与沟通机制往往不够顺畅，这对应急处理的效率造成了严重影响。例如，在建筑施工中发生脚手架坍塌事故时，建筑公司、安全监管部门和救援队之间的协作不畅会导致救援工作延误，从而增加事故后果的严重性。不同部门之间的职责划分不清、权责不明确，会导致在应急处理中出现推诿扯皮的现象,进一步影响应急处理效率。而跨部门信息共享不足,会导致应急资源无法得到最优配置,延误最佳救援时机。

(4)设备老化与维护不足

许多工业企业的设备老化故障率高,这不仅降低了生产效率,还增加了安全隐患。而设备维护不足则使得这些隐患长期存在,难以及时排除。传统的设备管理方式依赖于定期检查和人工记录,因此难以实时监控设备状态,导致设备故障和安全隐患无法及时被发现和处理。

(5)应急物资储备与调配不当

应急物资的储备和调配是应急管理中的重要环节,然而,许多企业在这方面有所欠缺。一方面,应急物资的储备量不足或者种类不全,会导致在事故发生时无法满足应急需求;另一方面,物资的调配不当,使得应急物资难以及时到达事故现场,延误了应急响应时间。

(6)员工安全意识与应急能力不足

员工的安全意识和应急能力直接关系到事故的预防和应急处理效果。然而,许多企业在员工安全培训和应急演练方面投入不足,导致员工缺乏必要的安全知识和应急技能。在事故发生时,员工往往因为不熟悉应急程序而无法有效应对,甚至因为恐慌而采取错误的应对措施,进一步加剧事故的严重性。例如,在火灾发生时,如果员工不知道如何正确使用灭火器材,或者不了解疏散路线和方法,将会导致更大的人员伤亡和财产损失。

(7)法律法规与标准不完善

尽管许多国家和地区都制定了工业生产安全管理的法律法规和标准,但这些法律法规和标准往往存在不完善和执行不到位的问题。一些企业为了追求经济利益,忽视安全管理,甚至违法违规操作,增加了事故发生的风险。此外,法律法规和标准的更新速度慢,难以适应快速变化的工业技术和生产方式,使得安全管理存在滞后性。随着新材料、新工艺的广泛应用,现有的安全标准可能无法涵盖新的风险,从而导致安全监管的盲区。

综上所述,传统的工业应急措施在监测与预警系统、应急响应时效性、跨部门协作、设备老化与维护、应急物资储备与调配、员工安全意识与应急能力及法律法规与标准方面都存在诸多问题,这些问题制约了应急管理的效率和效果。解决这些问题,需要在技术、管理和制度等多个层面进行全面提升。

3. 工业生产安全管理中的应急政策与措施

工业安全关乎企业生产的顺利进行和社会的整体稳定,为此,我国政府制定了一系列应急政策来应对潜在的工业安全隐患,不断加大重点行业安全隐患专项整治工作的力度,深化重点行业安全专项整治,不断加强隐患排查治理力度。应急管理部门、煤矿安监部门组织开展煤矿瓦斯防治、防治水和防灭火、领导干部带班下井、建设项目安全设施"三同时"、兼并重组与整合技改煤矿安全生产等专项检查;实施煤矿瓦斯治理示范工程;集中开展金属与非金属地下矿山安全生产大检查,抓好防尾矿库溃坝、防海洋石油泄漏等安全专项整治;以石英砂加工、木制家具制造和石棉生产使用企业为重点,对粉尘与高毒物品危害进行排查治理;组织矿山、危险化学品应急救援团队开展预防性安全检查。

同时,政府也不断加强重大危险源监测监控管理,通过不断完善重大危险源监督管理制度，建立健全重大危险源数据库，推广应用实时监测监控技术，深化重大危险源预案管理。我国政府相继出台了《关于开展重大危险源监督管理工作的指导意见》《危险化学品重大危险源监督管理暂行规定》《"十四五"危险化学品安全生产规划方案》等文件，进一步界定了重大危险源的内涵和外延，明确了重大危险源的监控主体，确定了分级监控、分级备案与核销的工作原则。同时，通过制定《危险化学品重大危险源辨识》（GB 18218—2018）、《煤矿矿井重大危险源辨识与分级》（DB 13/T 2258—2015）、《企业危险化学品重大危险源安全监控预警系统技术规范》（DB32/T 3389—2018）等相关配套标准，拟逐步建立支撑重大危险源监管的技术标准体系，全面加强重大危险源监管工作。

为了促进智慧应急系统在工业安全中的广泛应用，政府出台了一系列政策，制定了许多计划和方案，提供了大量资金支持和财政补贴，推动企业引入先进应急技术、部署智慧应急系统。《"十四五"国家应急体系规划》和《"十四五"应急管理标准化发展计划》等政策文件，进一步强调了智慧应急系统在国家应急管理体系中的重要地位，明确了未来智慧应急系统的发展目标和任务，为各级政府和企业提供了具体的实施指南。《"工业互联网+安全生产"行动计划（2021—2023 年）》的出台，标志着政府在推动工业安全生产向动态感知、事前预防和全局联防转变方面的积极探索和推动。该计划通过明确的政策导向和多方支持措施，为智慧应急系统在各类高危行业中的应用提供了强有力的政策支持和保障。

随着工业互联网技术的不断进步和应用场景的拓展，智慧应急系统将在更广泛的行业中得到推广和深入应用。政府将继续完善相关政策法规和标准体系，进一步促进智慧应急技术的创新和应用，推动工业安全生产向更加智能、高效和可持续的方向发展。

4.2.2 方法应用

1. 智慧应急 IT 技术

随着工业技术的快速发展，工业生产安全事故的复杂性和突发性不断增加，传统的应急管理方法已无法满足现代工业生产安全管理的需求。智慧应急 IT 技术（图 4-1）是指赋能传统应急管理以"智慧"的大数据、互联网、人工智能等新一代信息技术，遵从"感知数据-交互信息-洞察分析-决策行动"逻辑主线，实现应急管理自动研判、自主决策、自我演进的功能，达到智慧应急管理的目的，最终完成应急管理的数字化转型、智慧化提升。

（1）感知数据

感知数据是指运用先进、稳定、高效的工具和技术对智慧风险监测、智慧风险识别、智慧风险评估、智慧风险预警、智慧应急响应、智慧应急防控、智慧应急体制、智慧应急机制、智慧应急法制等各种结构类型数据的采集获取和规范治理，形成原始库、资源库、主题库及专题库数据，为交互信息及洞察分析提供支撑。感知数据架构如图 4-2 所示。

1）实时数据接入。实时数据接入主要是指针对工业生产中产生的实时数据，如传感器监测数据和反应釜等设备运行状态数据等，通过实时分布式消息技术、实时流计算技术、深度包检测（Deep Packet Inspection，DPI）、深度流检测（Deep Flow Inspection，DFI）探针技术等进行实时的采集获取，及时发现设备异常，提高事故预警和响应速度。

图 4-1　智慧应急 IT 技术概况

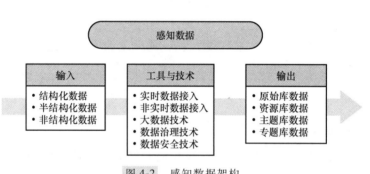

图 4-2　感知数据架构

2）非实时数据接入。非实时数据接入主要是指针对工业生产中产生的普通数据、历史数据，如设备历史运行记录、安全检查报告、事故调查报告等，通过各类采集工具与技术，如 ETL（数据抽取、转换和加载）、API 接口（应用程序编程接口）等，进行全量、增量、定时地采集获取，为工业安全应急管理提供全面的数据基础，支持风险评估和决策。

3）大数据技术。在制造业中，大量的生产数据、设备数据和环境数据需要进行综合分析，以发现潜在的安全隐患。采用 Hadoop（海杜普）、Spark 等大数据平台，大数据技术可以处理各类复杂来源数据的采集接入、有效存储与利用、质量提升等。

4）数据治理技术。数据治理技术以工业生产海量数据为基础，在确保数据安全的前提下，运用大数据技术建立数据接入、数据处理、数据管控、数据资源池、数据服务、数据共享交换、数据安全等功能体系，生成高质量标准化基础数据。

5）数据安全技术。数据安全技术是以数据为中心，综合运用云计算技术、大数据技术、密码技术、人工智能技术、流量检测技术等，保障数据安全、完整性、可用性和机密性的技术集合。

例如，运用加密、授权、校验、清理、转换等工具与技术，保障从传感器等设备采集的数据完整性、一致性和可用性等，保障数据采集安全。运用身份鉴别和认证、安全通道、可信通道、加密传输等工具与技术，防止工业数据遭泄露和篡改等，保障数据传输安全。运用身份鉴别和认证、加密算法与密钥、访问控制、复制、备份、恢复、归档等工具与技术，保障数据存储的完整性、一致性、可用性、时效性等，保障工业生产数据的存储安全，防止数据被未授权访问或丢失。

（2）交互信息

交互信息是指运用先进、稳定和高效的工具和技术，在横向和纵向上对资源库、主题库、专题库等数据进行共享交换及安全防护的过程，为应急业务的洞察分析提供支撑。交互信息架构如图 4-3 所示。

图 4-3　交互信息架构

（3）洞察分析

洞察分析是指运用先进、稳定的工具和技术，将三维空间、安全生产等方面积累的大量基础数据，经过分析处理，形成直观的、可供决策的信息，为应急业务的决策行动提供支撑。

国家通过多年的信息化建设，建立了"四库一平台"，即法人库、地理信息库、人口库、宏观经济库及国家信息共享交换平台，积累了大量的公用基础数据。同时，经过多年发展，在三维空间、安全生产等领域同样积累了大量的应急专用基础数据。这些数据业务门类繁多，类型多种多样，包括业务数据、音视频数据、矢量空间数据、电子档案数据、办公公文数据及物联感知数据，这些数据中蕴含着大量有效的信息，如果不加入应急专业的复杂算法，常规的统计分析将难以满足应急应用所需要的复杂度要求。对三维空间信息、安全生产信息和政务管理信息进行综合分析，可形成自动化应对方案、应急事件的全息图像和应急知识图谱。洞察分析架构如图 4-4 所示。

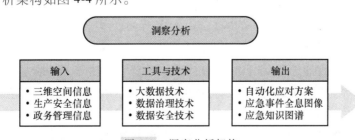

图 4-4　洞察分析架构

（4）决策行动

决策是人们为达到一定目的而进行的有意识的、有选择的行动。在一定的人力、设备、材料、技术、资金和时间因素的约束下，人们为了实现特定目标，从多种可供选择的策略中做出判断，以求得最优或者较好效果的过程就是决策。智慧应急管理中的决策有同样的特点。

决策是随着人类社会活动的发展而产生的。长期以来，决策主要依靠人的经验，属于经验决策的范畴。随着科学技术的迅速发展，领导者单凭个人的知识、经验、智慧和胆量来做决策，难免出现重大失误。在这种形势下，经验决策逐步被科学决策所替代。信息是决策的基础与依据，决策是信息积累的结果。对决策问题的有关信息掌握得越具体，越有助于做出正确的、明智的决策。在现代科技的发展下，更好地结合大数据、人工智能等新兴技术有利于决策的制定。决策行动架构如图4-5所示。

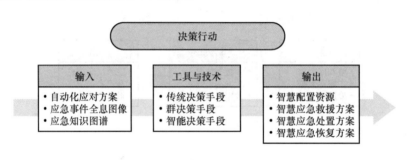

图4-5　决策行动架构

2. 智慧应急系统的技术组成

（1）智能监测与预警系统

智能监测与预警系统是智慧应急系统的基础，通过实时采集和分析各种环境和设备数据，及时发现潜在风险。安全生产风险监测预警系统采取"统一建设、逐级转发、属地管理"的建设模式。围绕煤矿、危险化学品、烟花爆竹等高危行业安全生产重大风险，以感知数据为支撑，构建风险监测指标体系和监测预警模型，利用大数据、人工智能等技术手段，建设安全生产风险监测预警系统，通过整合应急管理系统内部资源、深化业务应用，重点解决数据质量参差不齐、数据错误、数据冗余等问题，实现对高危行业企业安全生产风险的监测、评估、预警和趋势分析，强化安全生产风险的分类分级管控，为重点监管、精准执法、科学施策提供支持，有效遏制事故发生。

针对企业用户，系统提供相应的客户端功能及界面，主要完成企业风险源申报、报警处置信息上报、企业数据展示、信息公告和情况反馈等。在风险综合监测部分，实现风险源辨识、建档及申报、接收通知和反馈信息、企业用户知识案例共享等功能。应急管理部门通过安全生产风险监测预警系统，实时监测企业生产区、库区及值班监控室等重点场所的视频图像、监测报警数据，指导各级监管执法人员有针对性地开展执法检查。通过在线巡查、监管反馈，实现风险预警信息的闭环处置。工业安全生产风险监测预警系统总体架构如图4-6所示。

图 4-6 工业安全生产风险监测预警系统总体架构

（2）智能决策支持系统

智能决策支持系统通过实时数据处理和模拟仿真技术，为应急管理提供科学、准确的决策支持。

1）实时数据处理：在事故发生时，系统能够快速处理来自传感器的数据，进行多维度分析，提供精确的应急建议。例如，Siemens（西门子）MindSphere 是基于云的开放式物联网（IoT）操作系统，它使全球工业能够以经济实惠的方式将自己的机器和实体基础设施轻松快捷地与数字世界衔接起来，利用来自任意数量的互联智能设备、企业系统和联合数据源的数据，可以分析实时操作数据。实时数据处理技术确保了在紧急情况下能够迅速获取准确信息，制定有效的应急措施。

2）模拟与仿真：利用数字孪生技术模拟事故场景，预测不同应急措施的效果，帮助决策者选择最佳方案。例如，NVIDIA（英伟达）的 Omniverse 平台利用 AI 和物理引擎进行复杂的事故场景仿真，包括火灾和爆炸的数字仿真。通过模拟与仿真技术，企业可以在事故发生前进行应急预演，优化应急响应方案，减少事故损失。

（3）自动化响应系统

自动化响应系统通过智能控制技术，实现事故发生后的自动应急操作，减少人员风险。

1）智能自动化控制：一旦检测到事故，系统能自动执行预定的应急操作，如关闭阀门、启动灭火系统等。

2）无人机与机器人：在危险环境中部署无人机和机器人进行现场评估和救援，减少人员风险。例如，Boston Dynamics（波士顿动力公司）的 Spot 机器人可在矿井中进行自主巡检，发现隐患并及时处理。

（4）跨部门协作平台

跨部门协作平台通过信息共享和统一指挥系统，确保各部门在应急管理中的高效协同。

1）信息共享与通信：建立一个集成平台，使不同部门能够共享实时数据，进行有效沟通。信息共享与通信平台的应用，使得应急管理的各个环节能够及时获取所需信息，提高应急响应的整体效率。

2）统一指挥系统：通过统一的指挥系统协调各部门的应急行动，有效整合各部门资源，确保应急行动的协调一致，可提高应急响应的整体效率。

（5）数据驱动的安全培训与演练

智慧应急系统不仅在事故发生时提供支持，还可以用于日常的安全培训和演练。通过数据驱动的安全培训和模拟演练，企业能够提高员工的应急响应能力，增强应急管理的整体水平。

1）虚拟现实（VR）培训：利用 VR 技术进行安全培训，模拟真实的事故场景，帮助员工熟悉应急操作。VR 安全培训系统可以模拟化学品泄漏、火灾等事故场景，让员工在虚拟环境中进行应急演练，提高应急响应技能。

2）数据驱动的演练评估：通过智慧应急系统记录和分析演练数据，评估演练效果，找出不足之处。

（6）远程监控与应急支持

在一些高危行业，如石油、化工等，远程监控和应急支持显得尤为重要。智慧应急系统可以通过远程监控技术，提供即时的应急支持，确保在紧急情况下能够迅速响应。建立远程监控中心，实时监控各生产场所的生产安全状态。例如，石油企业可以通过远程监控中心，实时监控各油田的生产状态，一旦发现异常，立即进行远程应急处置。

（7）智能感知技术

在工业生产应急管理中，基于智能传感、射频识别、视频图像、激光雷达、航空遥感等智能感知技术，依托天地一体化应急通信网络、公共通信网络和低功耗广域网，面向安全生产监测预警和应急处置现场实时动态监测等应用需求，可以构建覆盖敏感区域、重大危险源区域的感知数据采集体系。以下为一些工业环境中常见的态势感知器：

1）车载态势感知器。在工业园区和大型工厂内，车载态势感知器可以在厂区道路上移动，通过传感器和视频监控设备，实时采集气体浓度、温度、湿度等数据，及时发现异常情况，及时预警可能的安全隐患。

2）无人机。无人机在工业环境中的应用广泛，可以覆盖广泛区域进行空中监测，特别适用于危险或难以到达的地方。比如在石油钻井平台、矿山等高危区域，无人机通过配备高清摄像头和传感器，可以快速部署到现场，提供高空视角的实时图像和数据，支持应急决策和行动。尤其是矿井瓦斯泄漏等事故发生时，无人机可以快速定位泄漏点并实时传输数据。

3）系留球。在大型工业活动和敏感区域，系留球可以长时间悬浮在空中进行监测，提供稳定的监测数据支持。系留球配备多种传感器和摄像设备，可以长时间监测指定区域的安全状况，实时采集和传输数据。例如，在炼油厂周边布置系留球，实时监测空气中的有害气体浓度。

3. 工业生产安全管理中的其他智慧应急技术

在工业生产安全的智慧应急管理中，多种先进技术的应用提升了风险监测、应急响应和决策支持的能力。

（1）数据交换标准技术

在工业生产安全的智慧应急管理中，不同部门和系统之间的信息数据交换至关重要。由于涉及的成员种类繁多、项目阶段复杂且生命周期长，因此建立一个公开的数据交换标准非常关键。这一标准能够确保所有系统通过统一的方式交换信息，从而实现不同部门和软件之间的无缝信息流动。

（2）BIM 技术

BIM（建筑信息模型）技术在工业设施的生命周期中，可以有效地进行运营维护管理。BIM 技术具有空间定位和记录数据的能力，将其应用于设备管理系统，可以快速准确定位工业设备组件。结合 RFID（射频识别）技术，通过 BIM 技术可将设备信息导入资产管理系统，提升工业设施的资产管理效率。同时，利用 BIM 技术可进行空间管理，优化工业设施的空间利用。

（3）可视化技术

可视化技术能够将监测数据和实时采集的信息转化为直观的图形图像，呈现给应急管理者，使他们能够观察、模拟和计算复杂的工业环境数据。这一技术是实现工业应急管理中三维展现的前提，能帮助管理者更好地理解和处理紧急情况。

（4）3S 技术

3S 技术包括遥感技术（RS）、地理信息系统（GIS）和全球定位系统（GPS），在工业安全的智慧应急管理中应用广泛。它们结合空间技术、传感器技术、卫星定位与导航技术、计算机和通信技术，能够对工业场所的空间信息进行全面的采集、处理、管理、分析和表达，是工业应急管理的核心展示平台。

（5）数字化施工系统

数字化施工系统依托地理基础平台、地理信息系统、遥感技术和工地现场数据采集系统，整合工业现场信息资源，突破时间和空间的局限，为应急管理各参与方提供一个开放的信息环境，利用 BIM 模型成果进行数字化施工管理。

（6）物联网

物联网（IoT）通过智能感知、识别技术和普适计算，被广泛应用于工业应急管理中。它在物品与物品之间建立信息交换和通信的网络，确保所有关键设备和传感器都能实时传输数据，提供全方位的监测和预警功能。

（7）云计算技术

云计算技术通过整合多个计算实体，提供强大的计算能力，是解决工业应急管理中大数据传输及处理的最佳技术手段。它能快速处理和分析大量监测数据，支持应急决策和行动。

（8）信息管理平台技术

信息管理平台技术旨在整合现有管理信息系统，充分利用 BIM 模型中的数据进行管理交互，使应急管理各参与方能够在统一的平台上协同工作，提高整体应急管理效率。

（9）数据库技术

工业应急管理依托能支撑大数据处理的数据库技术，包括大规模并行处理（MPP）数据库、数据挖掘、分布式文件系统、分布式数据库、云计算平台和可扩展的存储系统。这些技术确保了应急管理过程中数据的高效存储和快速检索。

（10）网络通信技术

网络通信技术是工业应急管理的沟通桥梁，构成了整个应用系统的基础网络。根据实际需求，利用手机网络、无线保真（Wi-Fi）网络、无线电通信等方案，实现应急情况下的通信需求，确保信息及时传递。

通过上述技术的应用，工业安全下的智慧应急管理能够实现高效、精准的风险监测和应急响应，进而提升应急处理能力和整体安全水平。

4.2.3 结果呈现

本节介绍美国通用电气公司智慧化应急成果等应用实例。

1. 美国通用电气公司智慧化应急成果

美国通用电气公司（General Electric Company，简称 GE），是创立于 1892 年的一家全球领先的多元化科技与服务公司，业务涵盖航空、能源、医疗、金融等多个领域。Predix 是 GE 推出的针对整个工业领域的基础性系统平台，它是全球第一个专为收集与分析工业数据而开发设计的云解决方案，它提供了强大的数据收集、分析和处理能力，被广泛应用于各类工业场景中，包括制造业、能源行业、交通运输等。Predix 平台的核心理念是将物理世界与数字世界相连接，通过高度安全的工业级云环境，捕捉和分析大量高速运行、类型多样的工业设备和机器所产生的数据，帮助企业优化其能源使用、生产流程和供应链管理等方面的表现。这种连接性使得企业能够更好地预测设备故障、提高生产效率、降低运营成本，实现工业安全的智慧化应急管理。Predix 平台的工业能力的展示如图 4-7 所示，Predix 平台的边缘和云系统如图 4-8 所示。

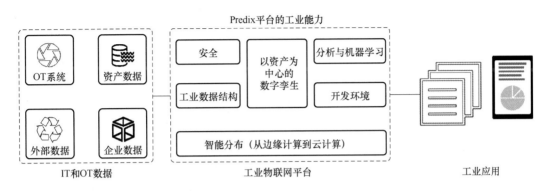

图 4-7　Predix 平台的工业能力展示

（图片及内容来源：https://www.ge.com/digital/sites/default/files/download_assets/Predix-from-GE-Digital-Overview-Brochure.pdf）

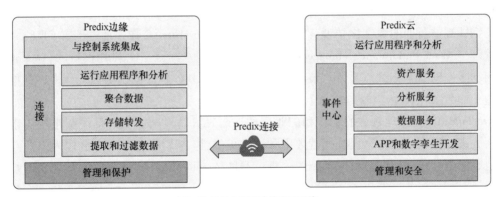

图 4-8　Predix 平台的边缘和云系统

（图片及内容来源：https://www.ge.com/digital/sites/default/files/download_assets/Predix-from-GE-Digital-Overview-Brochure.pdf）

（1）英国石油公司与 GE 合作

英国石油公司，即 British Petroleum，简称 BP，是世界最大私营石油公司之一（即国际石油七姊妹之一），也是世界前十大私营企业集团之一。BP 作为世界上最大的石油和石油化工集团公司之一，公司的主要业务是油气勘探开发、炼油、天然气销售和发电、油品零售和运输，以及石油化工产品的生产和销售。

BP 和 GE 之间的合作体现了数字化技术在能源领域应用的前沿发展。两家公司通过共同努力，实施了多个重要的数字化项目。GE 与 BP 合作开发了名为工厂运营顾问（Plant Operations Advisor，POA）的解决方案，该方案已经在 BP 的墨西哥湾平台成功部署，该系统利用 Predix 平台进行实时监测和数据分析。通过集成多种数据源，POA 系统能够提供全面的运营可见性，帮助识别潜在问题并提前预警。这一系统通过数字化工具提高了设施的可靠性，减少了非计划停机时间。

利用预测分析和过程监控，POA 系统能够提供早期预警，从而避免设备故障和运营中断。POA 利用 GE 的 Predix 和资产性能管理（APM）能力，可以快速整合运营数据，向工程师发送分析报告，以在问题变得严重之前识别性能问题。通过实时监测和预测分析，POA 系统可以帮助 BP 提前识别潜在的运营问题，数字化解决方案提高了 BP 的应急响应能力，缩短了问题识别和解决的时间。通过实时数据和预测分析，运营团队能够快速做出响应，从而减少生产中断的时间。这一合作不仅为 BP 带来了显著的经济效益，也为行业内其他公司提供了数字化转型的成功范例。

（2）GE 与 Paradigm（帕拉代姆）公司合作

GE 与 Paradigm 公司合作，推出了油藏驱动生产优化服务（Reservoir Driven Production Optimization，RDPO）系统，该系统将 Paradigm 公司的地质知识与 GE 的生产智能结合，优化油田级别的生产。通过 3D 模型和实时生产数据，RDPO 系统帮助生产工程师在采取行动前更好地理解了生产干预的影响，从而提高了生产决策的准确性。此外，RDPO 系统提供了统一的生产和储层数据视图，帮助生产工程师更准确地进行生产决策，优化钻井位置和干预策略，提高了生产效率并降低了运营成本。

（3）GE 与 ArcelorMittal（安赛乐米塔尔）在智慧应急管理方面的合作

在钢铁制造行业的数字化转型背景下，GE 与 ArcelorMittal 合作，通过部署 GE 的（资产绩效管理（Asset Performance Management，APM）解决方案，在比利时根特的 ArcelorMittal 钢厂启动了一项数字化试点项目。该项目旨在减少非计划停机时间，提高生产力，并推动钢铁制造业的数字化转型。

ArcelorMittal 是全球领先的钢铁和矿业公司，面对日益复杂的生产环境和市场需求，需要采用先进的数字化技术来提升运营效率和设备可靠性。GE 的 Predix 平台作为工业互联网的典范，能够提供全面的数据驱动智能分析，帮助 ArcelorMittal 实现设备的预测性维护和性能优化。

GE 的 APM 解决方案可用于监测根特钢厂的电动机驱动系统，该解决方案通过数据收集和分析，提供对工厂整体性能的全面视图。Predix 平台通过创建数字孪生技术，即根据正常运行状态建立的数字复制品，来比较实时数据和健康状态的差异。通过发现数据变化，该软件能够自动指示未来可能的电气和机械故障，从而提醒操作人员采取即时措施，调整参数以避免设备过载并确保其最佳性能。GE 的 APM 解决方案允许从传统的基于日历的维修转向预测性维护。这种转变不仅大大减少了停机时间和维护成本，还允许操作人员在计划停机的同时安排维修，进一步减少了非计划停机时间。通过这种方式，ArcelorMittal 能够有效地降低设备故障率，提高生产效率。

APM 解决方案通过数字化工具和云分析，帮助 ArcelorMittal 实现了钢铁厂前所未有的效率提升。该解决方案不仅减少了非计划停机时间，还通过优化设备维护，降低了维修费用和资源需求。此外，通过实时监测和预测性维护，ArcelorMittal 能够更好地计划和协调生产，确保产品质量的一致性，进而提高整体生产力和经济效益。

2. 华为助力智能化工园区建设

在产业转型升级的浪潮中，传统化工园区正加速向智慧园区演变，金塘工业园与华为携手，利用 AI、大数据、云计算等创新技术实现园区的智能化升级，并荣膺中国"智慧化工园区（建设期）单位"称号。

金塘工业园始建于 2005 年，是福建省南平邵武市实施"工业强市"战略，充分发挥基础资源优势，延伸产业链，促进产业集聚，做强做大支柱产业而规划建设的精细化工园区，总用地面积 40.17km²，可提供 2.6 万个就业岗位。由于建设起步较早，信息化基础相对薄弱，近年来金塘工业园在管理服务及安全保障等方面也同样面临着挑战，急需从传统园区向智慧园区演进。在此背景下，金塘工业园区选择华为作为伙伴，积极开展"智慧园区"改造，引入 AI、大数据、云计算等创新技术，建设业务和事件联动的 IOC 指挥中心，通过跨部门数据的有效集成和共享，实现园区的智慧升级、安全升级、服务升级。

为了满足智慧、安全与服务升级需求，金塘智慧工业园区采用了华为多级多网指挥行业解决方案的智慧危化园区子场景方案，以创新 ICT 技术和智慧业务应用为支撑，整合园区内外资源，在全面感知和互联互通的基础上搭建统一的公共服务和管理平台，实现人、物、系统之间的无缝连接与协同联动，通过"自感知、自适应、自优化"，对园区安全、环保、应急、公共服务等多种需求做出智能响应，形成具备可持续生命力的园区形态，使园区管理服务等更便捷高效，助力金塘化工园区成为"国内一流、国际领先的化工园区"。

华为帮助园区建立了一体化驾驶舱，通过构建园区态势一张图，全面展示了园区经济、安防、环境、天气等要素信息，通过数据和业务联动实现了园区管理的"运筹帷幄之中，决胜千里之外"。同时，园区数据基础平台也成为园区信息化建设、数据资源融合、管理、调度的枢纽，全面支撑园区内外数据协同服务。智慧园区综合运营与指挥中心的建设，让金塘工业园具备了园区内运行管理的全面统筹、协同、可视化的能力，基于 GIS 地理信息平台，完成了风险、周边资源呈现 / 调度，处置工单发布 / 跟踪上屏，一屏实现可视化管理，一屏完成指挥调度。同时，通过持续迭代的金塘 AI 算法仓，不断优化、提升园区的安防监测能力。在安全生产应用建设方面，园区建设了"两重点一重大"监管、双重预防机制、风险分级管控等内容，整体业务按照闭环式设计，实现了计划、申请、审批、执行、回放、数据共享等闭环化管理，满足了园区日常监管需求。当前平台已完善已投产企业的基本信息，完成所有园区化工生产企业数据动态监测，可实时查看重点管控区域现场情况，实现重点区域、工艺等远程预警功能。

从上述案例可以看出，智慧应急理念及技术在提升工业生产安全管理方面展现了显著成效，为应对各类潜在风险和突发事件提供了全新的应对策略和工具。智能监测和预警系统通过实时数据采集和分析，迅速识别工业环境中的异常情况和潜在风险，有效预防事故发生；智能自动化系统迅速启动应急程序并进行必要操作，大幅缩短了应急响应时间；决策支持系统通过大数据分析和模拟预测，为应急管理者提供了科学依据和多样化方案，从而降低了事故后果和损失，提升了应急响应的效率和准确性。

此外，智慧应急技术优化了跨部门协作与信息共享机制，通过统一的信息平台和协作系统，实现了即时沟通和资源共享，以及快速协调应对措施，提高了整体应急处理效率。智慧应急理念及技术的广泛应用不仅在工业安全管理中展现了显著成效，更为企业和社会提供了全面的安全保障和风险管理能力。随着技术的进步和应用场景的扩展，智慧应急将继续发挥关键作用，为建设安全可靠的工业环境提供持久支持和保障。

4.3 智慧应急在公共卫生应急管理中的应用

4.3.1 问题描述

1. 公共卫生事件

公共卫生事件是指突然发生，造成或者可能造成社会公众健康严重损害的重大传染病疫情、群体性不明原因疾病、重大食物和职业中毒及其他严重影响公众健康的事件。其中，重大传染病的概念不专指甲类传染病，乙类与丙类传染病暴发或多例死亡、罕见的或已消灭的传染病、临床及病原学特点与原有疾病特征明显异常的疾病、新出现传染病的疑似病例等均包含其中。

（1）生物病原体所致疾病

生物病原体所致疾病主要指传染病（包括人畜共患传染病），寄生虫病，地方病区域性流行、暴发流行或出现死亡；预防接种或预防服药后出现群体性异常反应；群体性医院感染等。传染病肆虐人类历史数千年，曾造成世界性巨大灾难，尽管科技进步发明了抗生素及疫苗等药物和生物制剂，这些健康威胁既包括自然传播引发的区域性流行疾病，也涉及医疗活动产生的次生风险，始终是公共卫生防御体系需直面应对的核心挑战。

（2）食物中毒事件

食物中毒是指人摄入了含有生物性、化学性有毒有害物质后，或把有毒有害物质当作食物摄入后，所出现的非传染性的急性或亚急性疾病，这属于食源性疾病的范畴。

（3）有毒有害因素污染中毒

这类公共卫生事件是由污染所致，如水体污染、大气污染、放射污染等，波及范围极广。据统计，全世界每分钟有 28 人死于环境污染，每年有 1472 万人因此丧命。并且由于是有毒有害物质所致的污染，常常会对下一代造成极大的危害。

（4）不明原因引起的群体发病或死亡

这类事件通常危害较前几类事件要严重得多。正是由于原因不明，因此公众缺乏相应的防护和治疗知识，而且日常也没有针对该类事件的特定监测预警系统，使得该类事件常常造成严重的后果。此外，由于原因不明，这类事件在控制上也有很大难度。

2. 突发公共卫生事件的主要类别

（1）重大传染病的暴发和流行

这里的重大传染病主要是指发生或发现《中华人民共和国传染病防治法》（简称《传染病防治法》）中规定的已知的法定传染病的暴发流行，如 1988 年在上海发生的甲型肝炎疫情、2004 年的青海鼠疫疫情、2019 年新冠肺炎疫情等。

（2）群体性不明原因疾病和新发传染病

群体不明原因疾病是指在一定时间内，某个相对集中的区域内同时或者相继出现多个共同临床表现患者，又暂时不能明确诊断的疾病。例如，传染性非典型肺炎疫情发生之初，虽然知道这是一组同一症状的疾病，但对其发病机理、诊断标准、流行途径等认识不清，这便是群体性不明原因疾病的典型案例。

新发传染病是相对以往人们所认知的旧传染病而言的。一般是指近 20 年来，在人类中发生且明显增多，或在不久的将来会增加对人类威胁的、新发现的、重新肆虐的，以及因药物抗性所致的一类传染病。

（3）预防接种群体性反应和群体性药物反应

预防接种群体性反应和群体性药物反应指在实施疾病预防措施时，出现免疫接种人群或预防性服药人群的异常反应。这类反应的原因较为复杂，可以是心因性的，也可以是其他异常反应。

（4）重大食物中毒和职业中毒

重大食物中毒和职业中毒事件是指短期内经食物或职业接触有毒物质后，出现脏器结构或者功能异常的事件。例如，2002 年 9 月 14 日，南京汤山发生一起特大投毒案，造成 395 人因食用有毒食品而中毒，死亡 42 人；2002 年初，河北省白沟镇发生苯中毒事件，箱包生产企业数名外地务工人员陆续出现毒症状，有 6 名工人死亡。

（5）重大环境污染事故

重大环境污染事故是指化学物在生产、储存、运输和使用等过程中出现大量外泄，造成环境污染，对公众或职业人群健康带来威胁或引起人员中毒的事件。

（6）核事故和放射事故

核事故和放射事故可分为三类：一是核设施（如核电厂、各种类型的核反应堆、核燃料处理厂等）发生的核事件；二是放射源意外照射或丢失造成的放射事件，包括人员受到的超剂量照射事件、放射性污染事件和放射源丢失事件；三是放射恐怖事件，可分为放射性物质散布事件、核装置或核武器爆炸事件及攻击破坏核设施事件等。

（7）生化恐怖袭击

生化恐怖袭击是一种特殊的突发事件形式。用于生化恐怖袭击的物质主要有微生物、化学物和放射性物质。联合国已公布的化学、生物武器多达 29 种（其中，生物武器 15 种，化学武器 14 种），美国已经公布装备的生物战剂有 8 种。

（8）自然灾害导致的人员伤亡和疾病流行

自然灾害所带来的影响往往是多方面的，主要指地震、洪涝、干旱、暴风雪等自然灾害造成的人员伤亡及疾病流行等。

（9）其他

菌、毒（株）种、剧毒物质（药品）丢失，以及重大动物疫情（指可能对公众身体健康和生命安全造成危害的动物疫情）等。

根据突发公共卫生事件性质、危害程度、涉及范围，突发公共卫生事件划分为特别重大（Ⅰ级）、重大（Ⅱ级）、较大（Ⅲ级）和一般（Ⅳ级）四个等级。具体等级划分见表 4-4。

表4-4　突发公共卫生事件分级表

事件等级	类型
特别重大突发公共卫生事件（Ⅰ级）	1. 肺鼠疫、肺炭疽在大、中城市发生并有扩散趋势，或肺鼠疫、肺炭疽疫情波及2个以上省份，并有进一步扩散趋势 2. 发生传染性非典型肺炎、人感染高致病性禽流感病例，疫情有扩散趋势 3. 涉及多个省份的群体性不明原因疾病，并有扩散趋势 4. 发生新传染病，或我国尚未发现的传染病发生或传入，并有扩散趋势，或发现我国已消灭的传染病重新流行 5. 发生烈性病菌株、毒株、致病因子等丢失事件 6. 周边及与我国通航的国家和地区发生特大传染病疫情，并出现输入性病例，严重危及我国公共卫生安全的事件 7. 国务院卫生行政部门认定的其他特别重大突发公共卫生事件
重大突发公共卫生事件（Ⅱ级）	1. 在一个县（市）行政区域内，一个平均潜伏期内（6天）发生5例以上肺鼠疫、肺炭疽病例，或者相关联的疫情波及2个以上的县（市） 2. 发生传染性非典型肺炎、人感染高致病性禽流感疑似病例 3. 腺鼠疫发生流行，在一个市（地）行政区域内，一个平均潜伏期内多点连续发病20例以上，或流行范围波及2个以上市（地） 4. 霍乱在一个市（地）行政区域内流行，1周内发病30例以上，或波及2个以上市（地），有扩散趋势 5. 乙类、丙类传染病波及2个以上县（市），1周内发病水平超过前5年同期平均发病水平2倍以上 6. 我国尚未发现的传染病发生或传入，尚未造成扩散 7. 发生群体性不明原因疾病，扩散到县（市）以外的地区 8. 发生重大医源性感染事件 9. 预防接种或群体性预防性服药出现人员死亡 10. 一次食物中毒人数超过100人并出现死亡病例，或出现10例以上死亡病例 11. 一次发生急性职业中毒50人以上，或死亡5人以上 12. 境内外隐匿运输、邮寄烈性生物病原体、生物毒素造成我境内人员感染或死亡 13. 省级以上人民政府卫生行政部门认定的其他重大突发公共卫生事件
较大突发公共卫生事件（Ⅲ级）	1. 发生肺鼠疫、肺炭疽病例，一个平均潜伏期内病例数未超过5例，流行范围在一个县（市）行政区域以内 2. 腺鼠疫发生流行，在一个县（市）行政区域内，一个平均潜伏期内连续发病10例以上，或波及2个以上县（市） 3. 霍乱在一个县（市）行政区域内发生，1周内发病10~29例或波及2个以上县（市），或市（地）级以上城市的市区首次发生 4. 一周内在一个县（市）行政区域内，乙、丙类传染病发病水平超过前5年同期平均发病水平1倍以上 5. 在一个县（市）行政区域内发现群体性不明原因疾病 6. 一次食物中毒人数超过100人，或出现死亡病例 7. 预防接种或群体性预防性服药出现群体心因性反应或不良反应 8. 一次发生急性职业中毒10~49人，或死亡4人以下 9. 市（地）级以上人民政府卫生行政部门认定的其他较大突发公共卫生事件
一般突发公共卫生事件（Ⅳ级）	1. 腺鼠疫在一个县（市）行政区域内发生，一个平均潜伏期内病例数未超过10例 2. 霍乱在一个县（市）行政区域内发生，1周内发病9例以下 3. 一次食物中毒人数30~99人，未出现死亡病例 4. 一次发生急性职业中毒9人以下，未出现死亡病例 5. 县级以上人民政府卫生行政部门认定的其他一般突发公共卫生事件

3. 公共卫生应急响应面临的问题

（1）传染病监测与预警系统

传染病监测与预警系统的问题在于现有系统可能存在时效性和精准性不足。尽管许多国家和地区已建立了监测系统，但新兴传染病的快速响应仍然是一个挑战。例如，在面对新型病原体或变异病毒时，传统的监测手段可能无法及时捕捉到关键信息，从而延误控制与应对疫情的时机。

（2）应急资源分配不均

大规模突发公共卫生事件中的应急资源分配问题尤为突出。医疗资源和人员的有效分配需要考虑多方面因素，如疫情暴发的地理分布、患者的人数和病情严重程度等。不同地区、不同医疗机构之间的资源差距可能导致某些地区或机构在应急时无法及时获得足够的支持，从而影响救治效果和公众信任。

（3）公众信息传递与协调

公众信息传递与协调在危机时刻显得尤为关键。如何有效地向公众传递紧急信息，包括疫情预防知识、应急措施和救援资源的使用方法，直接影响到公众的防范意识和行动。

同时，各级政府和非政府机构之间的信息共享和行动协调，也是确保应急响应高效运作的关键环节。缺乏有效的信息传递和协调机制可能导致资源的浪费和行动的不协调，进而影响应急响应的效果和公众的信任度。除了上述问题外，公共卫生领域的应急响应还面临着其他挑战，如跨境传染病的国际协调、社会心理及经济影响的管理、医疗设施和设备的准备等。

4. 公共卫生应急管理的体制、机制、法制

（1）体制

公共卫生应急管理体系是整个应急管理体系的重要组成部分，主要应急管理主体是各级卫生政府部门及各级卫生专业机构，其根本任务是在各级人民政府的统一领导和指挥下，管理和应对各种突发公共卫生事件和突发事件公共卫生问题，建立健全突发公共卫生事件应急管理的各项机理性制度，落实各项防范措施。我国突发公共卫生事件应急管理组织体系框架如图4-9所示。

（2）机制

各级应急管理机构只是决定了应急管理体系的静态"硬件"结构，要想有效发挥其潜在功能，需遵循统一指挥、反应灵敏、协调有序、运转高效的原则，建立并运行各种制度化、程序化的应急管理方法与措施。根据《中华人民共和国突发事件应对法》的相关规定，结合应急管理工作流程，可把我国主要公共卫生应急机制分为预防与应急准备机制、监测预警机制、应急决策和协调机制、分级负责和响应机制、信息发布与通报机制、应急保障机制、国际和地区间的交流与合作机制、责任追究与奖惩机制、社会动员机制、恢复重建机制、督导评估机制等。

（3）法制

公共卫生应急管理法规体系通过制定规则来协调和解决不同利益主体间的冲突，实现良性的利益博弈。

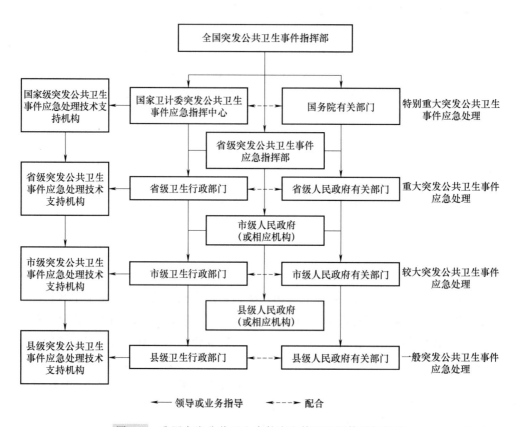

图 4-9　我国突发公共卫生事件应急管理组织体系框架图

1）法律体系。以宪法为根本指导，我国已初步建立以《突发事件应对法》为基本法、大量单行立法与之并存的公共卫生应急管理的法律体系。《突发事件应对法》（2007 年 11 月 1 日发布）主要集中规范普通的应急管理，不考虑极端形式的紧急状态。该法首次系统、全面地规范了突发事件应对工作的各个领域和各个环节，确立了应对工作应当遵循的基本原则，建构了一系列基本制度，规范了在突发公共事件预防和应急准备、监测预警、应急处置和救援、善后与恢复等阶段的具体应对活动，以及政府、社会和个人在各项应对活动中的相互关系，为突发事件应对工作的全面法律化和制度化提供了最基本的法律依据。在部门管理法中，公共卫生事件类的法律还包括《中华人民共和国食品安全法》《中华人民共和国职业病防治法》《中华人民共和国放射性污染防治法》《中华人民共和国国境卫生检疫法》《中华人民共和国动物防疫法》《中华人民共和国安全生产法》等。

2）行政法规。行政法规是指国务院根据宪法和法律，按照法定程序制定的有关行使行政权力、履行行政职责的规范性文件的总称。行政法规一般以条例、办法、实施细则、规定等形式呈现。行政法规的制定主体是国务院，需要国务院总理签署国务院令，它的效力次于法律，高于部门规章和地方法规。例如，《突发公共卫生事件应急条例》《重大动物疫情应急条例》《核电厂核事故应急管理条例》《中华人民共和国传染病防治法实施办法》《中华人民共和国食品安全法实施条例》《公共场所卫生管理条例》《医疗机构管理条例》等。

3）地方性法规。地方性法规的制定机关有两类：一是由省、自治区、直辖市的人大和人大常委会制定；二是由省会所在地的市及国务院批准的较大的市的人大及其常委会制定，但同时应报省一级人大常委会批准，还要报全国人大常委会备案。地方性法规的效力低于宪法、法律和行政法规。

4）部门规章。根据制定机关的不同，规章可分为两类。一类是由国务院的组成部门和直属机构在其职权范围内制定的规范性文件。该类文件不须经国务院批准，其与地方性法规处于一个级别，如《国务院关于全面加强应急管理工作的意见》《结核病防治管理办法》《关于疾病预防控制体系建设的若干规定》《关于卫生监督体系建设的若干规定》等。另一类是地方行政规章。由省、自治区和直辖市人民政府，以及省人民政府所在地的市人民政府和国务院批准的较大市人民政府制定的规范性文件。地方政府规章除了服从宪法、法律和行政法规外，还要服从地方性法规。

5）预案。应急预案是将立法规定具体化，是应急响应的直接依据。

6）技术指南、标准、导则等技术支持性文件。

为保证突发事件应急处理机构和个人正确、有效地开展救援工作，需要制定针对性强、内容具体的标准、工作指南、工作规范等技术支持性文件，用于指导和规范突发事件应对行为。这些技术文件也是对机构和个人工作考核的依据。

4.3.2　方法应用

1. 公共卫生监测

公共卫生监测是公共卫生活动的基础和管理工具。利用公共卫生监测手段，收集并分析相关信息资料，有利于早期识别突发公共卫生事件风险并及时预警。同时，监测结果能为制定突发公共卫生事件预防控制策略、措施，采取适宜的公共卫生行动及合理配置资源，提供科学的决策依据。

（1）突发公共卫生事件监测信息的主要来源

1）各类疾病与公共卫生监测信息系统。通过常规的监测活动，如疾病监测、健康危害因素监测等，对已知和未知的疾病或健康危害因素在一定范围、一定时间、一定人群内异常情况或聚集性情况，当达到突发公共卫生事件预警指标时，通过系统报告突发公共卫生事件。该类报告信息占我国突发公共卫生事件报告的60%以上。

2）行政部门领导指示与部门信息交流。通过行政渠道报告各地发现的突发公共卫生事件。该类事件信息往往由基层部门直报到最高行政部门或其他部门，然后通过领导批示的方式逐级反馈到卫生计生部门。优点是报告信息快速，响应及时；缺点是具体处理部门需等待上级批示，难以及时主动开展应对工作。

3）社会举报。通过卫生监测部门设立的报告专线或举报电话报告突发公共卫生事件。事件的初次报告信息大多局限于城区或县（区）范围。该类信息由于报告人主要来源于大众，因此需由专门的突发公共卫生事件监测机构进行报告事件的识别，确认后方能正式进行报告。在发生大规模暴发疫情或突发公共卫生事件时，相关热线咨询电话量会明显增加，对咨询电话记录进行整理和分析，可以辅助发现可能的异常疫情，如我国的"12320"公共卫生热线。

4）媒体检索。通过广播、电视、互联网络等新闻宣传媒体，报道的突发公共卫生事件信息。该报告事件属于媒体对"社会举报"信息进行主动采访调查的结果报道。由于该类报告信息具有报告人非专业的主观判断因素，因此，需由专门的突发公共卫生事件监测机构对报告事件进行进一步识别，确认后方能正式进行报告。

5）国际通报。该类突发公共卫生事件信息主要来源于 WHO 或国与国之间的公告或通报。

（2）主要监测方法

1）以人群为基础的监测，以特定人群为对象开展工作，监测特定疾病的动态变化。以人群为基础开展的监测，既可以是覆盖整个目标人群的常规报告监测，也可以是监测点或哨点监测。例如我国的法定传染病报告系统就是以人群为对象开展工作的。

2）以医院为基础的监测。以医院为现场开展工作，以医院病人为对象，主要是对医院内感染、病原体耐药、出生缺陷、性传播疾病等进行监测。

3）以实验室为基础的监测。利用实验室方法对病原体或其他致病因素开展监测。实验室监测主要包括病原学监测、人群抗体水平监测及耐药监测等。例如，WHO 及我国的流感实验室监测系统所开展的常规流感病毒分离与分型鉴定工作，即以实验室为基础的监测。通过实验室监测，可以了解病原的分离鉴定及其特征、型别和亚型的变化等，进而与流行病学数据相链接。利用实验室技术，还可有效探查病原体循环是否阻断，并及时发现新的病原微生物。

4）以案例为基础的监测。有些情况下，统计疾病暴发的起数比统计单个病例更容易、更实用，尤其对那些有潜在暴发危险，报告质量较差或临床类型多样的疾病更是如此。在我国，诸如突发公共卫生事件监测、食品安全事件监测，甚至传染病疫情监测等，都属于以案例为基础的监测。

2. 公共卫生事件预警

监测预警系统是早发现、早报告、早处置突发公共卫生事件的重要信息通道，是预警预报、科学决策指挥的重要信息平台。突发公共卫生事件预警是指以监测数据为基础，采取综合评估手段，建立信息交换和发布机制，及时发现事件苗头，发布预警，及时采取有效的应急措施，以达到控制事件蔓延的目的。

（1）预警系统的组成

1）信息监测系统。信息监测系统的作用是将平时出现的大量事件前兆及相关因素收集起来，及时提供给相应的部门。在收集信息时应当注意从不同的渠道中获得有价值的信息，从而获得尽可能多的信息。在注重流行病学资料收集的同时，要争取获得实验室数据的支持。特别是对于一些病因不清楚的疾病，实验室检测结果有时能指明调查的方向。对传染病暴发/流行而言，选择信息原则上应考虑：第一是可获得性，比如现有监测系统收集的数据，获得性较好；第二是及时性，预警的关键是时间上的提前量，只有实现早期预警，才有可能采取及时行动，如果不能获取实时数据，预警的价值将大打折扣；第三是多渠道信息，不同来源的信息反映了事件的不同角度，综合分析不同渠道数据，将会显著增加预警系统的敏感性。

2）预警指标。监测数据的质量好坏、预警指标是否适宜，决定了突发公共卫生事件预警的成败。按照分组管理、分级响应的原则，根据突发公共卫生事件的严重性、影响区域范围、控制难易程度及所需动用的资源等因素，通过对疾病与健康相关事件的历史数据的分析，设立分级预警指标。

3）信息处理分析系统。处理分析系统对原始信息进行加工处理，使获得的数据信息成为有价值的信息，并对这些信息进行处理，然后对突发公共卫生事件进行预测，也就是对监测系统所获得的信息，运用现代管理科学的预测方法和技术，进行科学的预测，根据突发公共卫生事件的特点及其危害性，决定是否需要预警报告及预警报告的级别。

4）预警报告系统。预警报告系统是指在对突发公共卫生事件进行科学的监测，在做出科学预测的基础上，发出及时、准确的预警报告，以提高人们对突发公共卫生事件的警觉，作好应对突发公共卫生事件的准备，减少突发公共卫生事件造成的危害。预警系统工作流程如图 4-10 所示。

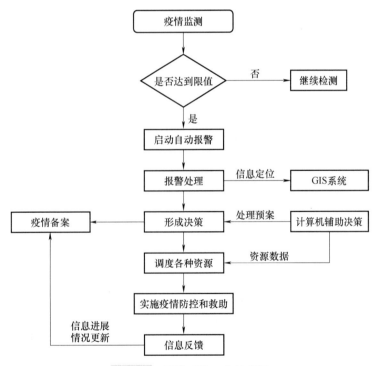

图 4-10 预警系统工作流程图

进行预警报告时，要力争及时发布预警信息，及时通过新闻媒体等媒介发出预警信息，向公众和医疗机构提供指导。发布预警信息的形式是多样的，例如消息、公告等。可以充分应用现代技术来实现预警信息发布，例如电话、手机短信、电子邮件、互联网公告等。

（2）预警模型

近年来，预警模型的研究及应用迅速发展，并且随着数据资源的日益丰富，以及复杂随机过程、蒙特卡罗方法、空间分析技术的广泛应用，新的预警模型、方法和应用不断涌现。

1）基于时间维度的预警模型。基于时间维度的预警模型用于揭示监测指标的时间变动特征，可以在早期探测传染病暴发事件。依据时间顺序排序起来的观察数据的集合，其中每一个数据都是以相同的时间间隔来获取的，且观察数据值不是相互独立的。在公共卫生监测工作中，大部分预警方法分析的是病例报告资料或医院急诊的资料，这些资料大多是典型的单一时间序列的资料。

比数图法又称历史极限法（Historical Limits Method），最早由美国疾控中心提出。比数图法的基本原理是，计算当前预警周期流行水平与历史平均水平之间的比值，假定发病数据服从正态分布，根据正态分布原理，计算出比值的容许范围，当比值超过容许范围则判断为异常。比数图法的优势在于算法简单，并且可以在一定程度上消除季节性的影响。但是对于不服从正态分布的疾病，使用比数图法进行预警分析时，分析结果可能存在较大偏差。

累积和控制图法也称为 CUSUM（Cumulative Sum Control Chart）模型，由 Page 于 1954 年提出并应用于工业过程的质量控制。其原理是通过不断累积观察值与基线水平的差值，放大观察数据出现的波动，从而可以更加迅速、灵敏地探测到微小的异常情况。CUSUM 模型有多种不同形式，可以适应不同的资料类型。各种 CUSUM 模型的主要区别在于计算期望值的理论分布不同，最常见的是假定数据服从正态分布或 Poisson（泊松）分布。对于病例或症状监测数据，特别是病例计数数据，通常采用 Poisson 分布。模型有两个参数：h 为预警阈值；k 为参考值。两个参数需要事先定义，具体参数值由数据试验获得。CUSUM 模型是常见的传染病突发公共卫生事件早期预警方法之一，也是当前国外一些传染病预警应用系统的核心方法。

移动百分位数法（MPM）的基本思想是以历史基线数据一定置信水平的百分位数作为控制限，上控制限即为预警限，作为控制限监视序列是否"失控"的判断依据。技术核心是计算历史基线数据的百分位数。MPM 是我国传染病自动预警系统采用的核心算法，属于非参数方法，不依赖监测数据的统计学分布类型，普适性较好。

2）基于空间维度的预警模型。使用空间预警模型的前提条件是监测资料中有地理空间位置，如报告病例的经纬度、住址、工作单位等地区分布资料。空间预警模型中最受关注的方法是 Kulldorff 空间扫描统计量，即通过将地理空间划分成一个个小区域，在其中寻找发病数目与常规水平具有统计学差异的区域，以此作为检出空间聚集性的依据。

3）同时基于时间和空间维度的预警模型。时间聚集模型存在局限性，而结合时间和空间聚集信息的预警模型，将使预警的灵敏度得到显著改善。方法有 Kulldorff 空间扫描统计量、Knox（诺克斯）方法。

时空扫描统计量是 Kulldorff 于 1998 年提出的，该方法以动态变化的扫描窗口对不同时间和区域进行扫描，可以有效对未知的时空聚集性进行探索性分析，达到早期预警的目的。该方法的基本原理是，设定一个大小和位置可变的圆柱形扫描窗口，圆柱的底表示扫描的空间区域，圆柱的高表示扫描的时间长度。随着圆柱的位置、底面积及高度的变化，产生一系列的扫描窗口。对于每一个扫描窗口，根据实际发病数和人口数计算出理论发病数，然后利用扫描窗口内外的实际发病数、理论发病数构造检验统计量对数似然比（Log Likelihood

Ratio，LLR）。最后，采用蒙特卡罗方法检验各窗口的统计显著性。

不同的预警模型在预警分析时具有各自的优势，在实际运用中可以考虑将定性方法与定量方法相结合、将时间预警技术与空间预警技术相结合，通过多种预警技术的联合应用提高预警分析的能力。

4）基于回归的预警模型。方法主要有普通线性回归、Poisson（泊松）回归模型、Serfling 方法及基于 Logistic（逻辑）回归模型的广义线性混合模型。

5）多源数据预警技术。多源数据是指为了一种监测目的而收集的各类资料，例如症状监测系统中使用的监测数据多数为多源数据，包括医院门诊的病例就诊数据、医院药品消耗数据、药品商店非处方药的零售数据、学校因病缺勤数据等。通过多因素分析，从因素间相互联系与制药的复杂关系中解析事件发展变化的规律。多元回归模型、逐步判别模型、多元统计过程质量控制等方法均属于多因素模型。

3. 公共卫生事件风险评估

公共卫生风险评估是指利用风险评估理论和方法，对疾病或事件的公共卫生相关信息进行风险识别、分析和评价，确定其风险等级，指导公共卫生风险的管理与控制的过程。它通常由两个方面组成，一是风险识别与特征描述，二是与暴露相关的风险分析与评价。主要任务包括：识别各种风险，评估风险概率和可能带来的负面影响，确定对象承受风险的能力，确定风险消减和控制的优先等级及推荐风险消减对策。

评估方法可依据以下分类：

1）基于知识的分析方法主要依靠知识和经验进行，通过特定途径收集相关知识和信息，识别存在的风险，定量或定性分析风险的可能性，并对该风险造成的影响和危害程度进行评估，提出相应结论和建议。基于知识的分析方法关键在于拥有相对完整详细的评估信息，主要方法有问卷调查、会议讨论、人员访谈、资料回顾等。

2）基于模型的分析方法是在具有相应评估模型的基础上，对风险识别、分析和评估等环节，进行系统分析，通过借鉴、论证、调整系统参数，建立和运行风险评估模型，测量风险等级，提出相应的措施和建议。

风险评估模型作为风险评估时的主要或辅助工具，可用于单病种事件的风险评估。建立风险评估模型，往往需要有长期、完善的监测系统和可靠的监测数据支持。评估方法主要有：德尔菲法、危害分析与关控制点（HACCP）法、风险矩阵法、因果分析法、层次分析法（AHP）、决策树、故障树等。

任何模式或方法都具有局限性。在资料信息不可能完备、精准，运行机制难以掌控的前提下，要想更好地开展风险评估工作，不应局限于某种特定的模式或方法，应把信息和方法综合起来。

4. 公共卫生应急管理中的智慧应急技术创新

（1）智能传染病监测技术

智能传染病监测技术通过利用人工智能（AI）和大数据分析来增强疾病监测系统的精准性和时效性。监测系统可以通过整合医院报告、社会媒体数据、交通流量信息等多种数据来源，实时分析和预测传染病的暴发趋势。例如，利用自然语言处理技术，可以从社交媒体和新闻报道中提取有关疾病传播的信息，识别潜在的疫情暴发点。机器学习算法则可以分析历史数据，预测未来的疾病传播模式，从而为公共卫生部门提供早期预警。

（2）应急预案与协调平台

开发跨部门、跨地区的应急响应预案和信息共享平台是提升应急响应效率的重要手段。这样的平台可以整合各级政府、医疗机构、非政府组织和社区的资源和信息，实现信息的快速传递和共享。例如，智慧应急平台可以实时更新各地疫情数据，提供动态的资源调配方案，确保医疗物资和人员的高效分配。此外，这些平台还可以模拟不同应急预案的效果，通过数据分析优化应急响应策略，提升整体应急能力。

（3）公众参与社区治理

引入智慧社区概念，通过社交媒体和移动应用程序促进公众参与和信息传递，是现代公共卫生应急中的重要组成部分。通过移动应用程序，公众可以实时获取疫情信息、健康指南和防控措施，从而提高自我防护意识。同时，社交媒体平台也为政府和公共卫生机构提供了一个重要的沟通渠道，可以及时发布权威信息，澄清谣言，减少恐慌。

（4）远程医疗与在线诊疗

远程医疗和在线诊疗技术在公共卫生应急中发挥了重要作用。通过视频诊疗、在线问诊和电子处方等技术，患者可以在家中获得医疗服务，减少医院的压力，降低交叉感染的风险。尤其是在疫情期间，远程医疗为偏远地区和隔离人群提供了重要的医疗支持。此外，智能健康监测设备，如可穿戴设备和智能手机应用程序，可以实时监测个体的健康数据，从而能够早期发现健康异常，提供及时的医疗干预。

（5）大数据分析与预测模型

大数据分析和预测模型在公共卫生事件风险评估中具有重要作用。通过分析大量的健康数据、环境数据和社会经济数据，可以识别出高风险人群和地区，预测疾病的传播趋势。基于这些分析结果，公共卫生部门可以制定更有针对性的防控措施。例如，流感季节来临前，通过分析历史流感数据和气象数据，可以预测流感的暴发时间和地区，提前做好疫苗供应和医疗资源准备。

（6）无人机与机器人技术

无人机和机器人技术在公共卫生应急中也有广泛应用。例如，无人机可以用于运输医疗物资、消毒公共区域、监测人群聚集情况等，减少人力成本和感染风险。机器人则可以用于医院内部的药物配送、病房消毒等任务，提高医疗服务效率，降低医护人员的工作压力和感染风险。

（7）智慧物流与供应链管理

在公共卫生应急中，医疗物资和设备的及时供应至关重要。智慧物流和供应链管理技术可以通过物联网、大数据和人工智能，实现物资的高效管理和快速配送。例如，利用智能仓储系统和自动化运输设备，可以实现医疗物资的自动分类和高效配送，确保紧急情况下医疗资源的及时供应。

（8）综合健康监测平台

综合健康监测平台可以整合个人健康数据、环境数据和社会数据，提供全面的健康监测和预警服务。例如,通过整合可穿戴设备的数据,平台可以实时监测个体的健康状况,提供个性化的健康建议和预警服务。同时,平台还可以分析环境数据,如空气质量、水质等,评估其对公共健康的影响,为公共卫生决策提供科学依据。

4.3.3 结果呈现

本节介绍科大讯飞医疗等应用实例。

1. 科大讯飞医疗在公共卫生领域的智能化应用

讯飞医疗科技股份有限公司(以下简称讯飞医疗)是科大讯飞的子公司,成立于 2016 年。基于科大讯飞 20 余年积累的国际领先的智能语音和人工智能技术,讯飞医疗已打造医疗领域中在语音识别、图像识别、自然语言理解等方面围绕深度神经网络、深度学习、医学知识图谱及专有核心技术的核心技术架构体系,在提升医院信息化、智能化水平,以及提高基层医生诊疗能力方面取得了良好效果。

科大讯飞推出传染病智能监测预警平台,通过人工智能、大数据、云计算等技术,运用时空聚集性分析、深度知识推理、场景化智能语音外呼技术,以新发突发传染病及不明原因疾病为重点,全面监测防控危害公共卫生安全的突发事件。平台覆盖了基层医疗机构、等级医院、学校、药店等重点监测场所和重点人群,实现了传染病多点触发、多渠道预警、智能监测排查、可视化决策分析、应急处置等功能,建成了灵敏可靠、多层级、广覆盖的传染病监测预警和一体化防控体系,提升了区域对新发未知及再发传染病早发现、早处置的能力。传染病监测预警与应急指挥信息平台如图 4-11 所示。

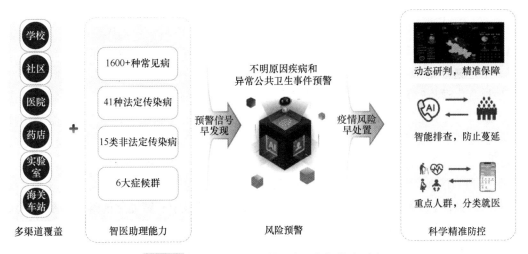

图 4-11 传染病监测预警与应急指挥信息平台

(图片及内容来源:https://www.iflyhealth.com/product/33.html#minban)

平台优势如下:

1)早期发现:基于人工智能和大数据能力,对症候群监测数据从时间、空间及时空维度进行综合分析。建设以患者疾病档案为核心的传染病智能信息中枢,畅通部门间、区域间的监测数据共享与交换,实现监测数据的有效积累和多维分析,提高传染病监测敏感度和预警预测能力。

2）多点触发：发挥等级医院、基层医疗机构的监测主渠道作用，从临床确诊前移至早期症候群监测阶段，前移传染病监测关口。进一步整合有条件的其他非医疗机构，丰富传染病监测渠道，细化和完善传染病发生发展的节点布局，提高传染病暴发的早期觉察能力及对新发传染病的早期识别能力。

3）快速处置：通过电话机器人辅助疾控人员快速实现大人群排查，精准确定密接人群。对于需要现场调查的对象，通过智能化工具提供知识推荐和辅助，提升流行病学调查的效率及数据准确率。

4）精准研判：基于人工智能及大数据技术支撑，提高实时分析、集中研判、预测预警能力。基于地理信息系统、可视化图表、数据报表等多种数据展现形式，对区域整体态势、当前信号发展趋势等进行综合分析，为相关管理人员及专家提供全面、综合、可视化的决策支持信息，提升研判效率和准确性。

此外，安徽省合肥市疾病预防控制中心在讯飞医疗多项人工智能技术解决方案的基础上推出了传染病监测预警与应急指挥信息平台，通过监测 41 种法定传染病及 15 种非法定传染病及 6 大症候群监测信号，实时支持传染病监测预警与应急指挥信息发布，助力传染病防控数字化。自 2023 年起，该平台已协助区域管理机构监测及管理常见传染病，如流感、诺如病毒（急性肠胃炎）及呼吸道传染病。"人工智能技术在传染病监测预警领域中的应用"也成功入选"2023 年度中国医疗综合类人工智能实践典型案例"，为建立健全智慧化传染病监测预警体系提供了探索和建设方向。

2. 中国电信：公共卫生应急管理与指挥决策

为贯彻国家"十四五"规划关于"构建强大公共卫生体系，为人民提供全方位全生命期健康服务"的工作要求，支持公共卫生信息化建设，中国电信于 2021 年联合辰安科技按照国家卫生健康委"一体两翼"的建设要求，积极探索"平急结合的多点触发监测预警公共卫生信息化建设"新思路，建设了"公共卫生应急管理与指挥决策平台""公共卫生应急作业平台""数字化流行病学调查系统""多点多触发智能监测预警系统"，涵盖了指挥调度、综合监测、卫生应急、流行病学调查、突发公共卫生事件处置、紧急医学救援等功能需求。

公共卫生应急管理与指挥决策平台日常运行时主要以监测为主，通过监测区域内各级各类公共卫生事件，实现各级单位业务资源共享，形成一套科学、智能化的管理体系，为突发公共卫生事件暴发提供数据支持。突发公共卫生事件时，平台以指挥决策为主，针对突发事件和紧急情况，支持指挥中心实时了解事件动态、进行事态评估和大规模综合性实时指挥调度，缩短反应时间，提高整体反应能力。在功能上，平台实现了对重大突发公共卫生事件事前预防、事中处置及事后总结的闭环管理。

在事前预防环节，结合大数据和人工智能等技术建立疫情监测防控系统，实现疫情防控早识别、早预警和早处置。通过多点触发监测预警、应急预案管理、应急资源管理系统对突发公共应急事件的人员、机构、物资、预案等进行管理。

在事中指挥决策环节，支持指挥中心动态完成事件处置，包括指挥调度、综合监测、卫生应急、流行病学调查、突发公共卫生事件处置、紧急医学救援等。

在事后总结环节，通过调用专家库，根据事件进展和控制处理结果进行评估，为下一次紧急事件的处理和应对提供参考。

参照国家卫生健康委办公厅和国家中医药局办公室联合发布的《全国公共卫生信息化建设标准与规范（试行）》，平台将与全民健康信息平台对接，真正实现对各区域内各类突发公共卫生事件的动态监测与汇总。平台日常运作如图 4-12 所示。

图 4-12　疫情防控管理平台日常运作

（图片及内容来源：http://www.qinghai.gov.cn/msfw/system/2022/04/16/010407077.shtml）

青海省疫情防控管理平台是中国电信自主研发的公共卫生应急管理与指挥决策平台的典型落地实践。平台坚持"技术驱动、管理先行、需求导向、统筹建设"的思路，统筹建设多套公共卫生应急业务系统，一次性补齐省内公共卫生应急信息化工作短板。通过整合健康码、行程码、时空伴随、核酸检测、疫苗接种、隔离等涉疫数据，实现与工信／通信管理、公安、卫生健康（疾控）等部门数据共享和业务协同，以及与国家级疫情防控管理平台的联通和信息共享，为支撑疫情防控工作打下坚实基础，助力实现防疫工作的"人数清、人头清、位置清、状态清"。

3. 腾讯健康：智慧卫健／疾控解决方案

腾讯健康聚合云计算、互联网、大数据、区块链等创新技术，充分发挥腾讯 C 端整合能力及医疗大数据优势，融入腾讯医典、腾讯觅影、腾讯企点等产品能力，聚焦区域卫生重点场景，打造"便捷基层就医、普惠患者服务、高效疾控管理"的区域医疗新生态。智慧卫健／疾控解决方案架构如图 4-13 所示。

系统的应用功能与场景：

1）数字化基础设施：云网端一体顶层设计，利用腾讯云的 IaaS、PaaS、SaaS 的产品优势和服务能力、C 端服务触达能力、全面安全保障能力助力区域卫生信息化智慧化升级。

2）数字化智能疾控：通过对区域内医疗数据的采集与监控，建立预测模型进行分析和预判，分析疾病的传播区域与趋势，为流行病提供预测、防控及应急能力。公共卫生部门可以通过建立覆盖本区域内患者的电子病例数据库，进行全面的疫情监测，快速响应控制，降低传染病感染人群数量与概率。

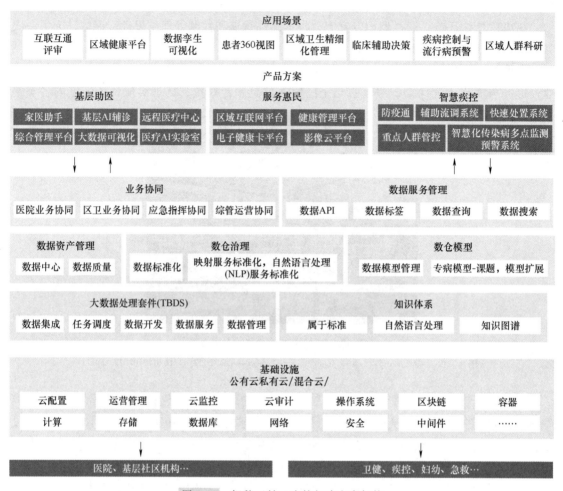

图 4-13 智慧卫健／疾控解决方案架构

（图片及内容来源：https：//healthcare.tencent.com/solution/3）

3）数字化基层助医：在"网格化"健康管理基础上，提供家医助手、AI 辅助诊断、远程医疗中心和综合管理平台等产品方案，协同医疗卫生信息化，实现线上线下一体化服务，增强基层医生服务能力。

4）数字化服务惠民：通过区域互联网平台、影像云平台、健康管理平台和电子健康卡平台等产品方案，实现一机管健康、一卡管档案、一键找医生、一扫会用药、就医购药一码付、权威科普一点查，为患者提供随手可得、一站式、全生命周期的医疗健康服务。

在 2020 年，深圳市疾病预防控制中心就与腾讯达成战略合作伙伴关系。腾讯发挥自身的云计算、大数据、人工智能等技术能力，助力深圳疾控中心全面提升运转效率、管理效率、疾控科研水平，以及突发公共卫生事件应急防控的应对效率和多机构协同能力。基于此次战略合作，深圳疾控中心将统一顶层设计和技术架构，打造高效、便捷、智能、创新、安全、协同的智慧疾控数字化平台。

腾讯云为深圳疾控中心提供包括私有云和公有云在内的各类云计算、云存储、云数据库、云通信、CDN（内容分发网络）、云视频、信息安全等各类基础设施服务，提供人工智能、大数据、微服务等平台服务，实现深圳疾控中心的智慧疾控的基础平台建设。腾讯将依托腾讯云在大数据、人工智能领域的技术积累，为深圳疾控中心提供城市人群的疾病分析、健康分析、传染病分析、健康预测、流行病分析溯源等多领域的公共卫生大数据分析平台产品和服务，不断提升深圳疾控中心的预测与分析能力。基于双方的战略合作，腾讯依托其在用户端触达、云基础设施能力、大数据、人工智能、丰富的生态等方面的优势，全面助力深圳疾控中心建设全方位、立体的公共卫生安全感知网，贯穿"采集-感知-监控-预警-处置-分析-态势感知"全流程，以实现常态突发疫情及公共卫生事件的智能发现和分析研判，以及应急时期的防控措施制定、效果评估和指挥调度，通过公共卫生安全态势感知，实时多维度监控。

成功实施智慧应急方法可以带来多重显著效果，深刻影响公共卫生应对能力和社会稳定性。通过数据分析和模型预测，提升疫情等突发公共卫生事件预测的准确性，有助于早期采取防控措施，有效减少疫情扩散的影响。智慧应急方法还优化了医疗资源的调配，例如在疫情期间，可利用智能应急平台和数据分析，快速分析和识别疫情高风险区域，精准调配医疗人员和物资，确保急需医疗资源的及时供给，最大化资源的利用效率。

另外，通过及时、透明的信息传递，智慧应急方法增强了公众对危机管理的信任，促进了社区的稳定和凝聚力。公众通过智能健康应用程序和社交媒体平台获取到权威和实时的疫情信息，减少了谣言和恐慌的传播，增强了公众的防范意识和自我保护能力。此外，智慧应急方法还加强了各级政府部门和医疗机构之间的协调与合作，跨部门、跨地区的信息共享平台使得资源调配更加高效和有序，不同机构之间能够实现快速响应和协同行动，提升了整体的应急响应能力。

4.4　智慧应急在社会安全应急管理中的应用

4.4.1　问题描述

1. 社会安全事件

社会安全事件是指在社会安全领域发生的，因人为因素造成或者可能造成严重的社会危害，而需要采取应急处置措施的事件，主要包括恐怖袭击事件、经济安全事件、涉外突发事件、重大刑事案件、群体性事件等。社会安全事件属于突发事件中的一种，但它的影响面比较广，一旦自然灾害、事故灾难、公共卫生事件突发后没有得到良好的控制，产生的负面舆论、不当的处置方式、高伤亡率等都会引发严重的社会安全事件。

（1）恐怖袭击事件

恐怖袭击是指极端分子人为制造的针对（但不仅限于）平民及民用设施的不符合国际道义的攻击方式。从 20 世纪 90 年代以来，恐怖袭击有在全球范围内迅速蔓延的严峻趋势。恐怖袭击是暴力的犯罪行为，它产生恐惧和危害人民生命财产安全。

（2）经济安全事件

经济安全事件主要包括生活必需品供给事件、粮食供给事件、能源资源供给事件、金融突发事件。

（3）涉外突发事件

涉外突发事件包括境外涉我突发事件（主要指境外发生的造成我国机构和人员伤亡及财产损失的突发事件）和境内涉外突发事件（主要指境内发生的造成外国机构和人员伤亡和财产损失的突发事件）。

（4）群体性事件

群体性事件是一种可能引发危害社会治安的非法集体活动，属于危机性社会事件。它是指由某些社会矛盾引发，特定群体或不特定多数人聚合而临时形成的偶合群体，以人民内部矛盾的形式，通过非法规模性聚集、对社会造成负面影响的群体活动。群体事件或表达诉求和主张，或直接争取和维护自身利益，或发泄不满、制造影响，因而对社会秩序和社会稳定造成重大负面影响。

（5）刑事案件

刑事案件是指犯罪嫌疑人或者被告人被控涉嫌侵犯了刑法所保护的社会关系，国家为了追究犯罪嫌疑人或者被告人的刑事责任而进行立案侦查、审判并给予刑事制裁（如罚金、有期徒刑、死刑、剥夺政治权利等）的案件。

特别重大、重大社会安全事件分级标准见表4-5。

表 4-5　特别重大、重大社会安全事件分级标准表

事件类型	特别重大事件	重大事件
群体性事件	（1）一次参与人数5000人以上，严重影响社会稳定的事件 （2）冲击、围攻县级以上党政军机关和要害部门，打砸、抢、烧乡镇以上党政军机关事件 （3）参与人员对抗性特征突出，已发生大规模的打、砸、抢、烧等违法犯罪行为 （4）阻断铁路繁忙干线、国道、高速公路和重要交通枢纽、城市交通8h停运，或阻挠、妨碍国家重点建设工程施工，造成24h以上停工事件 （5）造成10人以上死亡或30人以上受伤，严重危害社会稳定的事件 （6）高校内聚集事件失控，并未经批准走出校门进行大规模游行、集会、绝食、静坐、请愿等行为，引发不同地区连锁反应，严重影响社会稳定 （7）参与人数500人以上，或造成重大人员伤亡的群体性械斗、冲突事件 （8）参与人数在10人以上的暴狱事件 （9）出现全国范围或跨省（区、市），或跨行业的严重影响社会稳定的互动性连锁反应 （10）其他视情需要作为特别重大群体性事件对待的事件	（1）参与人数在1000人以上、5000人以下，影响较大的非法集会游行示威、上访请愿、聚众闹事、罢工（市、课）等，或人数不多但涉及面广和有可能进京的非法集会和集体上访事件 （2）造成3人以上、10人以下死亡，或10人以上、30人以下受伤群体性事件 （3）高校校园网上出现大范围串联、煽动和蛊惑信息，校内聚集规模迅速扩大并出现多校串联聚集趋势，学校正常教育教学秩序受到严重影响甚至瘫痪，或因高校统一招生试题泄密引发的群体性事件 （4）参与人数200人以上、500人以下，或造成较大人员伤亡的群众性械斗、冲突事件 （5）涉及境内外宗教组织背景的大型非法宗教活动，或因民族宗教问题引发的严重影响民族团结的群体性事件 （6）因土地、矿产、水资源、森林、草原、水域、海域等权属争议和环境污染、生态破坏引发的，造成严重后果的群体性事件 （7）已出现跨省（区、市）或行业影响社会稳定的连锁反应，或造成了较严重的危害和损失，事态仍可能进一步扩大和升级 （8）其他视情需要作为重大群体性事件对待的事件

（续）

事件类型	特别重大事件	重大事件
金融突发事件	（1）具有全国性影响且涉及本地区银行业金融机构的突发事件 （2）金融行业已出现或将要出现连锁反应，需要各有关部门协同配合共同处置的金融突发事件 （3）国际上出现并已经影响或极有可能影响国内宏观金融稳定的金融突发事件	（1）对金融行业造成影响，但未造成全国性影响的金融突发事件 （2）所涉及省（区、市）监管部门不能单独应对，需进行跨省（区、市）或跨部门协调的金融突发事件
涉外突发事件	（1）一次造成 30 人以上死亡或 100 人以上伤亡的境外涉我及境内涉外事件 （2）造成我境外国家利益、机构和人员安全及财产重大损失，造成境内外国驻华外交机构、其他机构和人员安全及重大财产损失，并具有重大政治和社会影响的涉外事件 （3）有关国家、地区发生特别重大突发事件，需要迅速撤离我驻外机构和人员、撤侨的涉外事件	（1）一次事件造成 10 人以上、30 人以下死亡，或 50 人以上、100 人以下伤亡的境外涉我及境内涉外事件 （2）造成或可能造成我境外国家利益、机构和人员安全及较大财产损失，造成或可能造成外国驻华外交机构、其他机构和人员安全及财产较大损失，并具有较大政治和社会影响的涉外事件 （3）有关国家、地区发生重大突发事件，需要尽快撤离我驻外部分机构和人员、部分撤侨的涉外事件
影响市场稳定的突发事件	（1）2 个以上省（区、市）出现群众大量集中抢购、粮食脱销断档、价格大幅度上涨等粮食市场急剧波动的状况，以及超过省级人民政府处置能力和国务院认为需要按照国家级粮食应急状态来对待的情况；在直辖市发生重要生活必需品市场异常波动，供应短缺 （2）在 2 个以上省会城市或计划单列市发生重要生活必需品市场异常波动，供应短缺 （3）在相邻省份的相邻区域有 2 个以上市（地）发生重要生活必需品市场异常波动，供应短缺 （4）在数个省（区、市）内呈多发态势的重要生活必需品市场异常波动，供应短缺	（1）在 1 个省（区、市）较大范围或省会等大中城市出现粮食市场急剧波动状况 （2）在 1 个省会城市或计划单列市发生重要生活必需品市场异常波动，供应短缺 （3）在 1 个省（区、市）内 2 个以上市（地）发生重要生活必需品市场异常波动，供应短缺
恐怖袭击事件	（1）利用生物战剂、化学毒剂进行大规模袭击或攻击生产、储存、运输生化毒物设施、工具的 （2）利用核爆炸、核辐射进行袭击或攻击核设施、核材料装运工具的 （3）利用爆炸手段，袭击党政军首脑机关、警卫现场、城市标志性建筑物、公众聚集场所、国家重要基础设施、主要军事设施、民生设施、航空器的 （4）劫持航空器、轮船、火车等公共交通工具，造成严重危害后果的 （5）袭击、劫持警卫对象、国内外重要知名人士及大规模袭击、劫持平民，造成重大影响和危害的 （6）袭击外国驻华使领馆、国际组织驻华代表机构及其人员寓所等重要、敏感涉外场所的 （7）大规模攻击国家机关、军队或民用计算机信息系统，构成重大危害	

（续）

事件类型	特别重大事件	重大事件
刑事案件	（1）一次造成10人以上死亡的杀人、爆炸、纵火、毒气、投放危险物质和邮寄危险物品等案件，或在公共场所造成6人以上死亡的案件，或采取绑架、劫持人质等手段，造成恶劣社会影响或可能造成严重后果的案件 （2）抢劫金融机构或运钞车，盗窃金融机构现金100万元以上的案件 （3）在国内发生的劫持民用运输航空器、客轮和货轮等，或国内民用运输航空器、客轮和货轮等在境外被劫持案件 （4）抢劫、走私、盗窃军（警）用枪械10支以上的案件 （5）危害性大的放射性材料或数量特大的炸药或雷管被盗、丢失案件 （6）走私危害性大的放射性材料，走私固体废物达100t以上的案件 （7）制服毒品（海洛因、冰毒）20kg以上案件 （8）盗窃、出卖、泄露及丢失国内秘密资料等可能造成严重后果的案件 （9）攻击和破坏计算机网络、卫星通信、广播电视传输系统等，并对社会稳定造成特大影响的信息安全案件 （10）在我国境内发生的涉外、涉港澳台侨重大刑事案件	（1）一次造成公共场所3人以上死亡，或学校内发生的造成人员伤亡、危害严重的杀人、爆炸、纵火、毒气、绑架、劫持人质和投入危险物质案件 （2）抢劫现金50万元以上或财物价值200万元以上，盗窃现金100万元以上或财物价值300万元以上，或抢劫金融机构或运钞车，盗窃金融机构现金30万元以上的案件 （3）有组织团伙性制售假劣药品、医疗器械和有毒有害食品，对人体健康和生命安全造成威胁的案件 （4）案值数额在2000万元以上的走私、骗汇、逃汇、洗钱、金融诈骗案、增值税发票及其他票证案，面值在200万元以上的制贩假币案件 （5）因假劣种子、化肥、农药等农用生产资料造成大面积绝收、减产的坑农案件 （6）非法猎捕、采集国家重点保护野生动植物和破坏物种资源致使物种或种群面临灭绝危险的重大案件 （7）重大制贩毒品（海洛因、冰毒）案件 （8）涉及50人以上，或者偷渡人员较多，且有人员伤亡，在国际上造成一定影响的偷渡案件

2. 社会安全领域应急管理主要存在的问题

在社会安全领域，应急管理面临的挑战复杂且多样。其中，恐怖袭击的预防和应对是社会安全中的重大挑战。如何有效识别潜在的恐怖分子和恐怖组织，收集和分析情报信息，制定和实施反恐预案，确保各部门的协同配合，是防范恐怖袭击的重要任务。发生恐怖袭击后，迅速反应、控制局势、救助受害者、进行现场调查和追捕犯罪分子等一系列措施的高效执行，是保障社会秩序和公众安全的关键。

在生活必需品、粮食和能源资源的供给突发事件中，如何确保供应链的稳定和供应渠道的畅通，是保障公众基本生活需求和社会稳定的重要问题。金融突发事件的应对，涉及金融市场的监管、风险的监测与预警、金融机构的应急反应，以及政府和金融监管部门的协同处理，目的是防止系统性金融风险的蔓延，维护经济和社会的稳定。

对于境内发生的涉及外国人的重大事件，如何确保及时有效的应对，保护外国人的生命财产安全，维护国家形象和国际关系的稳定，是一大挑战。对于境外发生的涉我突发事件，及时获取准确信息、组织救援和撤离行动、保护在外公民和企业的安全，以及与驻在国的协调合作，都是应对的关键环节。

此外，群体性事件多由社会矛盾激化引发，如何提前识别和化解社会矛盾，预防群体性事件的发生，是社会治理的重要课题。群体性事件一旦发生，快速有效地控制事态、疏导群众情绪及妥善处理事件诉求，避免事态升级和对社会秩序的重大影响，是应急管理的重点。

重大刑事案件对社会安全和公众心理会造成严重冲击，因此加强对危害国家安全、公共安全及公民生命财产安全的重大刑事案件的预防和打击，显得尤为重要。高效的刑事案件侦查和执法能力、公正的司法审判、刑罚的执行和犯罪预防措施的完善，是确保法律威慑力和社会公正的核心。对于刑事案件的处理，既要严厉打击犯罪，又要保障人权和司法公正，平衡法律的严肃性和人性的关怀。

以上这些问题反映了社会安全领域应急管理的复杂性和多样性，因此需要综合运用各种资源和手段，提升预防、应对和恢复能力，确保社会的稳定与安全。

3. 社会安全事件应急知识管理模型

（1）应急知识管理的主体

社会安全事件应急知识管理的核心要素是利用应急知识进行应急管理工作的人或组织，（主要包括应急决策者、应急执行者和应急知识提供者），根据分工的不同，在应对社会安全事件的过程中不断地进行知识交流，参与应急知识的生长过程。

应急决策者一般由应急管理部门承担，主要负责监督、指挥社会安全事件工作，一旦察觉到事件发生，便根据国家和地区的应急预案及各行业应急部门的应急共享知识，同时控制和决策应急过程中的知识流动，把应急知识转化为应急策略，再把应急策略下达到基层的应急执行人员，从而运用到实际的应急管理工作中。其中，地方性社会安全事件是由省级、市级的应急管理部门进行处理，任命当地负责人为决策者；特别重大社会安全事件由国家级应急管理部门接手处理，指挥中心直接指挥工作，各个应急部门协同合作。应急决策者的主要职责是组织编制国家应急总体预案和规划，指导各地区各部门响应、处理社会安全事件工作，推动应急预案体系建设和预案演练，明确与相关部门和地方各自的职责分工，建立协调配合机制。

应急执行者是指运用应急知识处理社会安全事件的专业人员和组织，即应急工作的具体实施者，不仅包括应急救助人员（医疗部门、公安部门、消防部门等），还包括社会公众。各个部门的应急工作人员应根据决策者的指令，把决策者给予的应急策略与本身的专业知识背景相结合，以此展开应急工作。社会公众可以借助社交媒体与在线学习平台学习相关应急知识，增强忧患意识，获得自保技能。面对社会安全事件时，公众自身拥有的应急知识会激发其应急行为，因而公众可以调动应急知识来处理围绕在身边的危急情况。

应急知识提供者的主要目的是创造和提供应急知识，他们由相关领域的专家学者、处理社会安全事件的一线应急救助人员组成。提供的知识分为两类：一类是救援时产生的应急新知识，现场救助人员应把亲身经历形成的救援知识、合作沟通知识等隐性知识传送给专家和学者，专家和学者把隐性知识与应急预案、法规文件等显性知识相结合，形成应急策略方案。决策者判断方案的实用性后，结合自身经验知识，采取相应的应急措施，确定执行方式。另一类是应急救援物资知识，即各种物资储备形式、种类、数量等知识，因此应急指挥中心平时要做好救援物资的储备及其信息调研工作。应急知识提供者是应急知识管理中不可缺少的，所提供的知识是形成应急决策知识的基础，可以促进整个过程中应急知识的循环流动。

（2）社会安全事件应急知识管理模型构建

根据社会安全事件应急知识管理要素，按照社会安全事件的应急流程，构建社会安全事件应急知识管理模型，形成互动知识链（图4-14）。

1）事件预防准备阶段。这一阶段的应急知识主要包括预警知识和培训知识，这两类知识都是为了提高政府决策机构和公众的应急预防能力。决策者把从内部环境（知识库）获得的事件案例、技术文件、法规标准与从外部环境获得的实践知识相结合，利用知识管理手段对事件进行分析，为应对社会安全事件的发生做好知识储备工作。

2）事件响应阶段。这一阶段是社会安全事件应急知识管理的核心阶段，开展现场应急救助工作，涉及的知识主要有应急指挥知识、应急救援知识和团队合作沟通知识等。由于社会安全事件的危害性和突发性，高效科学的应急决策不仅依靠社会安全事件发生前的知识储备，更取决于事件发生时现场实践知识的获取、保存、整合、共享和应用。在事件预防准备阶段和事件响应阶段之间实现良好的应急知识交流，最大限度减少社会安全事件造成的损失。

3）事件恢复阶段。这一阶段的工作仍然需要重视，恢复阶段的时长与社会安全事件的危害程度有关。该阶段主要涉及的知识有疾病治疗知识、事后评估知识和应急处置知识等。这一阶段的工作主要包括：关注事后受害者的身体和心理健康，了解情况后实施治疗；利用应急处置知识处理或安置犯人、受害者、公共财物等；运用评估知识对全部应急工作展开评估，总结经验教训，为以后类似事件提供知识借鉴。社会安全事件应急知识管理模型如图4-14所示。

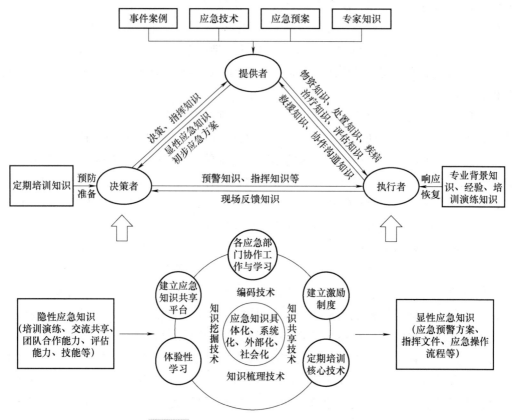

图4-14　社会安全事件应急知识管理模型

4.4.2　方法应用

1. 城市智慧应急指挥平台体系

城市智慧应急指挥平台纵向架构包括国家级应急指挥平台，以及省级、市级、县区级、街乡镇级城市智慧应急指挥平台和专项智慧应急指挥平台。各级各类型平台实现信息、数据、资源及指挥调度能力的一体化，同时依托中心城市平台，面向公众提供紧急信息接报和信息发布。城市智慧应急指挥平台纵向架构如图 4-15 所示。

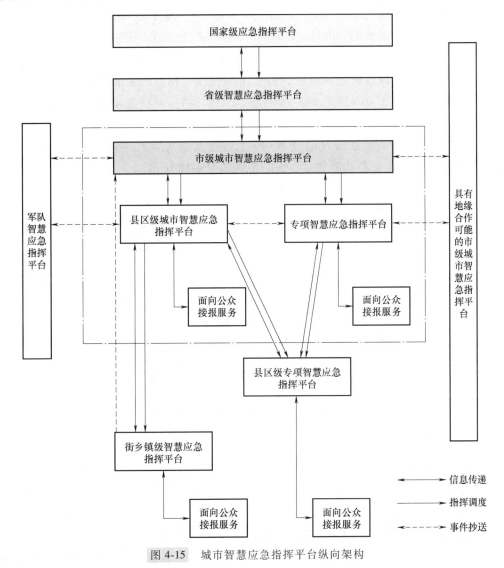

图 4-15　城市智慧应急指挥平台纵向架构

省级及以下城市智慧应急指挥平台在满足本地区应急管理需要的基础上，应实现与应急管理部应急指挥平台、应急相关部门智慧应急指挥平台及下级智慧应急指挥平台的互联互通，重点实现综合协调、监测监控、信息报告、综合研判、调度指挥、异地会商和现场图像采集等主要功能，并能够向应急管理部应急指挥平台提供数据、图像等资料。

专项智慧应急指挥平台主要用于本部门或本领域突发公共事件信息的接报处理、追踪反馈和应急处置等。专项智慧应急指挥平台可以与相关智慧应急指挥平台实现互联互通，并能够向应急管理部应急指挥平台提供专业数据和实时图像等信息。

各级智慧应急指挥平台都与同级军队（武警）智慧应急指挥平台对接，并与同级别具有地缘合作可能的市级城市智慧应急指挥平台建立绿色通道。

2. 灾难应急疏散信息系统

灾难应急疏散信息系统的主要功能和目标是为用户提供精度较高、成本较低、友好的室内定位功能和应急疏散路径规划功能，同时还可为管理中心提供疏散信息展示和查询功能。

灾难应急疏散信息系统的室内定位功能是基于 Wi-Fi 定位来实现的，采用的是指纹定位法；在进行应急疏散时，还要给管理中心提供应急疏散信息展示功能，为行人提供路径规划功能。在设计灾难应急疏散信息系统时，需要考虑指纹数据（位置指纹）存储和处理，疏散时信息的存储和处理，以及以后的扩展问题。因此，将灾难应急疏散信息系统分为客户端、服务器、监控端三个部分。其中，客户端采用的是智能设备（如智能手机），也称为智能终端。灾难应急疏散信息系统是通过 Wi-Fi 无线接入点来接入 Wi-Fi 网络的，从而实现 Wi-Fi 技术的定位。灾难应急疏散信息系统的架构如图 4-16 所示。

图 4-16　灾难应急疏散信息系统的架构

（1）智能终端

智能终端的主要功能包括以下几个方面：

1）智能终端集成了惯性传感器，如加速度计、陀螺仪和方向传感器，从而可以进行惯导定位，通过惯性传感器获取行人每步的位移和航向角，进而基于位移和航向角来计算行人的二维坐标位置，并结合惯性传感器和虚拟地标点来不断修正定位。

2）智能终端具有扫描和接收 Wi-Fi 信号的传感器，可以获取 RSSI（接收信号强度指示）最大的若干个 AP（无线接入点）的 BSSID（基本服务集标识符）和 RSSI，并进行简单的 RSSI 计算。

3）智能终端具有气压计，能够实时获取位置点的气压，并根据惯导和气压来判断用户所在的楼层。

4）智能终端在定位时可以和服务器之间进行数据传输，并向服务器发送扫描到的 AP 的 BSSID 和 RSSI，同时也可以接收来自服务器的定位结果，并将定位结果显示出来。

5）智能终端可以显示室内地图，并定位出用户的移动轨迹。

6）在进行应急疏散时，智能终端可以和服务器之间进行数据传输，向服务器提供行人的身份和初始位置等信息，接收服务器发送的应急疏散路径规划信息，并将规划的路径结果显示出来；还可以在定位的过程中，不停地对行人进行定位并将行人的位置信息上传到服务器。

（2）服务器

服务器的主要功能包括以下几个方面：

1）存储智能终端用户信息，在智能终端用户登录和注册，以及应急疏散时进行用户信息匹配。

2）存储管理员信息，用于管理员登录及注册监控端。

3）在离线阶段，服务器可以接收智能终端检测到的 AP 的 BSSID 和 RSSI，并建立指纹数据库，将位置和 BSSID、RSSI 对应起来。

4）在在线阶段，服务器可以根据待定位智能终端检测到的 BSSID 和 RSSI 计算定位结果，得到用户（智能终端）的初始位置，并将定位结果返回给智能终端。

5）在应急疏散阶段，服务器可以根据各个行人的信息进行应急疏散路径规划，存储各个行人的应急疏散路径信息，并将规划好的应急疏散路径传输给各个行人（通过智能终端显示给各个行人）。

（3）监控端

监控端的主要功能包括以下几个方面：

1）监控端可以在应急疏散的过程中和服务器进行数据传输，显示应急疏散结果，查询行人路径。

2）监控端可以显示建筑物或场馆的室内地图及行人路径。

3）监控人员可以通过监控端查询某个行人的疏散路径并展示。

（4）无线接入点

无线接入点（AP）的主要功能包括以下几个方面：

1）在定位时，AP 可以为基于 Wi-Fi 的室内行人初始位置定位提供 Wi-Fi 网络支撑。

2）在定位时，通过 AP 可以将智能终端获取到的 BSSID 和 RSSI 发送到服务器。

3）在进行应急疏散时，智能终端既可以通过 AP 将行人的信息发送到服务器，也可以通过 AP 接收服务器发送的应急疏散路径信息。

3. 网络舆情风险评估方法

以例行评估为例，网络舆情风险评估一般会经历以下步骤：

（1）设置例行评估时间节点

时间节点是指舆情工作者根据本单位实际工作属性，结合历史舆情风险事件产生的频率等，再根据所在区域的行政级别，设定出的相对合理的风险评估周期。

时间节点需要根据舆情主体自身的情况来设定。涉及民生问题较多的企业（如公交公司、地铁公司、电力公司、供水公司、保险公司等）、政府机构（如公安、城管、发改委等）应适度调整例行评估频率，可以按照周、月、季、半年等不同频率设定节点。

将例行评估最短周期节点默认为月度，这是综合了各行业情况后所提出的方案。社会影响相对较低的行业领域，新闻提及率与舆情发酵概率较低，因而舆情数据较少，在没有足够数据支撑的情况下，例行评估也就失去了有效性。在例行评估周期的设定上，应当因地制宜，不能完全刻板地按照月、季、年执行。

（2）收集舆情数据

评估工作的基础是数据收集，缺乏数据就无法进行评估与分析。在设置好评估周期后，应当根据周期所需要的评估任务选择收集数据的方法。

收集数据可以通过多种方式配合进行，既可自建团队进行数据收集，也可委托第三方监测机构代为收集，或直接从相关咨询公司购买数据等。

数据收集需要注意以下问题：

1）抓取的时间段要准确。周期初始到完结的时间段内，凡是涉及本单位的舆情评论，应当严格按照时间段范围全数据提取，从而保证数据的时效性和精确性。

2）抓取的范围要准确。抓取舆情数据的范围应当充分考虑。常用的抓取源包括论坛、贴吧、新闻网站的跟帖、微博转载及评论及 QQ 群、微信群等。互联网时代的主要特征是新生事物发生快，事物变化速度快，因此数据抓取应灵活变动。

3）捕捉的数据情感偏向要准确。抓取舆情数据时，应当结合软件语义分析程序与人工判断，准确领会项目数据的舆论情感偏向，然后根据偏向归类整理，为接下来的分析工作提供必要基础。

（3）舆情数据汇总与分析

1）数据汇总。在已取得成型数据资料并将其按照事件分类后，风险评估者需要做的就是将各个事件整合起来，形成该时段例行评估的数据汇总报表。

数据汇总报表需要包含时间、信息标题、原始链接、来源站点、网站粉丝量、网站评估分值、阅读量、阅读分值、评论数、评论分值及总分值等基本内容。

2）数据分析。数据分析通常从风险舆情传播路径分析、网民关注度分析、情感分析、综合解析等几个方面进行。将初步汇总分析所得出的分值参数（如始发地知名度、波及边际、传播深度等）代入风险评估管理系统，对舆情风险进行系统判定；系统判定完毕后，得到指定时间段内的舆情风险等级。

数据汇总与数据分析有助于对网络谣言进行甄别，确认事实真相。

（4）风险等级核实与认定

在得到风险分析的系统结论后，需要再次对系统结论进行人为判定。目前舆情行业中技术专家普遍认同的一个事实是，程序（或人工智能）无法代替人脑对情感意识的判断。而风险评估工作恰恰需要对舆情数据中的文字词义、语言情感做出准确的判定。因此，为了使舆情风险评估与判定更加准确，加入人为判定流程是必要之举。人工智能最有效的地方在于抽离事实，但是要让机器像人一样去理解一句话是非常困难的。专家的介入是舆情分析的必然需求。

风险评估人工参与准则包括以下几条：

1）人工参与不得破坏原始数据。

2）限定参与范围。对"纯数据"类，人工不能参与，而对样本逻辑类数据，如数据库对舆情情感字段的判定等，可以进行人工调整）。

3）采用样本抽样核对，即对项目数据库中舆论回复的总量数据提取 25%～30% 进行人工核对。

4）抽样核对后系统误差（人工对比机器）率达到 30%，则需要扩大样本抽样比例继续核对。

5）若误差率低于 30%，则可认为系统数据基本准确。

在风险等级的核实与认定过程中，分析师需要将系统中录入的风险事项一一审核，通过这一过程，逐步核对系统样本抽样部分每条舆情信息的情感判定是否准确，并最终修正系统判定的分值结果。

此外，需要注意的是，舆情风险等级判定尺度不易把握。分析师在通过风险综合解析后所得到的风险等级是一个概念区间等级，不能死板地根据等级确定应对策略，而应该根据事件实际情况，结合风险管理需要来适度调整风险等级。同时，不能轻视事实与实战经验的参考价值。

（5）最终评估结论上报

最终的风险评估结论是将经人工判定调整后的结论，按照规范的格式，形成文档上报。上报格式可根据各单位需求调整，突出重点。

4.4.3　结果呈现

本节介绍新浪舆情通等应用实例。

1. 新浪舆情通

新浪舆情通是一款基于互联网信息聚合、文本挖掘和智能检索等技术的数据智能软件。它用于发现互联网中的舆情信息，并对信息进行自动分类、智能过滤、自动聚类、主题检测和统计分析，实现对热点话题、突发事件的智能识别和定向追踪，帮助政府、媒体和企事业单位及时掌握网络传播动向，为有效应对网络舆情事件提供决策依据。

新浪舆情通系统的用户服务模式由系统平台和人工服务两部分构成。系统平台 24h 不间断服务，根据客户需求进行全网数据的获取、清洗、监测、分析、预警，同时通过数据挖掘与分析模型减少人为因素对客观数据分析结果的影响，保证舆情数据的及时性、准确性、全面性。专业舆情服务团队则根据客户具体需求提供更加个性化的人工服务，包括内容分拣、要闻推送、简报制作、专业报告定制等。

舆论场瞬息万变，对舆情信息的"时效性"要求很高。新浪舆情通采用"人工+系统"结合的方式下发预警，可以在保障速度的基础上，对预警信息进行精准筛选，帮助相关人员及时了解重要信息。新浪舆情通可实现分钟级检索，并可通过多种渠道下达预警信息：

（1）系统智能预警

当系统监测触发关键词时，新浪舆情通支持多渠道自动下发预警通知，如微信、邮件、电脑弹窗等形式，便于用户高效率获取预警信息。

（2）人工预警

新浪舆情通设立了7×24h服务中心，团队可对预警信息做精准筛选，并通过指定方式推送给相关人员，帮助快速了解舆情态势。新浪舆情通拥有清华大学、哈尔滨工业大学、武汉大学等院校，以及媒体传播、社会科学、计算机科学等多领域的专家的支持。依托专业分析团队，新浪舆情通可针对专项事件提供专题分析报告，为决策提供科学依据。

相关单位运用各种信息发布平台公布事件动态后，可借助新浪舆情通进行宣传效果分析，了解传播声量与走势、传播路径、传播地域分布、媒体传播情况、网民态度及主要观点等。对传播情况量化分析，有助于相关单位进一步判断传播的范围、受众特征、整体情感倾向性等，便于灵活制定后续策略。

由于网络舆论的复杂性，涉事主体往往很难在第一时间了解事件全貌。新浪舆情通基于蜜巢智能舆情分析大语言模型，2min即可全自动撰写高质量舆情事件分析报告。与人工撰写相比，辅助生成舆情分析报告的制作效率提升了30倍。此外，新浪舆情通还支持一键快速生成日、周、月、季度简报，也可由舆情分析专家定制专业报告，平台自带行业舆情案例库，为舆情应对提供参考。新浪舆情通监测方案界面如图4-17、图4-18所示。

图4-17　新浪舆情通：舆情监测界面

（图片及内容来源：https://www.yqt365.com/product）

2. 中国移动：智能融合调度平台/方案

面对智慧城市、轨道建设、园区安防、能源化工的加快建设及运行，我国已构建了结构复杂、数据庞大的管理系统。在应对事故灾难、公共卫生或者社会安全事件时，倘若没有稳定、可靠、安全、互通的应急管理指挥通信系统，就会阻碍城市建设发展的需求。因此加强行业管理的主动性和预见性，及时传递数据信息并进行应急指挥，需要专业的应急指挥调度系统方案。

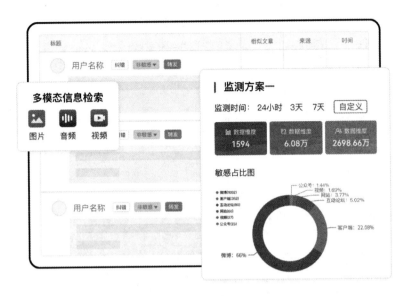

图 4-18　新浪舆情通监测方案界面展示

（图片及内容来源：https://www.yqt365.com/）

中国移动结合市场需求，推出了以可视化指挥调度、应急指挥为核心的管理平台，将各职能部门的信息资源充分整合为一体进行统一调度，解决了日常安全管理效率低、信息传递不及时、远程监控能力弱等问题，为有关部门远程指挥、警情预防和妥善处理提供了先进的技术手段支撑。中国移动的融合调度解决方案，为园区安保等部门，提供集语音、视频、图像、数据等信息于一体的统一应急通信系统。在日常工作时，能够实现日常的语音、视频、指令的通信调度；在面对紧急事件时，能够立即调度，快速生成应急预案处理流程，有效解决跨区域、跨时间、跨系统的协同指挥通信问题，实现一张图应用。该平台的相关界面如图 4-19、图 4-20 所示。

（1）平台功能架构组成

中国移动的融合调度台，总体规划有融合调度、视频监控、视频会议、告警分析、资料存档等功能模块，客户无须频繁切换，就能实现应急指挥一张图应用。

1）大屏调度：支持调度台上的视频调度场景等界面同步呈现至大屏，支持大屏呈现与调度台操作相互，实现直观高效的调度指挥工作。

2）语音调度：支持语音对讲、临时组呼、单呼、动态建组、强插、强拆、遥毙、拒接、挂机、旁听、呼叫转移等，让沟通畅通无阻。

3）视频调度：支持用户对监控设备进行全方位管理，包括视频上传、视频转发、实时视频监控、语音对讲／广播、点对点视频通话和视频会议，并能对接入的监控设备进行操作。

4）会议调度：支持调度台直接发起多点决策会议、多画面及分屏切换、支持双流会议，同时查看现场监控视频和共享屏幕内容，保证指令传达及多方高效协同工作。

5）地图调度：海量报警点周边资源展示（设备、图像、视频、设施），支持实时位置

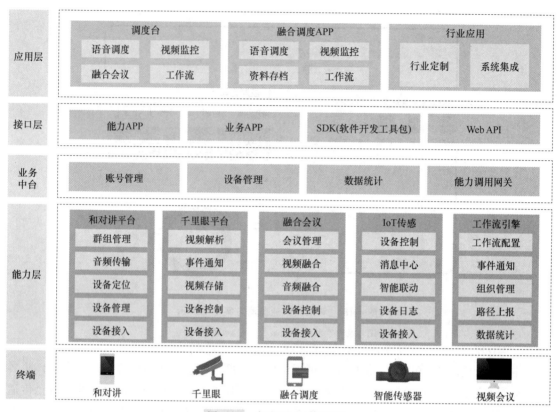

图 4-19　智能融合调度平台

（图片及内容来源：https://www.c114.com.cn/other/241/a1147925.html）

图 4-20　和对讲融合调度系统

（图片及内容来源：https://www.c114.com.cn/other/241/a1156423.html）

查询、历史轨迹回放、电子围栏、导航、监控等。

（2）应用场景

调度方案广泛适应了轨道巡检、园区安保、应急指挥等场景。

1）轨道巡检。针对铁路运营、养护及铁路安全生产相关行业，中国移动融合调度解决方案具有集群对讲、实时视频、电子地图、工作流程监控记录及分析能力。该方案致力于提供现场作业标准化流程监控，日常巡检自动提醒及监管，作业异常自动告警，安全信息记录分析等服务，解决用户面临的工作信息化程度不高、实时监管手段不足、事后追溯追责不易等痛点。

2）园区安保。中国移动融合调度解决方案面向安保行业工作人员，提供更好的通信保障及调度信息支撑服务。该方案整合日常对讲通信、定位管理、巡更考勤、监控视频传感设备信息融合、视频会商等，形成一整套安保解决方案，解决了预警预防能力较弱，园区安全报警延误，远程监控指挥能力弱，应急处理较难落地的行业问题。

3）应急指挥。应急指挥系统以融合通信、空天地感知、知识图谱等技术为支撑，突出应急信息全面汇聚、快速展现、上传下达、指挥调度等支撑能力，建立而成的反应灵敏、协同联动、高效调度、科学决策的综合信息平台，以实现值班值守、突发事件接报、预案管理、指挥调度、救援资源管理等主要业务功能。

中国移动的融合调度系统，实现了跨地区、跨部门间的信息合成，提高了市政府应急管理水平和突发事件的应对能力，满足了应急准备、监测预警和突发事故的跟踪、决策和协调指挥等多种需求。

3. 余杭智慧应急治理体系

以数智支撑治理，提升预测、预警、预防能力，已成为新时代社会发展的强劲驱动力。城市运行领域风险事故频发，给人民群众的生命财产安全带来了严重威胁。浙江省杭州市余杭区贯彻数字化改革理念，从"韧性城市"建设出发，打造"城市安全运行监测预警"场景应用，形成了以"体检+复诊"为核心的城市安全风险全域监测预警模式。创新设立浙江省首个区县级数智治理中心——余杭智慧应急数字化平台，从数据汇集、场景研发、机制贯通三方面切入，初步构建起"一屏观全区、一网治全城、一键管应急"的区域数智治理体系。

（1）城市安全风险全域监测预警平台

余杭作为城市化快速推进的典型，近年来面临较大的城市安全治理压力。通过全面梳理和研判 112 类城市运行安全风险，并对全区近 5 年发生的各类风险事故进行综合研判，经过多方摸排和反复验证，采用 InSAR（合成孔径雷达干涉测量）、航空监测、物联网传感监测等技术手段进行集成，围绕道路、管线、桥梁、危房、山体、堤坝六大风险较大的重点领域，构建城市安全风险全域监测预警平台"1+3+6"顶层架构，其中，"1"表示 1 个驾驶舱实现整体运行，实现数据归集、业务协同、功能集成，叠加"大脑"的智能研判、预警预测；"3"表示风险一秒预警、信息一屏汇集、事件一键处置三大功能模块；"6"表示道路塌陷、管线破损、桥梁失稳、危房倒塌、山体地灾、溃堤溃坝六类城市安全领域子场景，并在后续实战中不断迭代升级。

明确指标定义，形成指标体系，完整构建了数字化改革"V"字任务模型。依托一体化智能化公共数据平台，综合运用遥感监测、物联传感、人工检测等手段，汇聚来自29个数源单位和17个数源系统的47类数据，包括实时获取的地面沉降、地物位移、地表形变、燃气压力等1000余万条监测数据，以及分散在各部门各系统的地下管线、建筑基坑、地铁运行、地灾隐患点等15余万条基础数据，形成城市安全数据专题库。依托城市安全数据库，建立场景风险评估模型，形成城市运行风险指数，通过定期InSAR扫描、日常巡检，对城市安全运行情况进行"全面体检"，生成"体检报告"。针对报告中的"不良指标"，通过探地雷达、物联感知、专业检测等手段，实施靶向"重点复诊"，形成全域风险画像，绘制生成"红橙黄蓝"风险四色图，风险态势一目了然。针对具体预警事件，采取"手术刀式"的精细分析研判，如道路塌陷预警事件发生时，可运用地面开挖分析、透明地表分析、地面沉降模拟等方法，全面展示、智慧研判事件周围500m范围的地下施工、管线布置、主要建筑、人员情况及视频监控情况，为风险处置提供决策依据。

（2）社会矛盾风险智能预警处置平台

"社会矛盾风险智能预警处置平台"是余杭区数智治理中心社会治理协调中心职责定位的重要体现。余杭区基于基层治理四平台和区一体化智能化公共数据平台，开发了社会矛盾风险智能预警处置应用场景。该场景打通了省矛调协同系统、"浙里访"系统、110联动平台等10多个业务信息系统，跨层级归集了省市区三级数据。同时，平台还搭建了4种类型的数据分析模型，通过提示异常数据等，预警基层治理中需要关注的各个方面。

（3）城市安全运行CT智治平台

除了基层治理的预警预防预测，余杭区还高度重视城市安全隐患的全面排查和管控整治。针对城市运行风险点多面广、传统手段单一滞后、风险处置多头分散"三大痛点"，创设了城市安全运行CT智治平台，界面如图4-21所示。余杭抓住"智能+安全"的关键点，从海量复杂数据中高效提炼出满足城市运行风险需求的预警、研判和处置能力。把城市看成一个有机体，余杭区城市安全运行CT智治应用就是"铠甲"，发挥着"防护罩"的作用。在余杭区应急管理局的展示大屏上，可以看到遥感、传感、视频、人工巡查等监测点如"毛细血管"般密布在辖区全域，依托这些细监测"神经末梢"，余杭通过"全面体检+重点复诊"生成全区风险态势"体检报告"。同时，针对发出预警的风险点位，通过数字孪生和数据碰撞进行深度研判，形成详细的"诊断报告"，作为处置决策的依据。当发生预警事件，平台可一键派单至主要责任部门与配合单位，并联动多部门和基层力量快速处置反馈。

在社会安全领域中应用智慧应急方案和技术能够带来显著的效果。通过智能监控系统和大数据分析技术，可以实现对潜在风险的实时识别和预警，极大地提升事件预警和防范能力。这些技术能够通过追踪行为模式和异常活动，提前识别潜在的威胁，从而有效减少恐怖袭击和暴力事件的发生概率。智慧应急方案能够显著提高应急响应的速度和效率。智能指挥调度系统可以快速分析事件性质，利用实时数据和决策算法指导响应行动，从而减少损失和人员伤亡。同时，自动化通信和信息共享平台确保了各应急响应机构之间的快速信息交流和高效协作，进一步提升了整体响应效率和应急处理能力。智能技术还支持社会心理健康服务和社区反馈机制，增强了社会的抗压能力，促进了社会的快速恢复和稳定。

图 4-21　余杭区城市安全运行 CT 智治平台

（图片及内容来源：https://www.sohu.com/a/485481118_ 121106832）

4.5 | 智慧应急在其他领域的应用

4.5.1　问题描述

1. 环境污染事件

随着城镇化、工业化的进程的加速，各种自然灾害和人为活动引发的环境风险不断加剧。环境污染问题诱因多样复杂，直接或间接地影响和威胁着公众的安全与健康。而其中必须尤为引起重视的是环境污染突发事件，因其具有突发性、多样性、危害性、公共性和紧迫性等特点，已越来越受到政府和全社会的高度关注。

根据国务院办公厅发布的《国家突发环境污染事件应急预案》，可将突发环境事件定义为：由于污染物排放或自然灾害生产安全事故等因素，导致污染物或放射性物质等有毒有害物质进入大气、水体、土壤等环境介质，突然造成或可能造成环境质量下降，危及公众身体健康和财产安全，或造成生态环境破坏，或造成重大社会影响，需要采取紧急措施予以应对的事件。这类事件主要包括大气污染、水体污染、土壤污染等突发性环境污染事件和辐射污染事件。

（1）环境污染事件分类

按照事件起因分类，突发环境事件的形成主要有两种情况：一种是不可抗力造成的，通常为自然灾害；另一种为人为原因造成的，通常为事故灾害。目前，生产安全事故、交通事故、企业排污、自然灾害及其他原因成为引发突发环境事件的主要起因。按照污染类型分类，突发环境事件可分为大气污染事件、水污染事件、海洋污染事件、土壤污染事件、辐射污染事件等。

1）大气污染事件是指涉及空气环境污染的事件。例如，广东省某市师生吸入受污染空气致身体不适事件。

2）水污染事件是指涉及地表水体（不含海洋）污染的事件。例如，2010年吉林化工原料桶流入松花江事件。

3）海洋污染事件是指直接或间接地把能量或污染物质引入海洋，造成海洋污染的事件。例如，康菲石油有限公司渤海湾漏油事故。

4）土壤污染事件是指因废水、固体废物等污染物处理处置不当而造成的涉及土壤污染的事件。

5）辐射污染事件是指因辐射与放射源管理防护不当而产生的环境污染事件。例如，日本福岛核泄漏事件。

（2）环境危害

环境事故发生后，污染物可能通过迁移、转化、归趋等过程，对人体健康、环境质量和生态系统产生危害。

1）健康危害分析。环境事故发生后随着污染物的传播扩散会对污染事故发生区域造成影响。污染物通过迁移、转化、归趋等途径对受污染区域内的人员生活造成影响，这种影响可分为短期高浓度直接影响及长期低水平持续影响两个部分。污染物在人体中的累积作用主要通过大气、地表水和土壤三种途径实现。

大气途径：主要指有害物质颗粒物或气态化合物造成的吸入暴露。

地表水途径：主要指人体接触到的自然水体中有害化合物通过皮肤接触对人体造成的伤害，直接饮用受污染水体对人体造成的伤害，或是水体中挥发的有害物质被人体吸入呼吸系统从而造成危害。

土壤途径：主要指人体直接接触或偶尔食入污染土壤，以及土壤中含有的可挥发性有机化合物通过释放到大气造成人体的吸入暴露。

2）污染扩散危害分析。环境污染事故发生后泄漏的化学物质残留于环境中，一方面通过直接接触危及生物；另一方面因燃烧、挥发、沉降、溶解等作用污染大气、水体和土壤，然后通过大气、水体和土壤危害生物。此外，由于化学物质的蓄积性和生物富集作用，化学物质的毒性经生态系统中的食物链、食物网不断传递，并随生物营养等级的升高而不断递增。

3）环境质量危害分析。当环境风险事故发生后，会在瞬时或短时间内大量排放污染物质。若大气中污染物质的浓度达到有害程度，将对大气环境造成严重的污染和破坏，进而破坏周围的生态系统和周围区域内正常的生产生活。当大量污染物进入自然水体后，若其含量超过了水体的自然净化能力，将导致水体的水质和水体底质的物理、化学性质或生物群落组成发生变化，不仅破坏水生生态系统，还会危及人体健康。当污染物进入土壤，将导致土壤本身的物理、化学性质发生改变，并可能通过雨水淋溶从土壤进入地下水或地表水，进而造成水质的污染和恶化。同时，受污染土壤上生长的植物在吸收积累土壤污染物后可通过食物链进入人体，造成对人体的危害。环境污染应急事故处置程序与管理流程如图 4-22 所示。

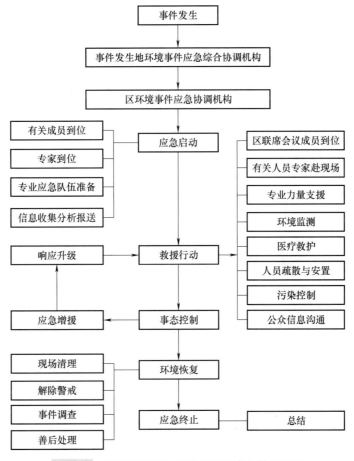

图 4-22　环境污染应急事故处置程序与管理流程

（3）环境污染事件应急管理法律法规

1）法律。《宪法》是我国环境法律的最高层级。《宪法》第九条第二款规定"国家保障自然资源的合理利用"，第二十六条规定"国家保护和改善生活环境和生态环境，防治污染和其他公害"。在法律没有特别规定的情况下，具有普遍适用意义的"保障""改善""防治"等措辞应适用于突发环境事件下的应急处理。

《中华人民共和国突发事件应对法》《中华人民共和国水污染防治法》《中华人民共和国固体废物污染环境防治法》《中华人民共和国海洋环境保护法》《中华人民共和国森林法》《中华人民共和国草原法》、《中华人民共和国环境保护法》及《中华人民共和国大气污染防治法》等法律，分别从不同方面对环境污染应急管理做出相关规定和要求。

2）行政法规。《危险化学品安全管理条例》（国务院令591号）对危险化学品的环境危害性鉴定、环境风险程度评估、环境管理登记、向环境中释放，以及危险化学品环境污染事故的报告、通报、调查、监测等做了具体规定。

《中华人民共和国水污染防治法实施细则》（国务院令284号）根据《中华人民共和国

水污染防治法》制定，对水污染防治的监督管理、防止地表水污染、防止地下水污染、法律责任，以及水污染事故报告、调查、处理等做了具体规定。

《防治船舶污染海洋环境管理条例》（国务院令第561号）根据《中华人民共和国海洋环境保护法》制定，对防治船舶及其有关作业活动污染海洋环境、船舶污染物的排放和接收、船舶有关作业活动的污染防治、船舶污染事故应急处置、船舶污染事故调查处理、船舶污染损害赔偿等做了具体规定。

3）地方法规。地方政府根据本地潜在突发环境污染事件的风险特征，结合本地应急资源情况，制定了相应的地方法规。如《广东省环境保护条例》有以下规定，"排放污染物的企业事业单位和其他生产经营者是环境安全的责任主体，负有建立健全环境应急和环境风险防范机制的责任"，"企业事业单位应当定期排查环境安全隐患，开展环境风险评估，依法编制突发环境事件应急预案，报所在地县级以上人民政府环境保护主管部门和有关部门备案，并定期进行演练。在发生或者可能发生突发环境事件或者其他危害环境的紧急状况时，立即向环境保护主管部门和有关部门报告，及时通报可能受到危害的单位和居民，并启动应急预案，采取应急措施，控制、减轻污染损害，消除污染"。

4）行政规章。《突发环境事件信息报告办法》（环保部令17号）对突发环境事件进行了分级，规范了突发环境事件信息报告工作，提高了环境保护主管部门应对突发环境事件的能力，适用于环境保护主管部门对突发环境事件的信息报告。

《突发环境事件调查处理办法》（环保部令32号）于2014年12月15日由环境保护部部务会议审议通过，自2015年3月1日起施行。该办法规范各级环境保护主管部门调查处理突发环境事件的程序，对突发环境事件调查程序的适用范围、事件调查组的组织、调查取证、调查报告及后续处理等做出了明确规定，适用于对突发环境事件的原因、性质、责任的调查处理。

《突发环境事件应急管理办法》（环保部令34号）于2015年3月19日由环境保护部部务会议审议通过，自2015年6月5日起施行。该办法进一步明确了环保部门和企业事业单位在突发环境事件应急管理工作中的职责定位，从风险控制、应急准备、应急处置和事后恢复等四个环节构建全过程突发环境事件应急管理体系，规范工作内容，理顺工作机制，并根据突发事件应急管理的特点和需求，设置了信息公开专章，充分发挥了舆论宣传和媒体监督作用，整体推动了环境应急管理工作的进一步发展。

《国家危险废物名录（2025年版）》于2024年11月26日公布，自2025年1月1日起施行。该名录根据《中华人民共和国固体废物污染环境防治法》的有关规定制定，对危险废物进行分类收录，便于危化品的鉴定和安全管理。

2. 航空安全

航空安全是指航空系统处在一种没有危险的状态，即航空系统在运行的过程中，不存在由于人、机、环、管失误而造成的人员伤亡、时间延误和航空设备损坏事件。航空安全是一种系统安全，指系统处在一种没有危险的状态。

航空安全问题涉及范围广、社会敏感性强。飞机在空中进行不间断的高速运动，一旦发生事故，一般都是非常严重且无法弥补的，其影响范围也远远大于其他事故。

航空安全主要包括飞行安全、航空地面安全和空防安全。

1）飞行安全：指的是在航空器运行期间不发生由于飞行或其他原因而造成的人员伤亡、航空器损坏等事故。

2）航空地面安全：指的是围绕航空器运行并在停机坪和飞行区范围内开展的生产活动的安全。其目的是防止发生航空器损坏、旅客和地面人员伤亡以及各种地面设施损坏事件。同时它还包括飞机维护、装卸货物及服务用品、航空器加油等活动的安全，以及军用航空器武器、弹药安全等。

3）空防安全：指的是防止发生影响航空器正常运行和直接危及飞行安全的非法干扰活动，以及防止地面武器误射等。

在实施航空安全管理政策、程序及执行方案时，安全和有效管理责任由各种组织机构分担，其中包括国际组织、国家民用航空管理当局、航空器所有人和经营人、空中航行服务提供者、机场管理机构、航空器和动力装置主要制造商、维修组织、行业和专业协会、航空教育和培训机构等。此外，提供航空服务的第三方（包括合同服务）同样承担着安全管理的责任。总的来说，这些职责具体如下：①确定安全相关政策与标准；②分配维持风险管理活动所需的资源；③查明和评估安全风险；④采取措施排除危险或把风险的相关水平减少到既定的可接受水平；⑤将技术进步纳入设备设计和维护过程中；⑥进行安全监督及安全方案评估；⑦调查事故和严重事故征候；⑧采取最合适的、最好的行业做法；⑨促进航空安全（包括交换与安全有关的信息）；⑩及时更新民用航空安全管理规章。

3. 城市道路交通安全

按照我国相关法律的规定，道路交通事故是指车辆在道路行驶的过程中因过错或者意外而造成的人身伤亡或者财产损失的事件。城市综合交通体系建设是民生工程、发展工程，对促进城市经济社会高质量发展、满足人民群众美好生活需要具有十分重要的意义。改革开放以来，特别是党的十八大以来，我国城市综合交通体系建设取得了历史性成就。"十三五"期间，我国经济社会健康平稳运行，道路交通事业持续快速发展。"十三五"末，全国机动车保有量达到3.7亿辆，机动车驾驶人数量为4.6亿人，公路通车里程达519.8万km，其中，高速公路里程为16.1万km，农村公路里程为438.2万km，城市道路里程为49.3万km，与"十二五"末相比，公路通车里程、高速公路里程、农村公路里程、城市道路里程分别增长13.6%、30.3%、10.1%和35%，具备条件的乡镇和建制村100%通硬化路和客车。随着家庭小汽车的普及和高速铁路、民航运输的快速发展，"十三五"末公路客运量和旅客周转量分别比"十二五"末减少了19.6%和17.6%。同时，公路货运量逐年增长，公路货运量、货物周转量分别增长9.1%和2.9%。截至2020年年末，全国每千人汽车保有量为214辆，70个城市的汽车保有量超过100万辆。

在众多成就之外，我国城市交通安全在统筹规划、协同发展、精细治理、服务质量等方面还存在突出问题，与新发展阶段城市高质量发展的要求还不适应。我国公路建设速度很快，但在公路里程不断增长的同时，我国公路的整体安全条件不高、安全设施不足、安全隐患突出，道路交通安全设施建设滞后于道路里程建设，难以适应汽车社会发展进程的需要。农村公路的修建给农民的生产生活带来了极大便利，但同时也造成了不少安全隐患。农村公路的危险路段存量多、欠账多,存在风险漏洞,尤其是在道路交通安全设施不足的农村地区,急弯、长下坡、临水、临崖等危险路段重特大交通事故时有发生。就安全设施建设而言,在城市,存在交通标志标线设置不足、难以辨别、设置提前量不够、信号灯管理不科学、对行人和非机动车通行需求兼顾不够、信息化程度偏低等问题,不仅影响道路通行,而且容易引发交通事故。在总体规划方面,有关部门缺乏道路交通综合规划意识,交通影响评价制度流于形式,新建、改建、扩建大型项目对交通影响缺乏考虑。

对此,党中央、国务院做出一系列重大决策部署,健全完善安全生产责任制体系,全面推进道路交通安全工作。国务院安全生产委员会需要加强对包括道路交通安全在内的安全生产工作的指导协调,部署实施道路运输安全专项整治,着力破解当前突出问题,不断提升本质安全水平。各地区各部门齐抓共管,进一步健全和完善道路交通安全法律法规、部门规章和技术标准;改革创新机动车驾驶人培训考试制度,进一步强化驾驶人和机动车交通安全源头管理;深入推进治超联合执法常态化制度化工作,全面实施高速公路入口治超,有效遏制高速公路货车超限超载;深入实施公路安全生命防护工程、农村平交路口"千灯万带"示范工程等,进一步深化道路安全隐患治理;广泛实施"城市道路交通文明畅通提升行动计划",开展"122 全国交通安全日"和交通安全社会面宣传,促进公众交通安全文明意识进一步提升;在全国范围实施道路交通安全"四场攻坚战""五大行动"和"六大提升工程",大力推进全国主干公路交通安全防控体系建设,逐步提高交通安全科技应用水平,进一步提升交通安全执法管理效能。

4.5.2　方法应用

1. 环境污染事件处置

突发环境污染事件具有很强的不确定性,会在瞬间或短时间内排出大量污染物。为了及时、妥善地处置发生的突发环境污染事件,必须加强突发环境污染事件的应急监测和报告,并就突发性环境事件的风险程度进行快速、准确地评估,确定风险等级,为风险应对和事件应急处置提供支持。

(1)监测

1)日常监测。

① 监测主体及职责分工:各级环境保护主管部门及其他有关部门负责对可能导致突发环境事件的风险信息加强收集、分析和研判。安全监管、交通运输、公安、住房城乡建设、水利、农业、卫生计生、气象等有关部门按照职责分工,应当及时将可能导致突发环境事件的信息通报同级环境保护主管部门。企业事业单位和其他生产经营者应当落实环境安全主体责任,定期排查环境安全隐患,开展环境风险评估,健全风险防控措施。

② 监测内容:对空气、地表水、地下水、土壤及固体废弃物进行监测和调查工作,客观地评价其质量状况,科学分析污染原因。对噪声等污染因素进行监测和调查工作,掌握其自然本底水平,调查污染原因,研究防治对策。收集、汇总、分析本地区排污单位的污染物排放浓度和总量,并对各申报单位的排放源进行监督性监测。完成环境污染事故的应急监测及环境污染纠纷仲裁监测。

③ 突发环境事件相关的健康监测：卫生行政部门运用环境卫生学及其他相关学科的理论和技术，开展生活环境因素对人群健康影响的调查研究，掌握辖区内环境因素的卫生特征和人群的健康状况。

2）监测工作的主要内容。对辖区内市政供水、自建设施供水、二次供水及农村集中式供水水厂开展饮用水卫生监测工作。

收集整理辖区内生命统计资料和其他环境、社会资料。结合本地区特点，开展生活环境对人群健康效应的监测和调研工作。

对农村供水、粪便无害化处理工作进行技术指导和卫生学评价。

开展环境污染事件人群健康影响调查和评估工作。

3）应急监测。突发环境事件应急监测是指在环境应急情况下，为发现和查明环境污染情况和污染范围而进行的环境监测，包括定点监测和动态监测。

4）应急监测的基本原则。

① 监测要快：当发生突发环境事件时，要及时进行监测，珍惜 1h 的黄金时间和 10min 的白金时间，迅速查明污染物的种类、污染程度和范围及污染发展趋势。首先可采取便携式的仪器设备进行定性、半定量的监测，然后进行定量或标准方法的监测。

② 监测数据要准：监测数据准确与否直接关系到处置方案的制定。在突发环境应急监测过程中，既要快速地进行监测，又必须保证监测数据的准确性，以便为决策部门控制污染提供可靠依据。

③ 监测项目要全：在开展应急监测的过程中，对环境质量指标的监测项目要全，对于可能与事故发生有关的单位所排放的污染物更要全面监测。

监测要求要严：要严格按照应急监测采样点的布设原则和方法，按照现场监测分析要求开展监测工作，同时做好个人防护工作，保证监测工作规范、有序进行。

5）卫生应急监测的主要内容和任务。运用环境流行病学的原理和方法，制定调查计划和方案，对突发事件累及人群的发病情况、分布特点进行调查分析，评估环境污染物对人体健康的影响。根据流行病学调查方案规范采集样本，进行实验室检测，查找事件发生原因。

（2）预警

环境污染事件和生物物种安全预警信息监控由环保总局负责，海上石油勘探开发溢油事件预警信息监控由海洋局负责，海上船舶、港口污染事件信息监控由交通部负责，辐射环境污染事件预警信息监控由环保总局（核安全局）负责。特别重大环境事件预警信息经核实后，应及时上报国务院。

1）预警分级。对可以预警的突发环境事件，按照事件发生的可能性大小、紧急程度和可能造成的危害程度，将预警分为四级，由低到高依次用蓝色、黄色、橙色和红色表示。预警级别的具体划分标准，由环境保护部制定。

2）预警信息发布。地方环境保护主管部门研判可能发生的突发环境事件时，应当及时向本级人民政府提出预警信息发布建议，同时通报同级相关部门和单位。

地方人民政府或其授权的相关部门，及时通过电视、广播、报纸、互联网、手机短信、当面告知等渠道或方式向本行政区域公众发布预警信息，并通报可能影响到的相关地区。

上级环境保护主管部门要将监测到的可能导致突发环境事件的有关信息，及时通报可能受影响地区的下一级环境保护主管部门。

3）预警行动。预警信息发布后，当地人民政府及其有关部门应视情况采取以下措施：

分析研判：组织有关部门和机构、专业技术人员及专家，及时对预警信息进行分析研判，预估可能的影响范围和危害程度。

防范处置：迅速采取有效处置措施，控制事件苗头。在涉险区域设置注意事项提示或事件危害警告标志，利用各种渠道增加宣传频次，告知公众避险和减轻危害的常识及需采取的必要的健康防护措施。

应急准备：提前疏散、转移可能受到危害的人员，并进行妥善安置。责令应急救援团队、负有特定职责的人员进入待命状态，动员后备人员做好参加应急救援和处置工作的准备，并调集应急所需物资和设备，做好应急保障工作。对可能导致突发环境事件发生的相关企业事业单位和其他生产经营者加强环境监管。

舆论引导：及时准确发布事态最新情况，公布咨询电话，组织专家解读。加强相关舆情监测，做好舆论引导工作。

4）预警级别调整和解除。发布突发环境事件预警信息的地方人民政府或有关部门，应当根据事态发展情况和采取措施的效果适时调整预警级别。当判断不可能发生突发环境事件或者危险已经消除时，宣布解除预警，适时终止相关措施。

（3）空气质量智能识别技术

图像识别技术可大致分为模板匹配法、集成学习法、贝叶斯分类法、核方法和神经网络法等。其中，神经网络图像识别技术在当前最为流行，尤其是基于卷积神经网络深度学习模型的识别技术，作为人工智能领域的新星，在图像识别领域取得了令人瞩目的成果。

1）模板匹配法是将已知的模板与目标图像进行匹配比较，在图像中搜寻与模板具有相同方向、尺寸、位置的对象。此方法对模板的设计有较高要求，且精确度往往取决于目标图像与模板中的单元之间的匹配情况。

2）集成学习法通过将各类算法按照一定规则进行整合，使不同的分类器一起学习，常见的集成学习法有 Bagging 算法和 Boosting 算法。

3）贝叶斯分类法是以概率统计中的贝叶斯定理为基础对图像进行分类，但某些情况下这种方法不能很好地提取图像特征，会导致分类精确度出现问题。常见的贝叶斯分类算法有朴素贝叶斯算法和树增强型朴素贝叶斯算法。

4）核方法通常用于解决非线性问题。该方法有更好的过拟合、泛化能力，且通过非线性变换时无须选择非线性映射关系。常见的核方法有正态随机过程、支持向量机等，已在图像处理和机器学习等领域中获得越来越广泛的应用。

2. 航空安全事件处置

航空安全监测与预警是"航空系统""监测系统"和"预警系统"三大模块之间相互协调、相互作用的活动过程，通过对航空系统的安全现状的监测，对航空系统未来的安全状况进行预测，分析航空安全的发展趋势，给出具有针对性的预控措施，以期在航空事故或不安全事件发生之前及时识别并消除安全隐患，从而保障航空系统运行的稳定、安全。在航空安全监测与预警的工作流程中，"航空系统"中的相关数据、信息都将直接反馈进"监测系统"，"监测系统"得出的航空安全现状评估结果将调整和优化"预警系统"中的预警管理活动，"预警系统"最后将预警结果反馈回"航空系统"，从而使航空安全监测与预警活动形成一个完整的循环，确保整个航空系统始终处于安全状态。这一闭环系统中，"监测系统"的实时精度直接决定了预警效能。面对航空场景中的非线性时变特性，神经网络技术通过自适应的动态建模与误差反馈机制，为提升监测精度、增强系统容错性提供了底层技术支撑。航空安全监测与预警的工作流程如图 4-23 所示。

基于上述非线性时变场景的处置需求，以下介绍航空安全事件处置中神经网络监测方法的技术。

1）人工神经网络是在人类对大脑神经网络认识的基础上人工构建的能够实现某些功能的网络。它是理论化的大脑神经网络的数学模型，是基于模仿大脑神经网络结构和功能而建立的一种信息处理系统，具有高度的非线性，能够进行复杂的逻辑操作和非线性关系实现的系统。神经网络具有以下特点：利用样本集进行学习，用准则符号方法描述知识，分布式并行运行机制等。人工神经网络具有信息的高度并行性，强大的自适应性、自学习能力、自组织能力，高度的非线性全局作用，良好的容错性和联想记忆功能等优点，已经在模式信息处

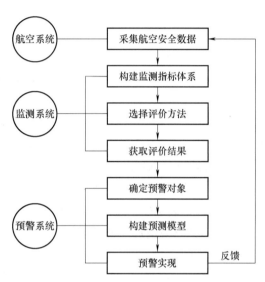

图 4-23　航空安全监测与预警的工作流程

理、模式识别、最优化问题、信息智能处理、复杂控制及系统建模等领域得到越来越广泛的应用。

2）BP（反向传播）神经网络与算法。BP 算法是一种监督学习算法，它通过连续不断地在相对于误差函数斜率下降方向上计算网络权值和偏差值的变化而逐渐逼近目标。每一次权值和偏差的变化都与网络误差的影响成正比，并以反向传播的方式传递到每一层。

如图 4-24 所示，BP 神经网络输入变量为 $X = [(x^{(1)})^T, (x^{(2)})^T, \cdots, (x^{(m)})^T]^T$。其中，$m$ 是样本数量，$x^{(i)}$ 为第 i 个样本的特征向量，每个样本有 n 个特征，这些特征对应 BP 神经网络输入层的 n 个神经元。网络的实际参数 $\theta = (W, b)$，其中，W 表示连接权重值，b 表示偏置。此外，$a^{(1)}$ 表示表示神经网络第 1 层的激活值，即第 1 层的神经元输出 X，$h_{W,b}(x)$ 表示输入一个样本后的实际输出。例如，$W_{ij}^{(l)}$ 表示 $l+1$ 层的第 i 个神经元与 1 层的第 j 个神经元之间的连接权值，表示 $l+1$ 层的第 i 个神经元的偏置。

3）Elman 神经网络与算法。Elman 神经网络于 1990 年由 Elman 提出，在前馈神经网络的隐含层中增加一个承接层，作为延时算子，以达到记忆目的，使系统具有适应时变特性的能力，能直接反应动态过程系统的特性。

图 4-25 所示为 Elman 神经网络结构模型，其数学表达式为

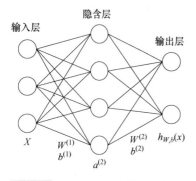

图 4-24 BP 神经网络模型结构图

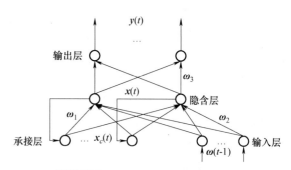

图 4-25 Elman 神经网络结构模型

$$x(t) = f(\boldsymbol{\omega}_1 \boldsymbol{x}_c(t) + \boldsymbol{\omega}_2 \boldsymbol{\mu}(t-1)) \tag{4-1}$$

$$x_c(t) = x(t-1) \tag{4-2}$$

$$y(t) = z(\boldsymbol{\omega}_3 \boldsymbol{x}(t)) \tag{4-3}$$

式中，$\boldsymbol{\omega}_1$ 为承接层和隐含层的连接权值矩阵，维度为 $n \times n$；$\boldsymbol{\omega}_2$ 为输入层和隐含层的连接权值矩阵，维度为 $n \times m$；$\boldsymbol{\omega}_3$ 为隐含层和输出层的连接权值矩阵，维度为 $k \times n$；$\boldsymbol{x}$ 为 n 维隐含层节点向量；$\boldsymbol{y}$ 为 k 维输出节点向量；$\boldsymbol{\mu}$ 为 m 维输入节点向量；$\boldsymbol{x}_c$ 为 n 维反馈向量；f 为隐含层传递函数；z 表示输出层的传递函数。

3. 城市道路交通应急处置

作为应急保障系统的一类，城市轨道交通应急保障系统不应仅是信息平台。信息平台只能提供"过去"和"现时"的状态数据，而应急保障系统需要提供"未来"灾害发展趋势、预期后果、干预措施、应急决策、预期救援结果评估及全方位监测监控，具有发现潜在威胁的预警功能。

城市轨道交通应急保障系统以安全技术和现代信息技术为支撑、以城市轨道交通应急管理流程为主线，是实施城市轨道交通应急预案的工具，是处置突发事件的技术保障系统。城市轨道交通应急保障系统具有提供城市轨道交通应急信息报告、实时图像传输、网上会商、应急资源管理、应急预案管理、应急指挥联动、预测预警、总结评估及辅助决策等功能，能为决策者及时、科学处理应急事件提供实施应急预案的可视化实战指南。

在城市轨道交通系统的信息化体系中，城市轨道交通应急保障系统处于信息化体系中的综合决策层。

城市轨道交通应急保障系统功能定位如下：

1）通过城市轨道交通应急保障系统对各监测预警子系统所采集的检测信息进行共享，实现对影响城市轨道交通系统运营安全状态信息的分布式监测、预警或报警。

2）通过城市轨道交通应急保障系统集成城市轨道交通系统运营安全及应急处理的相关信息，分析整合城市轨道交通各信息系统的信息，为城市轨道交通的应急管理提供决策支持。

城市轨道交通应急保障系统是一个涉及多专业、多领域联合互动的系统，应急保障系统与城市轨道交通生产运营系统（如防灾报警系统、通信系统、环境控制系统、信号系统等）

存在着大量的信息共享与交互。与城市轨道交通业务信息系统，特别是办公信息系统存在着大量的数据和功能交互。城市轨道交通应急保障系统直接服务于应急指挥中心和应急办，负责指挥和指导各专业部门实施救援。出现应急事件（或事件发生预警）时，城市轨道交通应急保障系统根据应急事件概况和关键指标，利用系统中的预案及知识库，对应急事件的等级进行认定，启动相应应急预案，同时应急救援指挥中心根据预案及现场实时信息，指挥和协调组织各专业部门实施应急救援。车联网系统体系架构如图 4-26 所示。

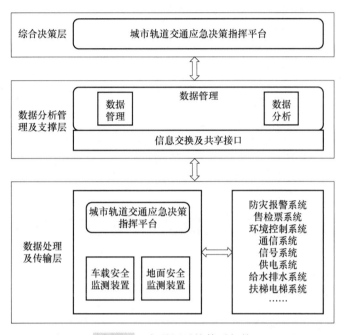

图 4-26　车联网系统体系架构

城市道路风险隐患数字化排查可结合路网拓扑与交通运行两方面，对所有"点"（交叉口）和"段"（城市快速路或普通路网的路段）进行计算指标的赋值、加和，划分四级风险隐患等级，并识别出一级风险点位，列为最高优先级重点关注。城市道路交通安全风险隐患数字化排查综合测评方法如图 4-27 所示。

4.5.3　结果呈现

本节介绍雄安新区生态环境智慧监测体系等应用实例。

1. 雄安新区生态环境智慧监测体系

为构建与新时代生态文明典范城市相适应的生态环境监测体系，雄安新区根据白洋淀圩田纵横、沟壑繁杂的地理特征，充分利用 5G、物联网、大数据等新一代信息技术，建成了 $3500m^2$ 标准化环境监测实验室，并建成了 6 个水质自动站、6 个浮船站及王家寨超级站等水质自动站点，形成以"无人机+无人船+水质监测车+水质监测船+大气走航车+遥感+VR"为载体的灵活机动监测模式，基本实现了对白洋淀水质的全域监测能力。雄安新区生态环境智慧监测体系如图 4-28 所示。

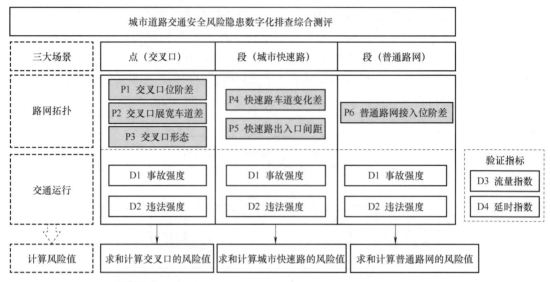

图 4-27　城市道路交通安全风险隐患数字化排查综合测评方法

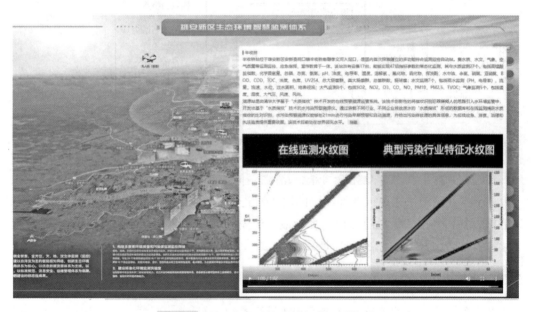

图 4-28　雄安新区生态环境智慧监测体系

（图片及内容来源：http://www.xiongan.gov.cn/2022-08/30/c_1211680451.htm）

（1）搭建"天、空、地、淀"立体化监测网络

在雄安新区现有生态环境监测网络的基础上，采用"固定监测+移动监测+卫星遥感"的方式，建设了集水质、水文、气象、大气、雨水等参数监测于一体的水质监测"超级站"。在不断增加数据收集广度的同时，最大限度地节约建设监测成本，为数据分析提供坚实基础。

（2）构建一纵一横数据共享体系

构建雄安新区生态环境大数据监管平台和生态环境监测智慧中心，纵向打通国家、省、市、县四级生态部门的数据渠道，横向汇聚雄安新区水利水文、地调、气象、城市管理等业务主管部门的相关数据，全面提升数据的准确性和利用效率。在此基础上，精准化提升数据业务属性，建设以河流或监测站为单元的数据档案体系，形成条目清晰、关联互通的生态环境数据中心。

（3）构造生态环境智能分析模型

按照生态环境部和省生态环境厅的标准规范，结合雄安新区实际情况，率先开展 EIM 模型建设，设计覆盖环境监测全领域的标准体系，充分利用本地及环境"上下游"的监测数据，构造生态环境智能分析模型，全面提升生态环境状态多维度综合分析研判能力。

2. 山东高速集团联合华为打造隧道"智能机电网"

公路作为国家的关键基础设施，是促进产业链、供应链畅通运转，保障国民经济发展的重要通道支撑。随着大数据、人工智能、物联网等新技术的发展，建设智慧高速已成为行业高质量发展的必由之路。山东高速集团携手华为，基于山东智能网联测试基地，联合孵化了智能隧道解决方案，并将其应用于杭山隧道中，成功打造了隧道"智能机电网络"，实现了机电状态的实时可测、智能可管、一键可控。针对隧道事件发现不及时、机电运维控制复杂两类突出问题，将态势感知、设备联控、智能运维整合至统一平台，显著提升了运营管理效率。"智能机电网"特点如下：

1）通过雷视融合感知及 AI 算法管理异常驾驶行为，结合数字孪生技术，对雷达、视频在时空同步下做匹配和数据拟合，形成完全时空同步和数据融合的轨迹信息。该系统支持行人、停车、逆行等事件识别及危化品重点车辆识别，因此可以实现隧道交通事件的事前预防、事中监测、事后回溯。

2）采用开源鸿蒙智能本地控制器替代传统 PLC 控制器，支持多种机电设备协议接入，进而可以实现设备统一纳管、状态实时可视、统一业务操作和智能控制。在事件发生时，系统可一键下发预案，一键秒级联控，提升交通事件处置效率，降低二次事故发生率。

3）通过开源鸿蒙控制器，在不更换设备的情况下将"机电哑设备"改造为智能终端，支持自动巡检和应急联动，大幅提升机电巡检和安全应急联动效率。同时，为系统提供边缘计算平台，现场人员足不出户便可在配电房独立查询、维护和控制隧道机电设备。

3. 江苏智慧交通系统

随着城市化进程的加速，传统的道路感知、信号控制优化和调度指挥等手段普遍存在人工强依赖、被动响应多等问题，使得交通管理工作所面临的压力越来越大，难以满足日益增长的交通管理需求。因此，越来越多的城市开始借助智慧交通系统的建设来推动交通拥堵的治理。

江苏省首批基于 F5G（第五代固定网络）技术打造的全光路口在太仓成功实践并投入使用，已覆盖 40 个路口，规模在华东区域最大。太仓东濒长江、南临上海、西接昆山、北接常熟，是长江三角洲地区的重要交通枢纽。依托优越的地理位置，太仓已经构建起内畅外联的综合交通运输体系。面对传统交通路口存在的问题和挑战，2022 年，太仓通过在智能交通领域的创新探索，决定与华为公司合作，选取 F5G 全光路口方案进行城市交通路口的升级改造。

F5G 全光路口方案是华为基于 F5G 推出的一种运用光通信技术升级交通路口网络的解决方案。在该方案中，交通控制信号及状态信息通过光纤网络汇聚到街边综合柜，并把传统交通信号机对红绿灯的控制方式，从集中式控制改造为分布式控制，从 220V 电缆升级为光缆。F5G 全光路口方案具备以下几大优势：

第一，极简交付。传统方案中，信号机和信号灯之间需要布设 30 多根 220 伏的电缆为信号灯供电，施工周期一般需要 10~15 天。在全光路口方案中，路口的过街线缆只需 1 根光缆和 1 根电缆，可以采用穿管、顶管等施工方式，无需实施封闭道路挖掘施工预埋管道，大大降低了布设的难度。同时，施工时间大幅缩短，最快可以 1 天完成施工。

第二，安全可靠。全光路口方案由于电缆数量大规模减少带来充裕的管道空间，可以布设网络和供电的环网保护。即使单方向的光缆或电缆发生故障，业务也不会中断，红绿灯控制不会受影响。太仓实测数据显示，全光路口方案跟业界传统方案相比，路口故障率下降 42%。

第三，智慧运维。全光路口方案取消了传统方案的红灯检测器、光纤收发器等非网管设备，实现了路口端到端的状态监测和设备管理。通过远程可视运维替代原来的人工现场专业巡检，让运维效率大大提高。即便路口设备出现故障，也可以快速定界定位，快速维修，保障路口设备有效运行。太仓实测数据显示，全光路口方案跟业界传统方案相比，故障修复时间缩短 52%。

第四，综合承载。全光路口方案采用的网络"硬管道技术"支持实现一套光通信设备同时承载信号控制等系统和视频系统，打破了传统业界路口烟囱式架构，实现了网络融合，可以支持面向全息路口、车路协同等业务的平滑演进，而不必频繁更新设备或者进行封闭道路挖掘施工。

相比较传统路口方案，全光路口方案既可以助力交通实现联网联控，改善城市交通效率，也能支持面向车路协同等业务的平滑演进，已经成为未来路口网络发展和建设的趋势所在。

目前，太仓借助华为 F5G 全光路口解决方案的部署，大幅减少过街线缆，施工更加简单、快捷；电力、通信双平面环网主动保护，大大提升了交通信号灯的可靠性；同时，远程可视运维降低了故障恢复时间，提升了运维效率。不仅如此，太仓全光路口方案可一网承载信号控制、视频、雷达监测、物联感知、智能网联等业务，已经为智慧交通构筑起一个全光网络基础底座。

不只是全光路口，F5G 全光网络正被逐步应用于太仓智慧交通建设的各个方面，实现了从"全光路口"到"全光路网"的演进。在此基础上，太仓智慧交通建设借助软件定义摄像机、全息路网解决方案等，可以将采集到的交通要素和流量信息，结合全光网的低时延能力，深度对接信控系统，形成全要素分析、多业务整合的综合信控优化方案，不断支撑城市疏堵保障、公交优先、应急抢险等业务。

如今，智慧交通的创新发展，正在极大改进交通出行的路径优化与出行效率。F5G 全光路口的建设，不仅可以大大改善人们的交通出行体验，提高交通运输效率、降低交通事故、减少交通拥堵等，还可以加速城市交通的数字化、智能化升级。目前，华为 F5G 全光路口方案已在国内 10 多个城市部署落地，并在城市交通发展方面承担着重要作用。而太仓借助 F5G 全光路口的建设，成功推动城市交通"化繁为简"，正逐步形成智慧交通创新发展的"太仓样本"，为市民营造更加安全、高效、便捷的出行体验。

4. 智达科技构建现代化智能公交体系

智达科技通过 ICT（信息与通信技术）智能化基础设施+数据中台+智能化公交应用，助力北京公交探索公交数字化升级发展的新方向与新模式，强化了北京公交信息基础设施建设，为北京公交运营的 2.5 万余辆公交车提供了车载运营调度主机、主动安全系统、视频监控终端、车载 POS 机等近 10 万件智能车载设备。同时，配合北京公交业务需求，完成了近千个场站的无纸化调度辅助终端与智能钥匙柜的安装与应用，实现了全北京驾驶员岗前规范化考勤出车流程作业，建立起北京行车的第一条安全防线，提升了公交信息化的基础感知能力。

强化基础的同时实现了北京公交"应用上云、数据入湖"，为北京公交搭建了"数据中台"，推进公交数据资源整合和深度开发，为核心业务系统提供数据服务，夯实了数字化转型的基础。在数字化管理应用层面，对运营生产、安全管理、客户服务、资产资源管理、经营管理五大业务领域的近 20 多个应用系统进行数字化升级，并打造了"中心大屏、作业中屏、移动小屏"一体化决策指挥综合管理体系，实现了北京公交"场景化、角色化、多终端、多页面"的应用和展示，加快了北京公交从信息化向网络化、数字化、智能化的发展，引领行业高标准打造"数字公交"，为实现"国内领先、世界一流的现代公共交通综合服务企业"提供坚实有力的数字化保障。北京公交现代化智能公交平台应用如图 4-29 所示。

图 4-29　北京公交现代化智能公交平台应用

（图片及内容来源：https://www.zditec.com/newsinfo/5738897.html）

自 2008 年以来，智达科技还为天津公交集团全方位打造了现代化智能公交体系，覆盖全市公交车辆数约 9000 台，完成了公交集团行车排班、运营调度、统计分析、监控决策等方面的信息化建设，协助天津公交集团构建了三级智能化调度体系。该方案实现了场站、线路、车辆等相对独立的个体的信息联动，将城市路网上各个车辆终端有效地贯穿成一个庞大的联通的信息网络，并利用中心应用系统实现了对车辆运营信息、路况、客流情况的及时传递和动态管理；实现了现场、二、三级平台与集团指挥中心的信息、视频共享及联动，加强了各级运营管理人员对车辆和驾驶员状态的及时把握，提高了现场调度的准确性和及时性。天津公交现代化智能公交体系如图 4-30 所示。

图 4-30　天津公交现代化智能公交体系

（图片及内容来源：https://www.zditec.com/newsinfo/5738903.html）

平台还实现了科学合理地调配车次，确保了公里的有效投放，实现了集团运力资源的优化配置，加强了企业对运营服务质量的监管，规范了行为操作，保障了企业切实利益。在公交合理组织运力、规范驾驶员服务、降低企业运营成本、增加运力投放效率等方面都取得了明显的提升。

复 习 题

1. 工业生产安全管理的应急响应主要存在的问题有哪些？
2. 公共卫生应急管理中应用的智慧应急技术创新有哪些？
3. 简述城市智慧应急指挥平台体系。

第5章

智慧应急的发展趋势与展望

5.1 | 智慧应急面对的挑战

5.1.1 智慧应急技术目前存在的问题

1. 物联网技术在智慧应急应用中存在的问题

（1）传感器技术问题

智慧应急领域需要高度精确和可靠的传感器来监测环境变化和灾害信号。然而，现有的传感器技术在极端环境下（如高温、高湿度、强磁场等）的稳定性和灵敏度仍需提升。一些传感器在长期使用后可能会出现漂移和老化现象，影响监测数据的准确性和可靠性。在一些偏远地区或复杂地形环境中，传感器网络的覆盖范围有限，从而导致实时监测和数据采集的盲区存在。这种覆盖不足的问题在地震、山洪、森林火灾等自然灾害频发地区尤为突出，限制了传感器技术在应急响应中的应用。

（2）通信技术问题

应急事件发生时，通信网络可能会受到严重干扰甚至中断，从而影响数据的实时传输和指挥调度的准确性。当前的无线通信技术在复杂环境下的抗干扰能力和稳定性仍需提升。此外，在高密度数据传输需求的情况下，网络延迟和带宽限制问题变得尤为突出。例如，在灾害发生后，大量视频监控数据、传感器数据需要实时上传和分析，但现有的网络带宽可能无法满足如此高的数据传输需求，从而导致数据传输延迟。

（3）识别技术问题

物联网中的识别技术（如射频识别、二维码、图像识别等）在智慧应急领域的应用，需要高精度的识别能力。目前，一些识别技术在复杂环境下的误识率较高，可能导致信息采集错误，影响应急响应的效率。应急事件涉及的多种数据源（视频监控、传感器数据、社交媒体信息等）需要进行有效融合和分析。然而，不同数据源的格式和标准不一致，数据融合技术复杂度高，难以实现快速的信息整合。

（4）数据安全和隐私问题

随着物联网设备大量部署在智慧应急系统中，数据传输过程中的安全性问题开始引发关注。黑客攻击、数据泄露等安全威胁可能导致敏感信息的外泄，甚至危及公共安全。智慧应急系统需要采集大量个人信息（如位置信息、健康数据等），如何在保障应急响应效率的同时，保护个人隐私，并避免数据滥用，是一个亟待解决的问题。

2. 人工智能技术在智慧应急应用中存在的问题

将人工智能应用到智慧应急领域能够通过快速分析海量数据，提供实时的应急响应和决策支持；利用机器学习和深度学习算法，可以预测潜在的风险和趋势，提高预警能力；通过自然语言处理技术，可以从社交媒体和其他非结构化数据源中提取有用信息，提升信息获取的速度和准确性；利用图像识别和无人机技术，可以实时监控灾害现场，提供精确的灾情评估和救援指导。

尽管人工智能在智慧应急中展现了巨大的潜力，但仍然存在以下痛点和难点：

1）数据质量与数量不足所导致的模型鲁棒性差、泛化能力不足。在紧急情况下，尤其是自然灾害或突发事件初期，数据往往不完整或不准确，这会影响机器学习模型的训练效果。现有的模型在训练数据集上的表现可能很好，但在实际的应急情况下可能会因为情况复杂多变而表现不佳。

2）系统响应不够实时，响应速度慢。实时数据处理要求系统能够迅速接收、处理和分析多种来源的数据，如传感器网络、无人机图像、社交媒体信息等。然而，处理大规模数据需要高性能计算能力。而现有的人工智能模型在处理这些数据时，可能会出现延迟，从而导致无法在关键时刻提供及时的决策支持。许多先进的人工智能模型，尤其是深度学习和强化学习模型，依赖于大量的计算资源。这些模型需要强大的 GPU 或 TPU 来进行训练和推理。尤其在紧急情况下，这些资源可能无法及时获取。例如，在自然灾害现场，计算设备可能受损，电力供应可能中断，网络连接可能不稳定，这些因素都可能导致模型无法运行或响应速度大大降低。

3）系统的透明性和解释性。深度学习和强化学习模型通常被认为是"黑箱"，因为它们的内部决策机制复杂且难以理解。这些模型通过大量的数据和复杂的数学计算来做出决策，但它们如何得出某个特定结论往往对用户来说是不可见的。例如，一个深度神经网络可能通过数百万个参数和层层递归的计算得出一个应急响应策略，但决策过程中的具体因素和权重分配往往无法明确说明。这种缺乏透明性的特点在应急管理中可能带来严重问题，因为决策者需要对模型的判断有充分的理解和信任。如果模型的决策过程不可解释或不透明，决策者可能会质疑其有效性和可靠性，甚至在关键时刻拒绝采用其建议，从而影响应急响应的效率和效果。

4）伦理与法律问题。应急情况下的数据（如个人位置、健康信息和通信记录等）涉及个人隐私的保护。为了做出有效的应急决策，人工智能系统需要获取和处理大量的个人数据。例如，在自然灾害、传染病暴发等紧急情况下，系统可能需要实时追踪受影响人员的位置、健康状况及与他人的接触史等信息。然而，过度的数据收集和使用可能侵犯个人隐私，导致伦理和法律上的争议，因此在应急响应效率和保护个人隐私之间很难取得平衡。

3. 大数据技术在智慧应急应用中存在的问题

（1）数据质量问题

传感器设备在采集数据时可能受到环境因素（如温度、湿度、干扰信号等）影响，导致数据不准确。应急事件发生初期，往往由于事发突然，导致数据获取量不足。例如，地震、洪水等自然灾害发生时，传感器和监测设备可能被破坏或未能及时部署，因此初期的数据非常有限。数据收集过程中，由于设备故障、网络问题或人为疏忽，可能导致数据缺失。例如，监控摄像头的数据可能因为设备故障而缺失，救援人员可能因为疏忽而遗漏重要信息。

（2）数据格式问题

应急数据来源多样，包括传感器数据（如温度、湿度、压力等）、社交媒体信息（如推文、帖子、评论等）、地理信息（如地图数据、位置信息等）、图像和视频数据等。这些数据形式多样，格式各异，不同设备、平台和系统生成的数据格式不统一。例如，传感器数据可能是结构化的时间序列数据，社交媒体数据可能是非结构化的文本数据，地理信息可能是矢量或栅格数据。这些不一致的格式增加了数据处理和整合的复杂性。

缺乏统一的数据标准和规范，不同机构和系统间的数据接口和格式可能不兼容。例如，不同城市的应急管理系统使用不同的数据格式和协议，导致跨区域应急响应时数据共享和数据整合困难。

（3）数据存储问题

应急管理需要处理海量数据，这对数据存储和处理能力提出了巨大挑战。应急事件往往需要对数据进行实时的处理和分析，传统的大数据处理框架和存储方式可能无法满足实时性要求，尤其是在紧急情况下，计算资源的存储问题可能会更加突出。

（4）决策支持难度大

将分析结果转化为具体的应急决策建议，需要考虑多种因素，且在紧急情况下决策时间紧迫，因此难度较大。

4. 云计算技术在智慧应急应用中存在的问题

（1）可靠性和可用性问题

云计算的基础是互联网，在紧急情况下，如自然灾害（地震、洪水、飓风等）或人为事故（恐怖袭击、重大交通事故等），网络基础设施可能受到严重损坏，导致互联网连接中断。这会直接影响云服务的可访问性，使得依赖云计算的应急管理系统无法正常使用，从而影响决策和响应速度。

（2）数据传输延迟与带宽限制

在应急管理中，快速处理和实时决策是至关重要的。例如，在自然灾害发生时，救援团队需要实时获取受灾区域的最新信息，以便及时做出反应和决策。如果将大量数据传输到云端进行处理，再将结果返回到地面指挥中心或救援人员，整个过程可能会产生显著的延迟。这种延迟可能由多个因素引起，包括网络传输时间、云端数据处理时间和结果传输时间。任何延迟都可能意味着错过最佳救援窗口，导致人员伤亡增加或损失扩大。同时，应急管理需要处理大量数据，包括高分辨率视频、图像和各种传感器数据。这些数据在传输过程中需要占用大量带宽。在应急情况下，特别是在灾区或网络基础设施受损的情况下，带宽资源可能非常有限，无法满足高频次、大数据量的传输需求。

5. 智慧应急应用中存在的其他问题

（1）知识图谱的数据更新问题

应急事件发生时，情况变化迅速，需要实时更新知识图谱以反映最新的信息。这对知识图谱的动态更新和维护能力提出了高要求，现有的技术难以完全满足这种实时更新的需求。

（2）数字孪生的数据精度和模型复杂度问题

数字孪生依赖于高精度、高完整性的实时数据，以准确反映物理世界的状态。然而，应急事件中的数据获取常常受到环境、设备和网络等因素的限制，可能不够准确完整，从而影响数字孪生模型的可靠性。此外，应急管理涉及的系统和场景复杂多变，构建和维护高保真度的数字孪生模型需要大量的人力、物力和时间成本。复杂的模型还需要强大的计算资源支持，这些成本需求在紧急情况下可能难以实现。

5.1.2 智慧应急产业目前存在的问题

1. 整体结构不平衡

我国地域辽阔，各个省市受到地理位置、经济发展水平等因素的影响，智慧应急产业发展重点和产业结构各不相同。例如，在湖北省应急交通类产品市场占据主要份额的华舟重工是支撑该省智慧应急产业发展的主要力量；陕西省矿产业发达，且气候比较干燥容易失火，因此陕西省智慧应急产业集中在矿山防护和消防领域两大方面，应急救援类企业和应急服务类企业较少；天津市的智慧应急产业大多集中于应急基础设备制造和应急救援消防装备制造及应急服务、应急技术研发等领域，智慧型产业占比较低；深圳市人口流动量大，公共安全事件复杂多样，因此深圳智慧应急产业发展更侧重风险的防范与预警；江苏省由于地域广、智慧应急产业数量少，因此难以形成成熟的产业体系；广东省智慧应急产业的发展重点主要是事前预警与事后救援，而且广东省应急产业数量多、范围广，目前已经形成了一套完整的应急产业体系；上海市智慧应急产业实现了现代信息技术与传统应急产业的有机结合，应急产业越来越呈现出智慧化的特征；北京市通过"两园两院一联盟一中心"的发展战略，打造了国内一流的应急救援科技创新高地和高端装备制造基地，目前已经建立了独具特色的智慧应急产业体系。

2. 产业集聚效应薄弱

2017年，工信部印发的《应急产业培育与发展行动计划（2017—2019年）》中将应急产业集聚列入重点工作任务，强调要以新时代应急需求带动行业发展，用行业创新成果推动智慧应急产业发展。我国以广东省为代表的珠江三角洲地区、以上海为代表的长江三角洲地区、以四川省为代表西南地区及华北地区的北京市均已基本实现大规模智慧应急产业集聚，为智慧应急产业的可持续发展注入了活力，这些地区的智慧应急产业年产值与GDP贡献值逐年提升。在大数据环境下，推动全国范围内的智慧应急产业在规模、行业、地域分布等方面的整合集聚，是应急产业健康发展的必然趋势。但我国的应急产业从2003年"非典"发生后才正式起步，目前还属于新兴产业，各地区产业发展水平差距较大，一些地区智慧应急产业的发展还处在规划阶段，产业要素还很分散，产业集聚效应薄弱，并缺乏国家级的大型重点应急产业集聚区。许多地区还存在以下问题：未形成规模化、系统化、智能化的应急产业示范园区；应急企业与政府、高校之间的交流合作比较少，无法利用优质资源寻求创新发展；应急装备生产、应急救援应对、应急咨询服务等类型企业各谋其事，无法利用比较优势谋求一体化发展等。

5.1.3　智慧应急应用面对的挑战

1. 自然灾害领域

当前我国在评估各种灾害风险的准确度上存在显著不足，即风险底数不清。风险底数不清具体表现为对灾害发生的环境条件、灾害影响的承灾载体、历史灾害的规律等缺乏系统的了解和数据支持，导致防灾减灾和应急管理工作不具备针对性。

（1）孕灾致灾要素不明

对自然灾害发生的地质、气候和生态环境条件缺乏系统的监测和分析。例如，对地震带、洪水易发区、滑坡高危区等的精确定位和评估不全面。

（2）承灾载体不清

对人口密集区，特别是弱势人群（如老年人、儿童、病患等）的分布缺乏精确统计，从而影响应急疏散和救援工作。对各类建筑物、交通设施、电力和通信设施等承灾载体的抗灾能力评估不全面，导致灾害发生时损失评估和应急措施不准确。对农田、水资源、森林等自然资源的承灾能力和潜在损失缺乏全面了解，影响灾后恢复和重建工作。

（3）历史灾害数据不全

过去发生的各类自然灾害和事故灾难的记录不全面，特别是小规模灾害和局部灾害，缺乏系统记录，影响对灾害规律的认识和未来风险的预测。

2. 工业生产领域

（1）风险识别与评估

工业生产领域面临多种类型的风险，包括火灾、爆炸、化学泄漏、机械故障、电气事故等，对以上风险进行多样化评估的难度较大。

（2）数据收集与监控

工业生产企业的监控系统通常各自独立，数据分散在不同的系统中，难以整合统一管理，这种数据孤岛现象影响了整体态势感知和应急决策。

（3）技术应用与集成

工业生产领域的应急管理需要集成多种技术（如物联网、人工智能、区块链等），但不同技术系统的兼容性和集成难度较大，影响了整体系统的运行。

3. 公共卫生领域

（1）监测预警难

现有传染病网络直报系统的数据采集渠道过于单一，缺少基于大数据的早期预警能力。

（2）预测调度难

即便察觉到了新发疾病的出现，但由于缺乏数据驱动的事态发展研判能力，因此难以进行精细化的防控决策部署。

（3）缺少高效筛查工具

一线医疗机构缺少高效的筛查工具，特别是基层机构的鉴别能力弱，这导致联防联控、流行病学调查等关键环节效率不高。

4. 社会安全领域

当前，我国社会应急数字化发展处于起步阶段，仍然存在灾害应急状态下社会救援救助供需对接不畅，以及需求发布、指挥体系启动、救援救助行动、救援物资供应等难以形成有效闭环等现实问题。

（1）需求分布难

灾害发生后，受灾区域的信息采集不及时、不全面，导致需求信息无法准确、及时地传递到应急指挥中心。例如，受灾群众的具体需求、受灾区域的具体情况等难以及时获取。

（2）救援救助行动难以协调

由于信息不对称或指挥调度不当，救援资源（如救援人员、设备等）的分配和使用不合理，可能出现部分区域救援力量过于集中，而其他区域救援不足的情况。

5.2 智慧应急的应对策略与发展趋势

5.2.1 智慧应急技术

未来，物联网技术在智慧应急领域的发展将呈现出一系列显著趋势。高精度和高可靠性传感器的研发将进一步提升，以确保可以在极端环境下提供稳定、准确的数据，同时，传感器网络覆盖范围将不断扩大，尤其是在偏远和复杂地形区域，实现无盲区实时监测。在通信技术方面，新一代无线通信技术（如5G、6G）的广泛应用将提供更高的带宽和更低的延迟，增强数据传输的稳定性和抗干扰能力，确保应急信息的实时传递。物联网识别技术将进一步优化，提升复杂环境下的识别精度和多源数据融合能力，为应急决策提供全面、精准的信息支持。数据安全和隐私保护方面，将通过加密技术、区块链技术等手段强化数据安全，制定严格的法律法规和标准，确保个人信息的保护和数据滥用的防范。标准化和互操作性方面，行业协会和标准化组织将推动物联网技术在智慧应急领域的标准化，制定统一的技术标准和规范，增强设备和系统之间的兼容性，便于应急系统的集成和升级。智能化和自动化趋势也将越加明显，人工智能技术将在智慧应急领域广泛应用，通过大数据分析、机器学习和智能决策支持系统，提高应急管理和响应的智能化水平，实现自动化监测、预警和响应机制，减少人为干预，提高应急效率。此外，应急企业将与政府、高校、科研机构及其他行业部门加强跨行业合作，共同推进技术研发和应用，构建多方参与的创新生态系统，实现资源共享和优势互补。智慧应急产业将与智慧城市、智能交通等相关产业深度融合，形成协同发展的产业链，全面提升应急管理水平和社会综合防灾能力。这一系列的发展趋势将推动智慧应急领域向高质量、智能化、可持续的方向迈进，为应对各类突发事件和保障公共安全提供更坚实的保障。

5.2.2　智慧应急产业

首先，产业结构的平衡与优化将成为关键任务。随着我国各省市智慧应急产业的深入发展，不同地区的产业布局将更加均衡，逐步形成特色鲜明、优势互补的产业格局。通过区域协调发展和资源整合，各地智慧应急产业将从分散状态逐步转向集约化、规模化发展，推动形成全国范围内协同联动的应急产业体系。

产业集聚效应将进一步增强。政府政策的持续支持和产业链上下游的紧密合作，将促进智慧应急产业园区的建设与发展，推动形成若干具有国际竞争力的应急产业集聚区。这些集聚区将成为科技创新、人才培养和产业链整合的核心枢纽，为智慧应急产业的可持续发展提供坚实的基础。

科技创新将成为产业发展的核心驱动力。随着物联网、大数据、云计算、人工智能等新兴技术的广泛应用，智慧应急产品和服务的科技含量将不断提升。各类应急企业将加大研发投入，推动传统应急产品向智能化、智慧化转型，并加快科技成果的转化与应用。未来，预警监测、应急救援、灾后重建等领域的智能化解决方案将层出不穷，为提升应急管理的科学性和有效性提供强有力的支持。

跨行业、跨领域的协同创新将成为趋势。智慧应急产业的发展不仅仅依赖于单一领域的突破，还需要各行业之间的协同合作。应急企业将加强与政府、高校、科研机构及其他产业部门的合作，共同推进应急技术的研发和应用。通过构建多方参与的创新生态系统，实现资源共享、优势互补，推动智慧应急产业的全面升级。

综上所述，智慧应急产业的未来发展将依托产业结构优化、集聚效应增强、科技创新驱动及协同创新机制，逐步迈向高质量、智能化、可持续的发展道路，为应对各类突发事件和保障公共安全提供更加坚实的保障。

5.2.3　智慧应急应用

1. 智慧应急系统

新一代通信技术、物联网、三网融合、新型平板显示、高性能集成电路、基于云计算的高级软件等都在智慧应急领域得到了应用。主要包括：按照智能城市推进的需要，通过智能紧急救援，实现了安全监管的数字化管理。基于数字化安防监管指挥平台，以智慧城市大数据分析能力和现有物联传感技术为支撑，拓展和探讨智能应急救援。以智慧应急综合指挥调度中心为基础，整合数字化安监、应急指挥等业务平台，纵向整合与上级应急管理部门的连接，横向整合与水利、气象、网格化、交通、消防等领域数据资源的互联互通，构建数字化安监平台。通过视频会议、应急指挥、会商决策等功能，构建起将应急资源管理、结构化预案、应急处置、重点企业监控、一张图指挥、舆情管理等集成在一起的智能化数字化安全监管平台。

2. 工业互联网

应急管理践行"人民至上、生命至上"的理念，直接关系人民的生命财产安全，因此我国工业互联网发展把赋能服务智慧应急作为优先任务。2020 年，工业和信息化部、应急管理部联合发布了《"工业互联网+安全生产"行动计划（2021—2023 年）》，明确了四项重

点任务:

一是建设"工业互联网+安全生产"新型基础设施。通过建设新型基础设施,实现安全生产全过程、全要素、全产业链的连接和融合,提升安全生产管理能力。为保障工业互联网与安全生产融合发展落地推广,需构建新型基础设施作为主要载体,具体包含"两个平台、一个中心"。两个平台是指工业互联网安全生产监管平台和数据支撑平台,一个中心指的是"工业互联网+安全生产"行业分中心。

二是打造基于工业互联网的安全生产新型能力。安全生产新型能力是提升工业企业安全生产水平的关键,依托新型基础设施,建设和提高安全生产快速感知、实时监测、超前预警、应急处置、系统评估五大新型能力,推动安全生产全过程中风险可感知、可分析、可预测、可管控。

三是深化工业互联网和安全生产的融合应用。为保障工业互联网向安全生产场景纵深发展,提升工业企业数字化、网络化、智能化水平,需通过深入实施基于工业互联网的安全生产管理,推动生产、仓储、物流、环境等各环节各方面的管理模式升级,促进跨企业、跨部门、跨层级的生产管理协同联动,提升数字化管理、网络化协同、智能化管控水平。

四是构建"工业互联网+安全生产"支撑体系。为推动工业互联网和安全生产深度融合,提高推广应用效率,需重点以工业互联网和安全生产协同部署为先导,聚焦本质安全,加速相关产品海量应用迭代优化,完善标准体系,通过贯标推广新技术、新应用,培育解决方案,开发模型库、工具集和工业 APP,构建坚持协同部署、聚焦本质安全、完善标准体系、培育解决方案、强化综合保障五位一体的全面支撑体系,培育工业互联网和安全生产协同创新模式。

3. 数据建模

数据建模可助力系统及时辨识区域内可能导致事故发生的危险状态,对区域所有数据进行深度挖掘,并研究风险演化规律,及时掌握地区整体风险演化趋势,实现"数据监测采集-数据集成融合-数据研判挖掘"的三级态势感知功能,直观呈现风险态势演化过程,分析其可能产生的直接后果及次生、衍生后果,从而起到动态预防和预警的效果,解决了目前智慧应急管理平台对风险信息的利用停留在表层的数据监测而预警不足的难题。

数据建模具有普适性,可化解智慧应急管理领域的"数据鸿沟"。数据建模实现了应急救援过程中异构数据的集成应用,使不同系统间数量庞大无序、不确定性、关系复杂的各类数据交换与集成变得较为简单,保障了数据交换平台安全的高效运转,使应急工作人员和各大用户对各种应急信息做出正确的应对举措。在一定程度上,化解了目前我国应急管理因各自为政而产生的跨地区、跨层级、跨部门数据流转不畅通的难题,可助力数据管理平台建立长效的共享机制,支撑整个地区或行业的数据挖掘和分析,有效提升安全管理水平。

5.3 建议和展望

随着科技的不断进步和社会的快速发展,智慧应急领域正迎来前所未有的变革。未来,智慧应急将在技术、产业和应用三个方面全面发展,提升应急管理的效率和效果,为社会的安全与稳定提供有力保障。

1. 技术领域

首先，在技术方面，人工智能与机器学习技术将会在智慧应急中扮演核心角色。

应用大数据分析和机器学习技术，可以更精准地预测潜在风险，并及时采取预防措施。例如，智能系统可以通过分析历史数据和实时监控数据，预测自然灾害、火灾等突发事件的发生概率，为应急响应提前做好准备。自动化响应也是未来智慧应急的重要方向。智能算法和机器人技术的结合，可以实现自动化应急响应，减少人为误差和反应时间。例如，在发生地震、洪水等灾害时，智能机器人可以快速进入灾区进行搜救、物资运输等任务，提高应急响应的效率和安全性。智能决策支持系统也是未来智慧应急的重要组成部分。利用人工智能技术，可以为应急管理人员提供实时数据分析和决策建议，提高决策的科学性和有效性。例如，在应对复杂的突发事件时，智能系统可以综合分析多种数据源，提供最优的应急方案，帮助管理人员迅速做出决策。

物联网与边缘计算技术也将在智慧应急中发挥重要作用。通过物联网设备，实时采集环境、设备和人员的状态信息，实现对潜在风险的实时监控。例如，安装在城市各处的传感器可以实时监测空气质量、水位变化等信息，及时发现异常情况。而边缘计算技术可以将数据处理前移到靠近数据源的位置，减少延迟，实现快速响应和处理。例如，在应对火灾时，边缘计算设备可以在火场附近实时处理监控视频数据，快速发现火源位置，并指导救援人员的行动。

区块链技术在智慧应急中的应用前景也非常广阔。区块链技术提供的数据不可篡改并具有可追溯性，因此可以确保应急数据的安全和透明。例如，在应对疫情等公共卫生事件时，区块链技术可以确保患者信息和防疫物资的流通数据的真实性和透明度。通过智能合约，可以实现不同部门和机构之间的自动化协同，提高应急响应效率。例如，在发生重大突发事件时，智能合约可以自动触发应急预案，协调各方资源，迅速开展救援行动。

2. 智慧应急产业

在产业方面，应急管理平台的产业化将是未来智慧应急发展的重要趋势。综合应急管理平台将集成多种应急功能，支持政府、企业和社区的应急管理需求。例如，一个综合应急管理平台可以同时管理自然灾害、公共卫生事件、交通事故等多种突发事件，提高应急管理的综合能力。针对不同行业的特定应急需求，提供定制化的解决方案也是产业发展的重要方向。例如，针对化工行业的应急需求，开发特定的应急管理系统，确保化工企业在发生泄漏、爆炸等事故时能够迅速应对。

应急装备与技术服务产业也将得到快速发展。智能装备的研发和推广将显著提升应急响应的效率和安全性。例如，无人机可以用于灾区的搜索和救援，智能穿戴设备可以实时监测救援人员的健康状态，应急机器人可以在危险环境中执行任务。提供专业的应急管理咨询、培训和技术支持服务，也是产业发展的重要方向。例如，应急管理专家可以为企业和社区提供应急预案的制定和演练服务，提高其应急管理能力。

数据与信息服务产业在智慧应急中的地位也将越来越重要。基于大数据技术，提供应急数据采集、分析和服务，可以支持应急决策和预警。例如，通过分析海量的气象数据，可以实现对台风、暴雨等自然灾害的精准预警。建立应急信息共享平台，实现跨部门、跨区域的应急信息互通和协同，也是产业发展的重要方向。例如，一个国家级的应急信息共享平台可以整合各级政府和应急部门的信息资源，提高应急响应的协同效率。

3. 智慧应急应用

在应用方面，城市应急管理将是智慧应急的重要应用场景之一。智慧城市应急系统可覆盖城市各个方面，实现对城市风险的全面监控和快速响应。例如，通过智能监控系统，城市管理者可以实时了解城市的交通状况、环境质量等信息，及时发现潜在风险。在社区层面推广应急响应技术和系统，提高社区居民的应急意识和能力，也是智慧应急的重要应用方向。例如，社区应急管理系统可以提供居民应急培训、应急物资管理等功能，提高社区的应急响应能力。

公共安全与应急救援也是智慧应急的重要应用领域。智能救援系统将利用智能技术提升应急救援的效率和安全性。例如，通过无人机进行搜索救援，可以快速发现被困人员的位置，提供救援路线。建立基于大数据和 AI 的灾害预警系统，实现灾害的快速预警和响应，也是智慧应急的重要应用方向。例如，通过分析地震波数据，可以实现地震的提前预警，为人员撤离争取时间。

企业风险管理也是智慧应急的重要应用场景之一。帮助企业制定和实施智能化的应急预案，确保企业在突发事件发生时能够迅速有效地应对。例如，通过智能监控系统，企业可以实时监测生产设备的运行状态，及时发现潜在故障。通过智能技术监控和管理供应链的风险，确保供应链的稳定和安全，也是智慧应急的重要应用方向。例如，通过物联网设备，企业可以实时了解供应链各环节的情况，及时发现和解决问题，确保生产和供应的连续性。

总的来说，智慧应急在技术、产业和应用三个方面的全面发展，将显著提升应急管理的效率和效果。未来，随着人工智能、物联网、区块链等新兴技术的不断发展，智慧应急将为社会的安全与稳定提供更加有力的保障。通过技术创新、产业升级和广泛应用，智慧应急将成为应对各种突发事件的重要工具，保障社会的可持续发展。

复 习 题

1. 简述智慧应急实际应用中可能遇到的问题。

2. 结合所学知识，简述智慧应急未来的发展趋势和应用场景。

参 考 文 献

［1］胥海威. 基于改进随机聚类决策森林算法的遥感影像分类研究［D］. 长沙：中南大学，2012.

［2］童文杰. 基于深度强化学习算法的未知动态环境无人车路径规划［D］. 西安：长安大学，2023.

［3］程梦元. 建筑企业区块链技术采纳行为的前因、结果及动态演化博弈研究［D］. 长春：吉林大学，2023.

［4］杨红梅. 决策树分类算法及其应用研究［D］. 西安：西安理工大学，2016.

［5］宋怡晨. 面向知识图谱构建的若干关键技术研究［D］. 长沙：国防科技大学，2021.

［6］李铭. 基于强化学习的自适应学习路径推荐方法研究［D］. 武汉：华中师范大学，2023.

［7］张佳星. 数智技术如何支撑智慧应急体系建设［N］. 科技日报，2023-12-08（2）.

［8］马富龙，张泽琳，闫燕. 学科知识图谱：内涵、技术架构、应用与发展趋势［J］. 软件导刊，2024，23（3）：212-220.

［9］许志峰，王真震，万晓峰，等. 应急管理领域新一代信息技术应用研究［J］. 智能城市，2023，9（9）：68-71.

［10］李敏. 针对连续动作控制的深度强化学习算法研究［D］. 成都：电子科技大学，2023.

［11］孙利平，刘亮，彭胡萍. 知识图谱技术实现流程及相关应用［J］. 科技创新与应用，2024，14（18）：24-27.

［12］李德毅. 人工智能导论［M］. 北京：中国科学技术出版社，2018.

［13］王万良. 人工智能导论［M］. 4版. 北京：高等教育出版社，2017.

［14］王长峰，张星明，池宏. 智慧应急管理知识体系指南：IEMBOK指南［M］. 北京：电子工业出版社，2023.

［15］张聪，曹文琪，张俊杰，等. 大数据分析：预测建模与评价机制［M］. 北京：清华大学出版社，2023.